강한 전투력을 위한

힘의
행마

바둑
행마사전

전원바둑연구실 지음

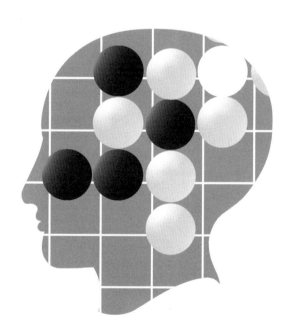

전원문화사

바둑 행마사전

2022년 4월 20일 중판 발행
지은이 * 전원바둑연구실
펴낸이 * 남병덕
펴낸곳 * 전원문화사
07689 서울시 강서구 화곡로 43가길 30
　　　　T.02)6735-2100. F.6735-2103
E-mail * jwonbook@naver.com
등록 * 1999년 11월 16일 제 1999-053호
Copyright ⓒ 2001, 전원문화사

머리말

바둑은 포석, 정석, 중반, 맥, 끝내기, 사활 등 여러 가지 분야로 이루어져 있습니다. 그런데 바둑을 본격적으로 배우고자 하는 초·중급자들의 입장에서는 이 모든 분야를 공부해야 한다는 것이 큰 부담으로 다가옵니다.

특히 그 많은 내용을 모두 암기해야만 고수가 된다고 생각하면 시작부터 주눅들기에 충분합니다. 그렇지만 아무리 여러 분야로 이루어져 있다고 할지라도 그 근본 원리를 이해할 수만 있다면 바둑처럼 쉽고도 재미있게 배울 수 있는 게임도 많지 않다는 것을 알 수 있습니다.

그렇다면 어떻게 해야 그처럼 쉽고도 재미있게 바둑을 배울 수 있을까요?

그것은 모든 분야의 기본을 이루고 있는 행마법을 완전하게 터득하는 것입니다. 행마법은 포석뿐만 아니라 정석이나 중반, 사활 등 바둑의 모든 분야에 있어 가장 기본이 되는 항목입니다.

고수들은 바둑돌이 놓여 있는 형태만 보아도 바둑 두는 사람의 실력이 어느 정도인지 쉽게 가늠할 수 있습니다. 이것은 놓여 있는 돌의 형태만을 보아도 행마법의 옳고 그름을 판단할 수 있는 능력이 있기 때문입니다. 이처럼 행마법은 실력을 향상시킬 수 있는 필수 요소이기 때문에 반드시 익혀야 할 중요한 항목에 해당합니다.

이 책은 이러한 특성을 고려해서 실전에서 가장 많이 사용되는 여러 가지 행마법들을 체계적으로 정리한 것입니다. 또한 학습 효과를 높이기 위해서 문제 형식으로 내용을 구성함으로써 독자 여러분의 실력 향상을 도모한 것이 특징이라고 할 수 있습니다.

끝으로 이 책이 나오기까지 교정·교열에 힘써 주신 편집국 식구 여러분과 김철영 사장님께 감사의 마음을 전합니다.

제1장　초급 행마　● ● ● ● ● ● ● 21

목 차

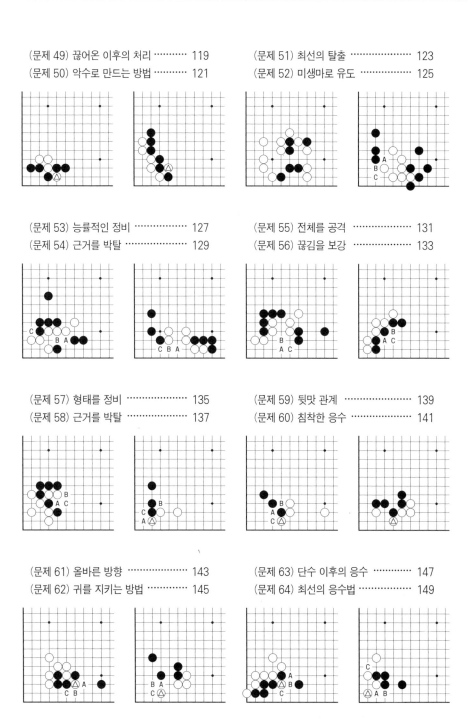

목 차

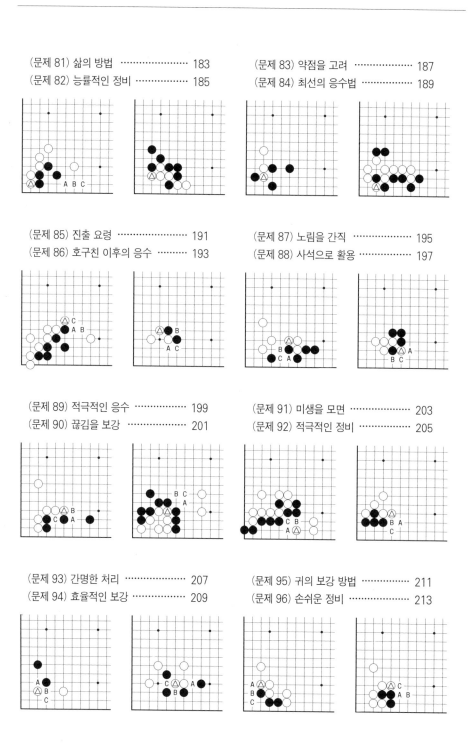

목 차

제 2 장   중급 행마   ● ● ● ● ● ● ● ● ● 255

목 차

목 차

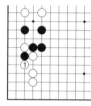
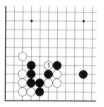
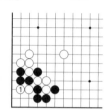

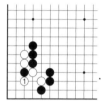
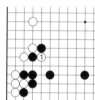
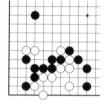
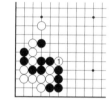

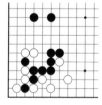
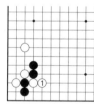
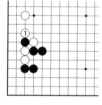
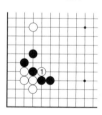

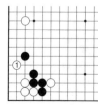
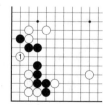
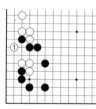
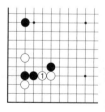

목 차

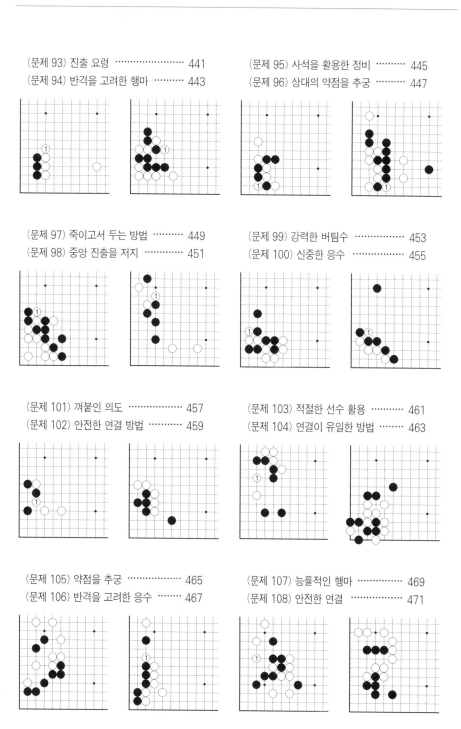

목 차

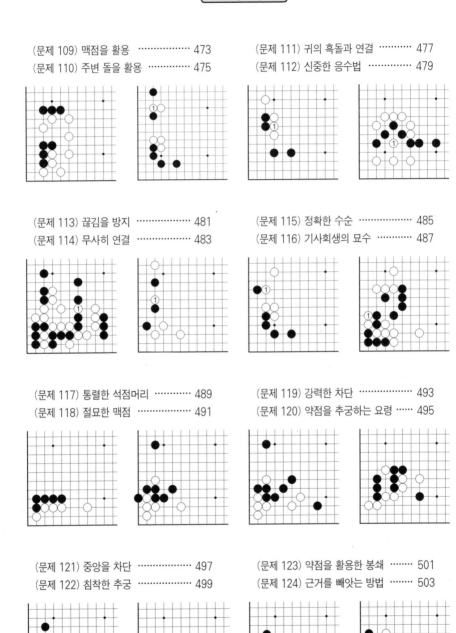

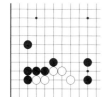 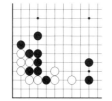 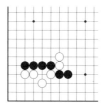 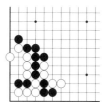

제1장 초급 행마

잇는 방법

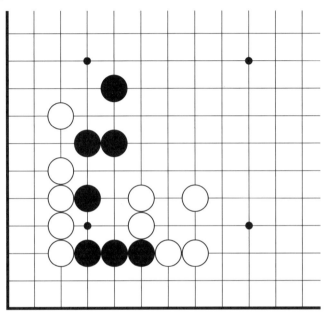

흑돌이 끊길 위기에 처해 있다. 어떤 방법으로 잇는 것이 최선일까?

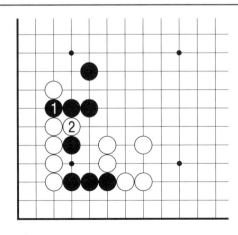

[참고도]

흑❶로 찌르는 것은 전혀 엉뚱한 수. 백②로 끊기는 순간 손해가 막심하다.

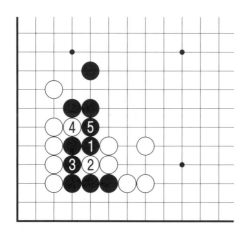

🔘 그림1 (정답)

흑❶이 연결의 급소이다. 이른바 쌍립의 급소. 백②, ④로 절단을 시도해도 흑❺까지 끊기지 않는다.

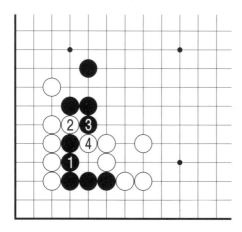

🔘 그림2 (실패1)

흑❶로 잇는 것은 백②, ④까지 간단히 끊기고 만다.

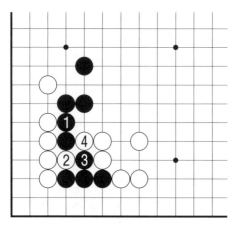

🔘 그림3 (실패2)

흑❶로 잇는 수 역시 좋지 않다. 백④까지 흑이 잡힌 모습이다.

능률적인 보강

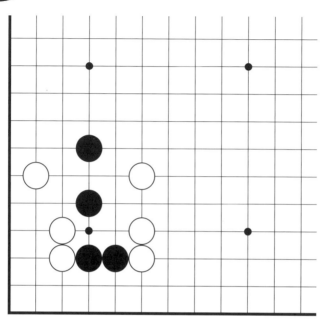

앞문제를 충실하게 풀었다면 어렵지 않게 풀 수 있는 문제이다.
어떻게 두는 것이 정답일까?

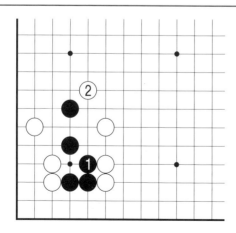

[참고도]

흑❶로 연결하는 것
은 모양이 나쁘다.
백②로 씌우면 흑의
행마가 어렵다.

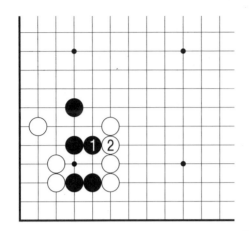

● 그림1(정답)

흑❶이 쌍립의 급소이다. 백
②로 잇는다면 선수로 단점
을 보강했다.

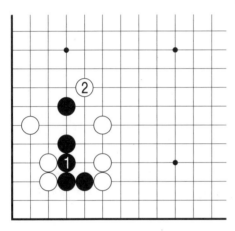

● 그림2(실패1)

흑❶로 잇는 것은 생각이 부
족한 수. 백②로 날일자하면
전체가 공격 받는다.

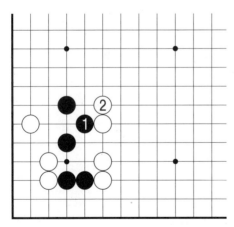

● 그림3(실패2)

흑❶로 두는 수 역시 찬성할
수 없다. 백②로 올라서고
나면 전체가 공격 받는 모습
이다.

행마의 급소

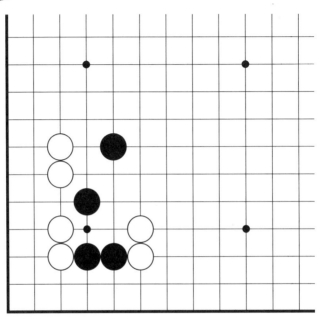

이제 한눈에 정답을 발견할 수 있을 것이다. 행마의 급소는
어디일까?

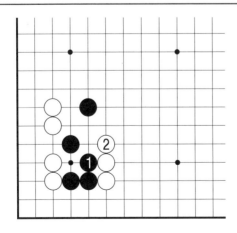

[참고도]

흑❶로 두는 것은
백②로 올라서는
수가 급소가 된다.
흑의 응수가 옹색
한 모습.

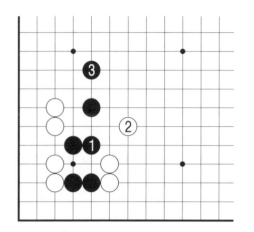

🔵 그림1(정답)

흑❶이 쌍립의 급소. 백②에
는 흑❸으로 쉽게 탈출이 가
능하다.

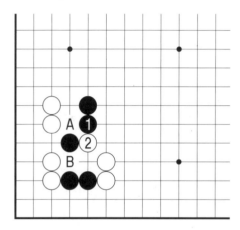

🔵 그림2(실패1)

흑❶로 두는 것은 백②가
급소가 된다. 이후 A와 B를
맞보기로 해서 흑이 끊긴 모
습이다.

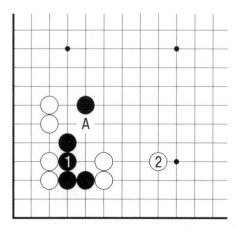

🔵 그림3(실패2)

흑❶로 잇는 수 역시 찬성할
수 없다. 백은 ②로 둔 후 A
에 건너 붙여 끊는 수를 노리
게 된다.

연결 요령

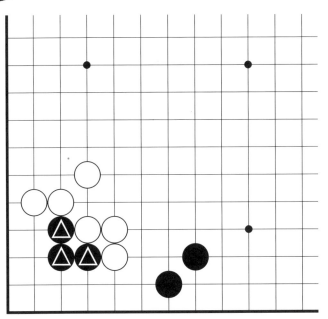

연결의 기본 요령을 묻는 문제이다. 흑 ▲ 석 점을 변의 흑돌과
연결시킨다.

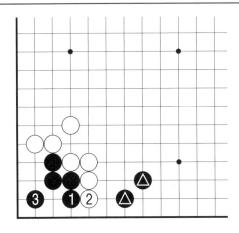

[참고도]

흑❶로 두면 안에
서 살 수는 있다.
그러나 흑▲ 두 점
이 차단되어서는
좋지 않다.

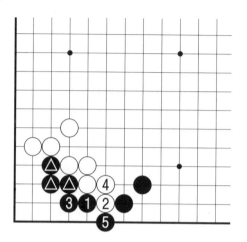

◯ 그림1(정답)

흑❶로 두는 것이 연결의 기본 요령이다. 이하 흑❺까지 흑▲ 석 점이 무사히 연결된 모습이다.

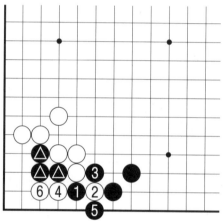

◯ 그림2(변화)

흑❶, 백② 때 무심코 흑❸으로 단수치기 쉬운데, 이것은 이하 백⑥까지 귀의 흑▲ 석 점이 잡히므로 손실이 크다.

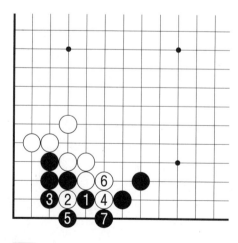

◯ 그림3(백, 손해)

흑❶ 때 백②로 끊는 것은 백이 좋지 않다. 이하 흑❼까지의 진행과 **그림1**을 비교해 보면 백이 손해이다.

연결을 도모

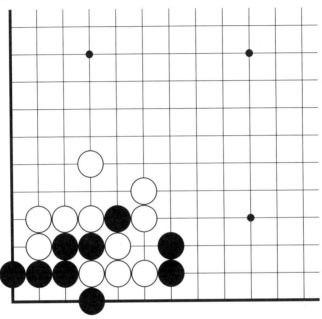

귀의 흑은 자체로 두 집을 만들 수 없는 모습이다. 흑은 변과 연결을 도모해야 하는데 행마의 급소는?

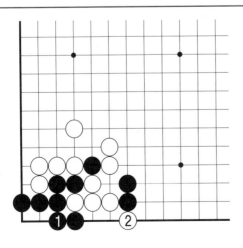

[참고도]

흑❶로 잇는 것은 안에서 살 수 없는 만큼 의문이다. 백②로 젖히면 흑 죽음.

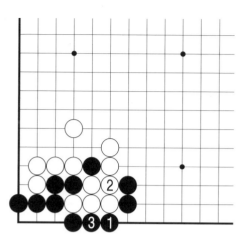

⬤ 그림1(정답)

흑❶로 젖히는 것이 연결의 급소이다. 백②에는 흑❸으로 연결이 가능한 모습.

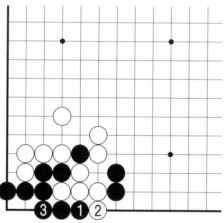

⬤ 그림2(실패1)

흑❶로 두는 것은 백②로 막았을 때 대책이 없다. 흑❸으로 이어도 흑은 자체로 죽어 있는 모습.

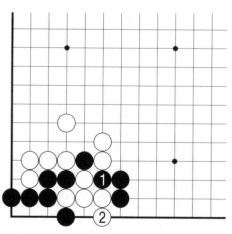

⬤ 그림3(실패2)

흑❶로 끊는 수 역시 성립하지 않는다. 백은 ②로 내려서는 것이 좋은 수가 된다.

연결의 급소

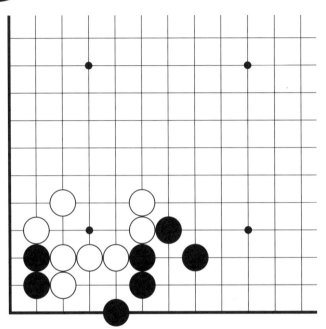

귀의 흑 두 점을 살리는 문제이다. 연결의 급소는?

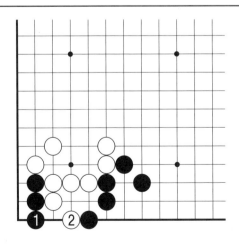

[참고도]

흑❶로 내려서는 수는 대악수. 백②로 차단해서 흑 죽음이다.

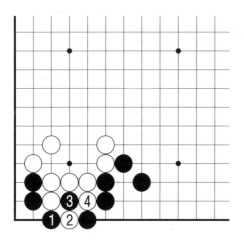

🔵 그림1(정답)

흑❶이 연결의 급소이다. 백
②, ④로 단수쳐도 흑❺까지
의 진행이면 연결에 지장 없
는 모습.
(흑❺…백②)

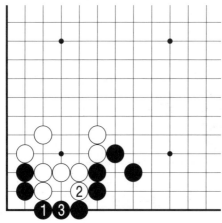

🔵 그림2(변화)

흑❶ 때 백②로 둔다면 흑❸
으로 이어서 패를 방비하는
것이 좋은 수이다.

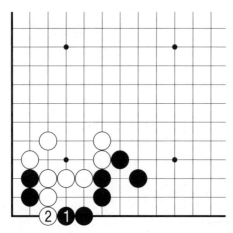

🔵 그림3(실패)

흑❶은 대악수. 백②로 차단
하고 나면 귀의 흑이 잡히고
만다.

동시에 보강

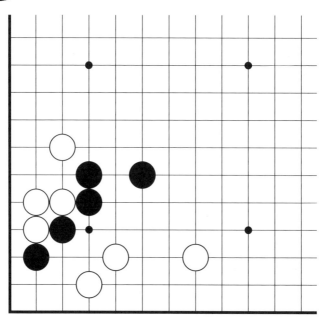

끊기는 약점이 두 군데 있다. 양쪽의 단점을 동시에 보강하는 방법은 무엇일까?

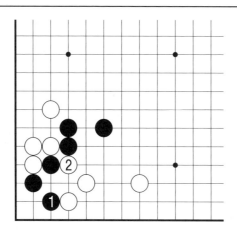

[참고도]

흑❶로 호구치는 것은 잘못된 보강법. 백②로 끊겨서 흑 죽음이다.

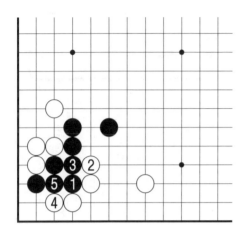

🔵 그림1(정답)

흑❶이 양호구가 되는 급소. 이하 흑❺까지 연결에 지장 없는 모습이다.

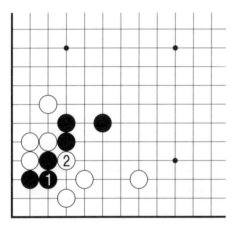

🔵 그림2(실패1)

흑❶로 잇는 것은 백②로 끊겨서 손해가 크다.

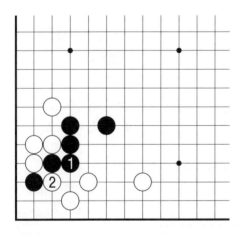

🔵 그림3(실패2)

흑❶로 잇는 수 역시 백②로 끊겨서 흑돌이 잡히고 만다.

변의 돌과 연결

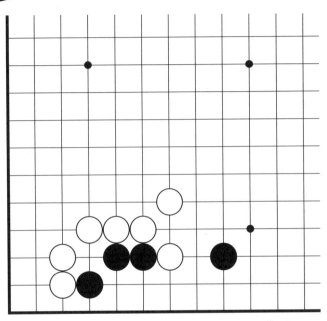

흑 석 점을 변의 흑돌과 연결시키는 문제이다. 연결의 급소는?

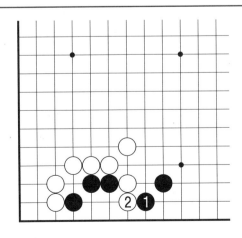

[참고도]

흑❶은 스스로 화를 자초한 수. 백②로 차단되면 손해가 크다.

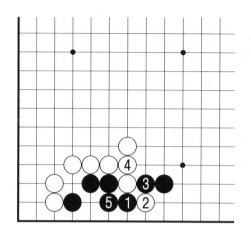

● 그림1(정답)

흑❶로 젖히는 것이 급소이다. 백②에는 흑❸으로 단수친 후 ❺에 이어서 연결에 지장 없는 모습.

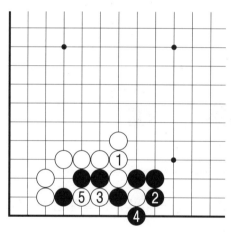

● 그림2(흑, 손해)

백①로 이었을 때 흑이 **그림1**처럼 처리하지 않고 흑❷로 단수치는 것은 좋지 않다. 백③, ⑤면 손해가 크다.

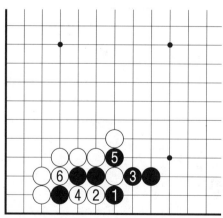

● 그림3(백의 최선)

흑❶로 젖혔을 때 백은 ②로 끊는 것이 최선의 수이다. 흑은 ❸으로 단수치는 정도인데, 이하 백⑥까지 흑 한 점을 잡을 수 있다.

약점을 활용

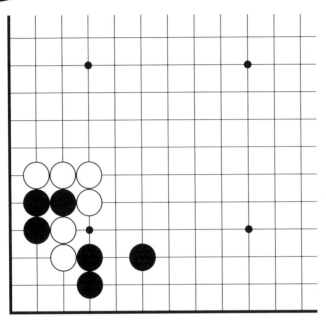

단순한 방법으로는 흑 석 점이 잡히고 만다. 백의 약점을 이용해
서 연결하는 방법을 모색해야 한다.

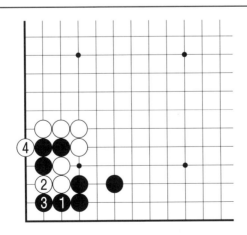

[참고도]

흑❶로 두는 수는
석 점을 포기하겠다
는 뜻이다. 백④까
지 흑 죽음.

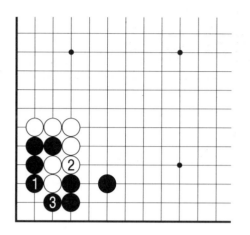

● 그림1(정답)

흑❶이 연결의 급소. 백은 ②로 이을 수밖에 없는데, 흑 ❸으로 연결이 가능하다.

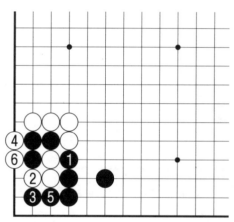

● 그림2(실패1)

흑❶로 끊는 것은 백②로 막는 순간 흑 석 점이 잡히고 만다.

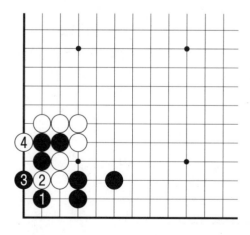

● 그림3(실패2)

흑❶로 두는 수 역시 좋지 않다. 백②, ④면 **그림1**보다도 흑은 나쁜 결과이다.

상식적인 연결

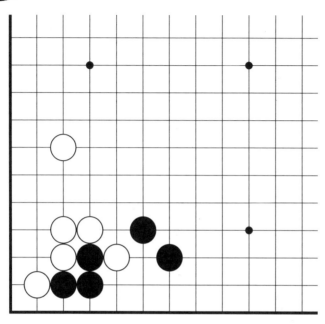

가장 상식적인 연결 방법을 묻는 문제이다. 어떻게 두는 것이 최선일까?

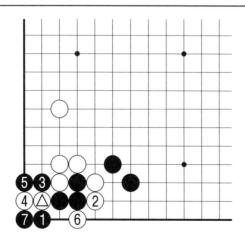

[참고도]

흑❶로 젖히는 수는 백②라는 강력한 반격이 기다리고 있다. 흑❸으로 단수쳐도 이하 백⑧까지 유명한 귀삼수로 흑이 안 된다.

(백⑧…백△)

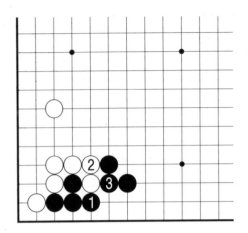

🔵 그림1(정답)

흑❶이 연결의 급소이다. 백
②로 잇는다면 흑❸으로 두는
것이 튼튼한 보강 방법이다.

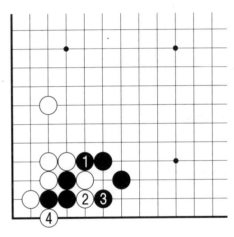

🔵 그림2(실패1)

흑❶로 끊는 것은 백②로
막는 순간 흑 석 점이 잡히
고 만다.

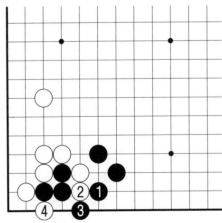

🔵 그림3(실패2)

흑❶로 두는 수 역시 백②,
④에 의해 흑 석 점이 잡히고
만다.

연결 방법

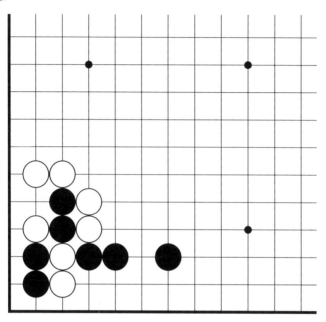

귀의 흑 두 점을 변의 흑돌과 연결시키는 문제이다.

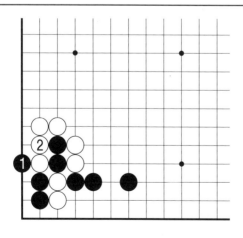

[참고도]

흑❶로 단수치는 것은 백②로 따내게 해서 무의미한 수이다.

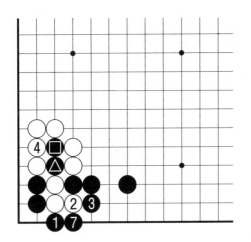

🔵 그림1(정답)

흑❶이 연결의 급소이다. 백②로 연결을 방해해도 이하 흑❼까지 연결에 지장 없는 모습.

(흑❺…흑△, 백⑥…흑⬛)

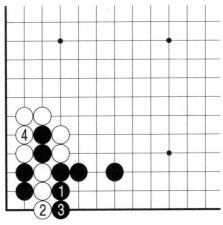

🔵 그림2(실패)

흑❶로 단수치는 것은 백②로 내려서는 수에 의해 연결이 불가능하다.

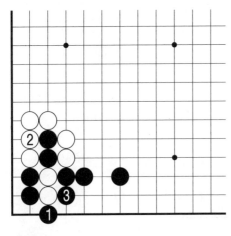

🔵 그림3(변화)

흑❶ 때 백②로 따낸다면 흑❸으로 간단히 연결할 수 있다.

최선의 연결

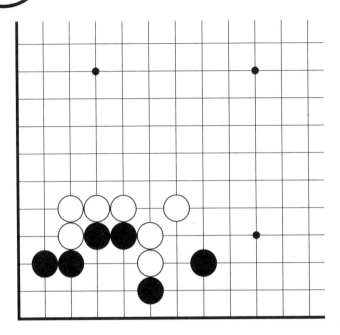

어떤 방법으로 연결을 도모하는 것이 최선인가를 묻는 문제이다.

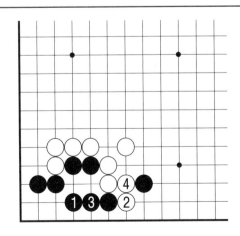

[참고도]

흑**①**로 호구치면 안에서 살 수는 있다. 그러나 백④까지 한 점이 고립되어서는 흑 손해.

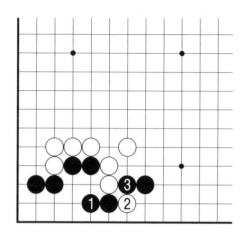

그림1(정답)

흑❶로 뻗는 것이 급소이다. 백②로 젖혀도 흑❸으로 끊으면 그만이다.

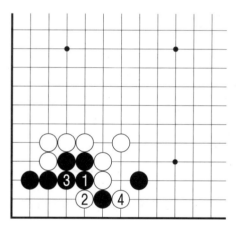

그림2(실패1)

흑❶로 두는 것은 백②, ④로 단수치는 수에 의해 간단히 흑이 안 된다.

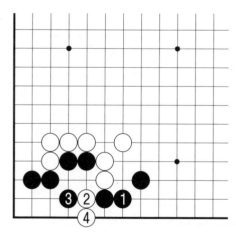

그림3(실패2)

흑❶로 뻗는 수 역시 백②로 젖히는 수에 의해 연결이 불가능한 모습.

약점을 이용

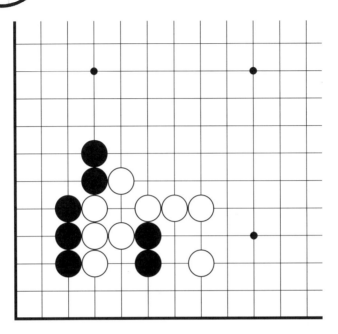

상대의 약점을 활용해서 변의 흑돌을 귀와 연결시키는 문제이다.

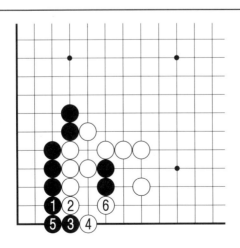

[참고도]

흑❶로 내려서는 수는 단순한 끝내기에 불과하다. 백⑥까지 두 점이 잡혀서는 흑의 실패.

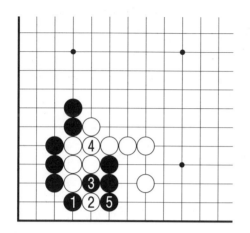

● 그림1(정답)

흑❶로 젖히는 것이 연결의 급소이다. 백②라면 흑❸, ❺로 단수쳐서 큰 이득을 취할 수 있다.

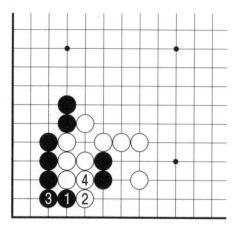

● 그림2(실패)

흑❶, 백② 때 흑❸으로 잇는 것은 대악수. 백④로 잇고 나면 흑 두 점만 잡히고 만다.

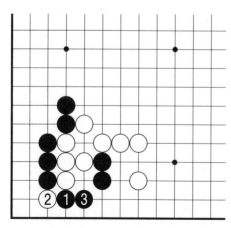

● 그림3(변화)

흑❶ 때 백②로 끊는다면 흑❸으로 뻗어서 백의 손해가 크다.

끊김을 방지

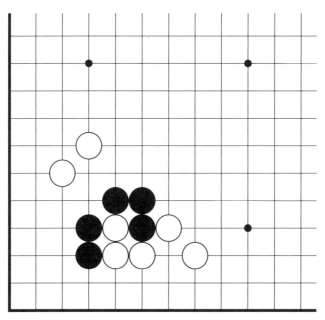

흑은 어떤 방법으로 끊기는 것을 방비하는 것이 최선인지를 묻는 문제이다.

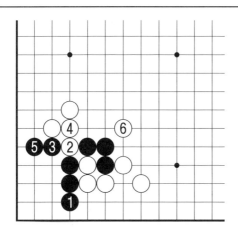

[참고도]

흑❶로 내려서는 것은 백②의 끊음이 통렬하다. 백⑥까지 백이 두터운 모습.

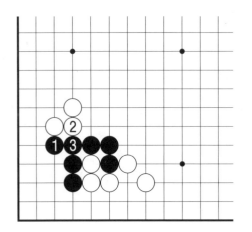

◉ 그림1(정답)

흑❶로 호구쳐서 잇는 것이 최선의 방법이다. 백②ᅳ 때 흑❸으로 잇고 나면 귀의 흑은 자체로 살아 있는 모습이다.

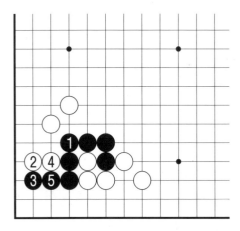

◉ 그림2(실패1)

흑❶로 잇는 것은 백②, ④에 의해 전체가 아직 살아 있지 못했다는 것이 큰 부담이다.

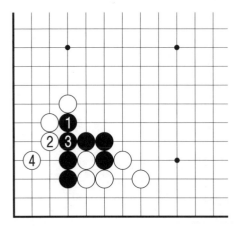

◉ 그림3(실패2)

흑❶로 호구치는 수 역시 백②, ④면 전체가 두 집이 없다.

약점을 추궁

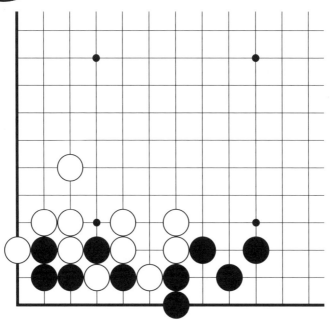

다소 복잡한 형태이다. 그러나 상대의 약점을 정확히 이용하면
귀의 흑을 살릴 수 있다.

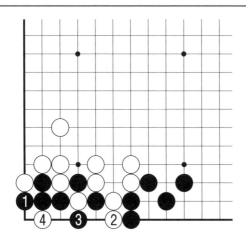

흑❶로 단수치는 것
은 전혀 엉뚱한 수.
백②로 차단하면 흑
죽음이다. 흑❸으로
따내도 백④로 그만
이다.

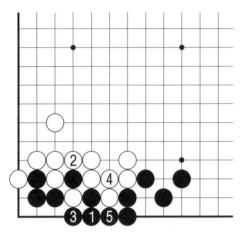

흑❶로 내려서는 것이 유일한 연결의 급소이다. 이하 흑❺까지 무사히 연결된 모습이다.

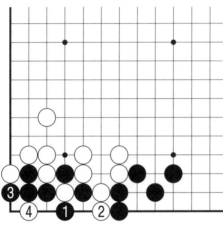

흑❶로 따내는 것은 대악수. 백②로 차단하고 나면 전체가 살 수 없는 모습이다.

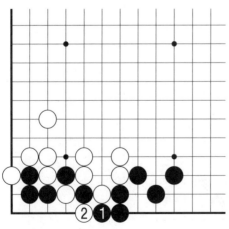

흑❶로 두는 수 역시 백②로 따내고 나면 손해가 크다.

연결의 기본

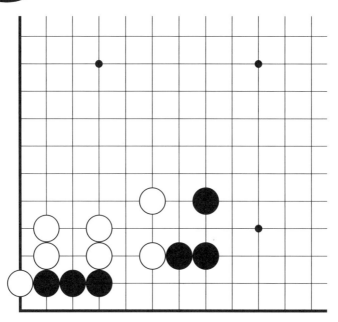

연결의 기본 방법을 묻는 문제이다. 첫 수만 발견하면 다음은 간단하다.

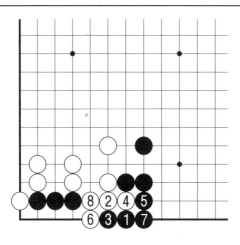

[참고도]

흑❶로 한 칸 뛰어 연결을 시도하는 것은 백②의 차단이 기다리고 있다. 백⑧까지 흑 죽음.

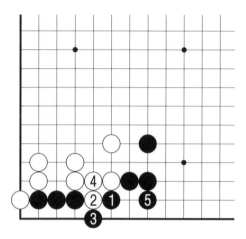

🔵 그림1(정답)

흑❶로 젖히는 것이 연결의 급소. 백②에는 이하 흑❺까지 간단히 연결이 가능하다.

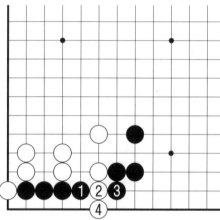

🔵 그림2(실패1)

흑❶은 백②로 차단당해 실패이다. 백④까지 흑의 손해가 크다.

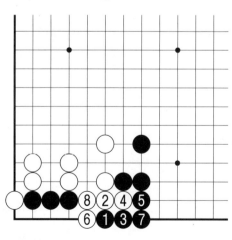

🔵 그림3(실패2)

흑❶로 두는 수 역시 이하 백⑧까지 귀의 흑 석 점이 잡혀 흑의 실패이다.

귀의 돌과 연결

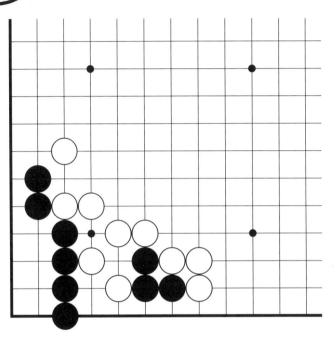

흑 석 점을 귀의 흑돌과 연결시키는 문제이다.

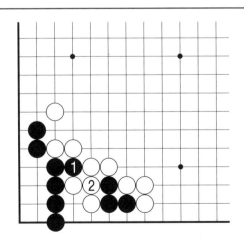

[참고도]

흑❶로 찌르는 것은 백②로 이어서 아무런 수도 없다.

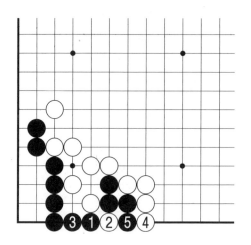

🔵 그림1(정답)

흑❶로 젖히는 것이 연결의 급소이다. 흑❺까지 연결에 지장 없는 모습.

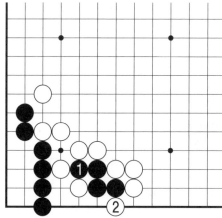

🔵 그림2(실패1)

흑❶은 대악수. 백②로 단수 치는 순간 엄청난 손해를 보게 된다.

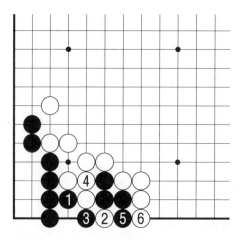

🔵 그림3(실패2)

흑❶로 두는 수 역시 좋지 않다. 이하 백⑥까지의 진행이면 흑돌이 잡히고 만다.

효율적인 방법

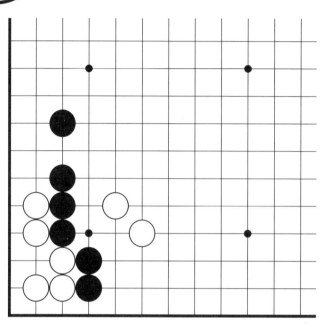

어떤 방법으로 연결하는 것이 최선인지를 묻는 문제이다. 가장 효율적인 연결 방법은?

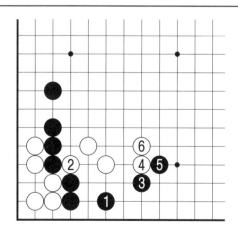

[참고도]

흑❶로 한 칸 뛴 것은 자체 삶을 도모하겠다는 뜻. 그러나 백⑥까지의 진행이면 스스로 고난을 자초한 격이다.

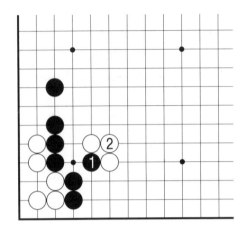

🔵 그림1(정답)

흑❶이 정답이다. 백이 ②로
잇는다면 흑은 선수로 형태
를 결정지었다.

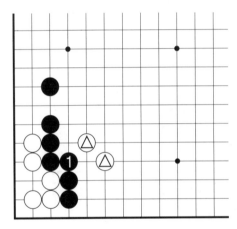

🔵 그림2(실패1)

흑❶로 잇는 것은 백△ 두
점에 대한 영향력이 없는 만
큼 좋지 않다.

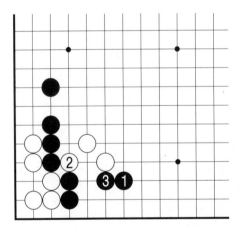

🔵 그림3(실패2)

흑❶은 자신의 약점을 간과
한 수이다. 백②로 끊기고 나
면 흑은 양곤마의 형태가 되
고 만다.

약점을 고려

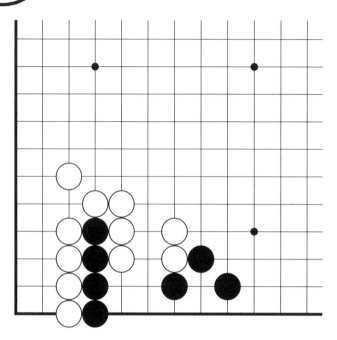

자신의 약점을 고려해서 안전하게 연결하는 방법을 모색해야 한다.

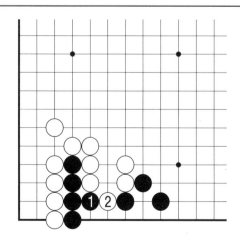

[참고도]

흑❶로 두는 것은 무의미하다. 백②로 단수치는 순간 흑 죽음이다.

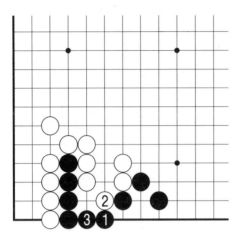

● 그림1(정답)

흑❶로 두는 것이 연결의 급
소이다. 백②에는 흑❸으로
이어서 그만이다.

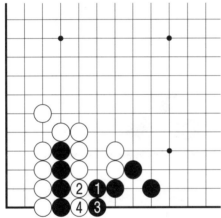

● 그림2(실패1)

흑❶로 두는 것은 백②로 단
수치는 수에 의해 간단히 흑
이 안 된다.

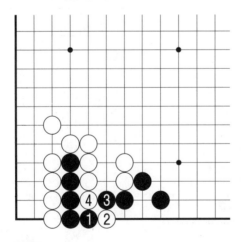

● 그림3(실패2)

흑❶로 두는 수 역시 백②로
단수치면 흑이 살 수 없는 모
습이다.

약점을 방비

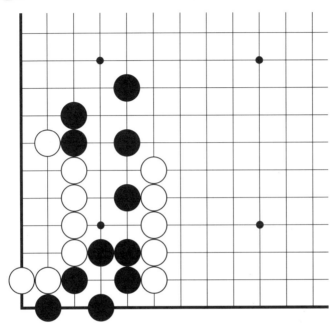

흑은 끊기는 약점을 방비하고 싶은데, 어떻게 두는 것이 최선일까?

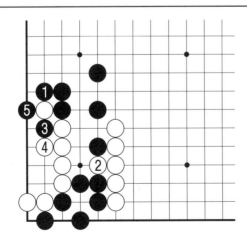

[참고도]

흑❶로 막는 것은 자신의 약점을 간과한 수. 백②로 끊겨서는 손해가 크다.

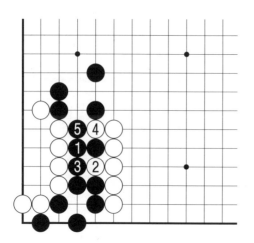

🔵 그림1(정답)

흑❶이 유일한 연결의 급소이다. 백②, ④로 절단을 시도해도 흑❺까지 연결에 지장 없는 모습.

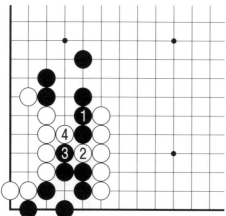

🔵 그림2(실패1)

흑❶로 잇는 것은 백②, ④로 절단당해 손해가 크다.

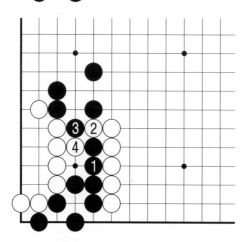

🔵 그림3(실패2)

흑❶로 잇는 수 역시 백④까지 흑돌이 잡히는 만큼 손해가 크다.

손을 뺀 이후

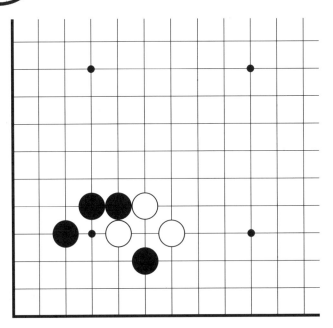

흑이 들여다보았을 때 백이 손을 뺀 장면이다. 흑의 다음 한 수
는 결정적인데, 이후의 수순이 관건이다.

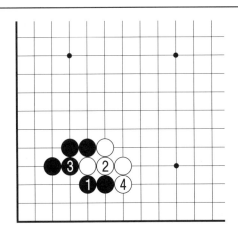

흑❶로 두어도 넘을
수는 있다. 그러나
백④까지 형태를 결
정지어 주어서는 약
간 미흡하다.

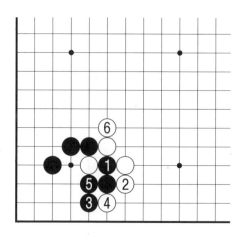

🔵 그림1(정답)

흑은 ❶로 끊는 한 수이다. 계속해서 백은 ②로 막는 것이 최선이며, 이하 백⑥까지 형태가 일단락된다.

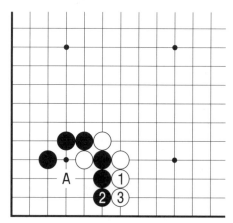

⚪ 그림2(흑, 손해)

백① 때 흑❷로 내려서는 것은 좋지 않다. 백은 ③으로 막은 이후 A에 두는 수를 노리게 된다.

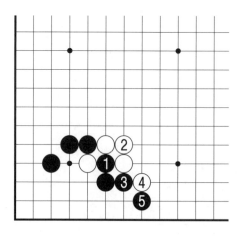

🔵 그림3(흑, 만족)

흑❶ 때 백②로 잇는 것은 백이 좋지 않다. 이하 흑❺까지의 진행이면 백이 불리한 결말.

상식적인 차단

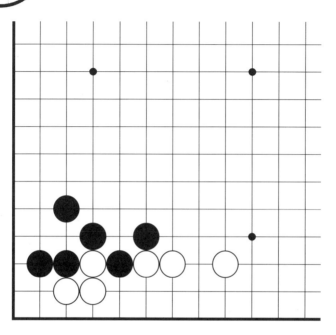

좌우 백돌을 분단시키는 문제이다. 상식적인 차단 방법은?

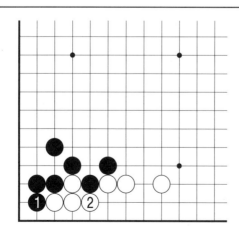

[참고도]

흑❶로 막는 것은 백 ②로 넘게 해서 너무 싱겁다.

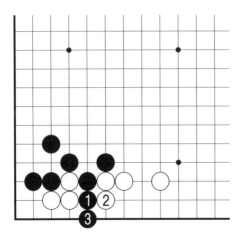

🔘 그림1(정답)

흑은 ❶로 차단하는 한 수이다. 백②에는 흑❸으로 내려서서 귀의 백 석 점을 잡을 수 있다.

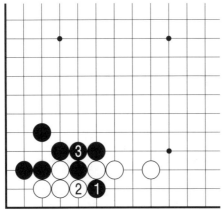

🔘 그림2(실패)

흑❶로 젖히는 것은 대악수. 백②로 단수치는 순간 도리어 흑이 잡히고 만다.

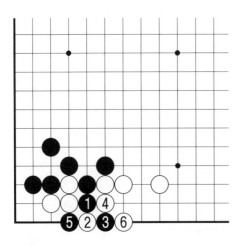

🔘 그림3(변화)

흑❶ 때 백②로 젖힌다면 흑❸으로 단수쳐서 그만이다. 흑❼까지 백이 잡힌 모습. (흑❼…백②)

결정적인 약점

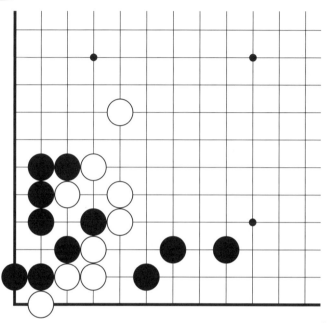

백의 형태를 자세히 살펴보면 결정적인 약점이 있다는 것을 알
수 있다. 흑은 어떻게 두는 것이 최선일까?

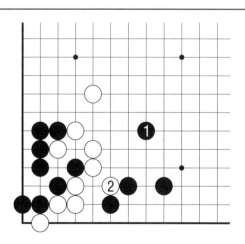

[참고도]

흑❶은 전체에 대한
공격을 엿보겠다는
뜻. 그러나 백②로
보강하게 해서는 공
격이 쉽지 않다.

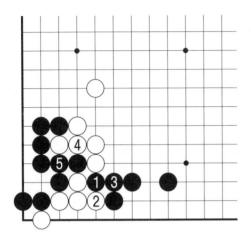

◯ 그림1(정답)

흑은 ❶로 끊는 수가 성립한
다. 이하 흑❺까지 귀의 백돌
을 잡을 수 있다.

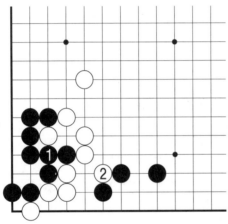

◯ 그림2(실패)

흑❶로 단수치는 것은 백②로
보강하게 해서 손해가 크다.

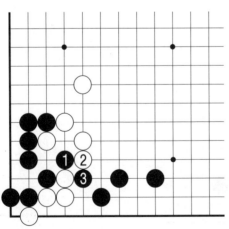

◯ 그림3(경과)

문제도의 장면은 흑❶로 젖
혔을 때 백이 ②로 막아 이
루어진 형태이다. 흑은 ❸으
로 끊어서 큰 성과를 거둔
모습이다.

끊는 방향

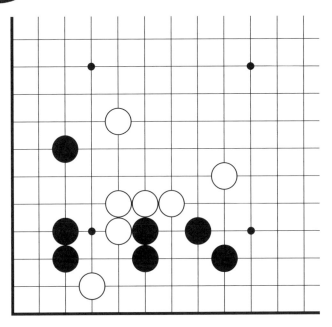

흑은 어떤 방향으로 끊느냐가 매우 중요하다. 최선의 한 수는?

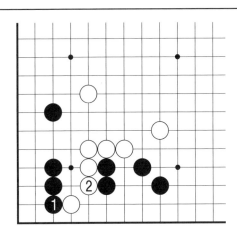

[참고도]

흑**❶**로 막는 것은 의문이다. 백②로 막는 순간 좌우 흑이 차단되었다.

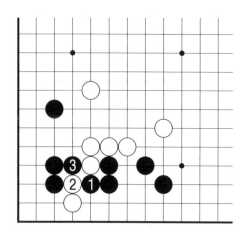

🔵 그림1(정답)

흑❶로 끊는 것이 올바른 방향이다. 백②에는 흑❸으로 끊어서 큰 성과를 거둘 수 있다.

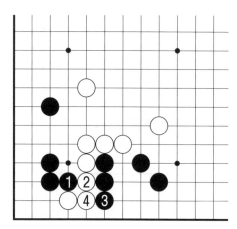

🔵 그림2(실패1)

흑❶로 두는 것은 방향 착오이다. 백② 때 흑은 자신의 약점 때문에 끊을 수 없는 모습이다.

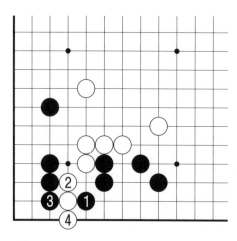

🔵 그림3(실패2)

흑❶로 두는 수 역시 찬성할 수 없다. 흑❸, 백④까지 연결이 불가능한 모습이다.

차단의 급소

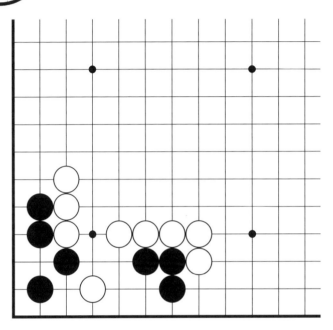

백의 약점을 적절히 찔러가면 큰 성과를 거둘 수 있다. 차단의
급소는?

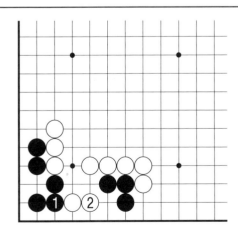

흑❶은 귀의 삶에
연연한 수이다. 백
②로 차단하면 오른
쪽 흑 석 점이 잡히
고 만다.

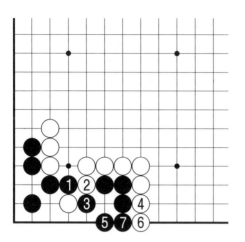

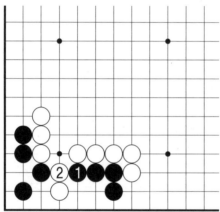

🔘 그림2(실패1)

혹❶로 두는 것은 백②로 받게 해서 연결이 불가능한 모습이다.

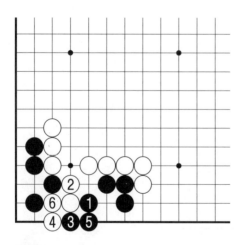

🔘 그림3(실패2)

혹❶로 두는 수 역시 이하 백⑥까지의 진행에서 보듯 연결이 불가능하다.

72

신중한 공격

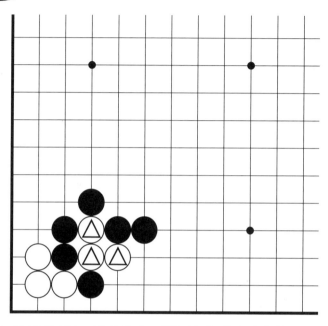

백△ 석 점을 잡는 문제이다. 너무 쉽게 생각하다가는 실패하기 십상이다.

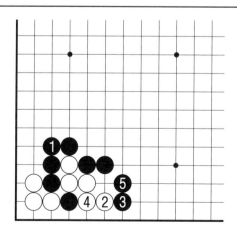

[참고도]

흑❶로 잇는 것은 너무 소극적인 수. 백②, ④까지 흑 한 점이 선수로 잡히고 말았다.

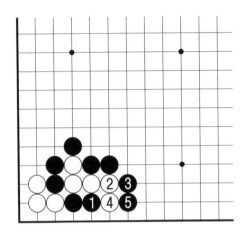

흑❶로 단수치는 것이 중요하다. 백②로 달아난다면 흑❺까지 축으로 잡을 수 있다.

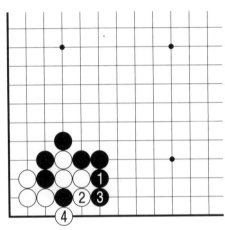

○ 그림2(실패1)

흑❶로 단수치는 것은 대악수. 백②, ④면 도리어 흑이 잡히고 만다.

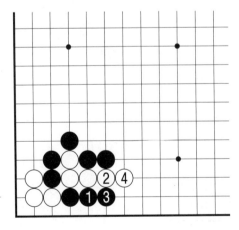

○ 그림3(실패2)

흑❶, 백② 때 흑❸으로 단수치는 수 역시 악수이다. 백④로 뻗고 나면 흑의 수습 불능이다.

기본적인 장문

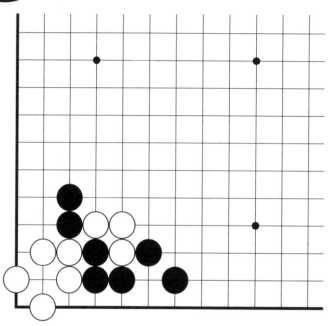

중앙의 백 석 점을 잡는 문제이다. 기본적인 장문의 요령을 묻는 문제이다.

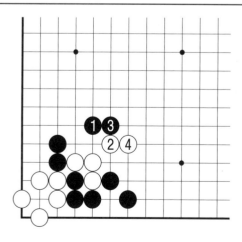

[참고도]

흑❶로 날일자해서 공격하는 것은 의문수. 백②, ④로 탈출하고 나면 이후는 흑이 고단하다.

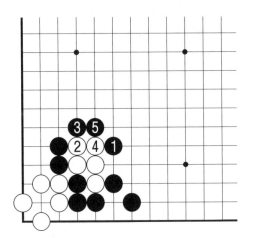

🔵 그림1(정답)

흑❶이 장문의 급소이다. 백 ②, ④로 탈출을 시도해도 이하 흑❺까지 백이 잡힌 모습이다.

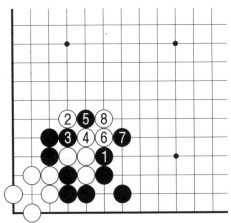

⚫ 그림2(실패1)

흑❶로 두는 것은 백②로 한 칸 뛰는 것이 좋은 수가 된다. 이하 백⑧까지 백은 탈출이 가능한 모습.

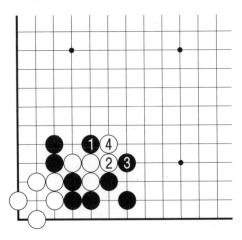

⚫ 그림3(실패2)

흑❶로 두는 수 역시 이하 백 ④까지의 진행에서 보듯 백을 잡을 수 없다.

단 한 수로 해결

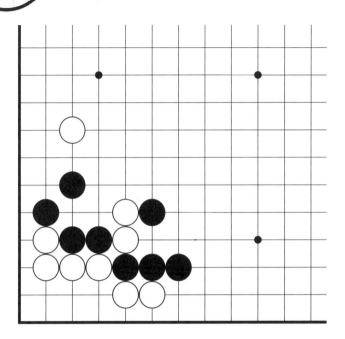

중앙 백 두 점을 잡는 문제이다. 단 한 수로 문제를 해결한다.

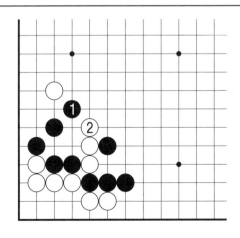

[참고도]

흑**❶**로 달아나는 것은 백②로 뻗어서 흑의 피곤한 여행이 예상된다.

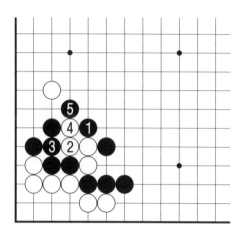

🔵 그림1(정답)

흑❶로 젖히는 것이 급소이다. 백②에는 흑❸, ❺까지 처리해서 백을 잡을 수 있다.

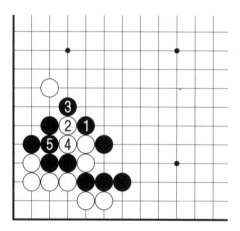

🔵 그림2(변화)

흑❶ 때 백②로 달아난다면 흑❸으로 젖히는 것이 요령이다. 이하 흑❺까지 **앞그림**과 동일한 결과이다.

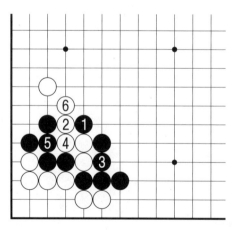

🔵 그림3(실패)

흑❶, 백② 때 흑❸으로 단수치는 것은 큰 실수. 이하 백⑥까지 흑이 도리어 곤란해졌다.

요석을 포획

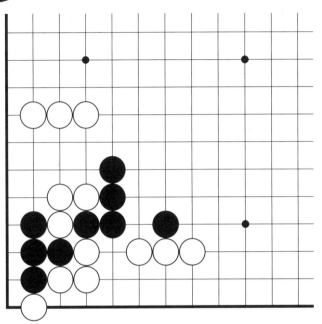

흑은 좌우로 분단되어 위험에 처해 있는 모습. 그러나 요석인 백 석 점을 잡으면 문제가 간단히 해결된다.

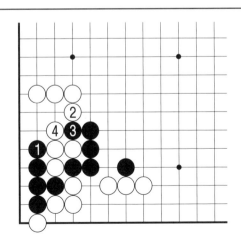

[참고도]

흑❶로 두는 것은 대악수. 백②로 차 단하는 순간 흑 다 섯 점이 백의 포로 가 되고 말았다.

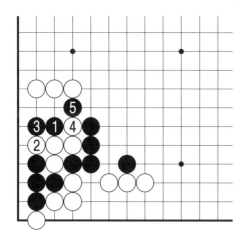

🔵 그림1(정답)

흑❶이 장문의 급소이다. 백②로 달아나도 흑❸, ❺면 백이 잡힌 모습이다.

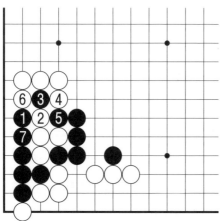

🔵 그림2(실패1)

흑❶은 백②로 달아나는 수가 성립한다. 백⑧까지 흑이 잡힌 모습이다.
(백⑧…흑❸)

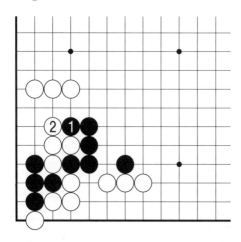

🔵 그림3(실패2)

흑❶로 두는 수 역시 백②로 두는 수에 의해 아무 것도 안 된다.

첫 수가 관건

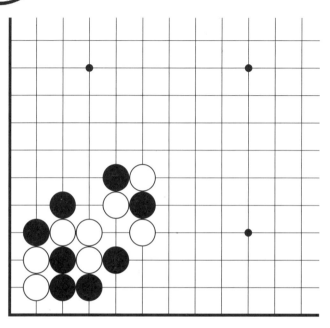

흑 한 점이 단수 상태에 몰려 있는 모습이다. 얼핏 흑이 수습하기 곤란한 형태처럼 보이지만 한 수만 발견하면 모든 게 순조롭게 해결된다.

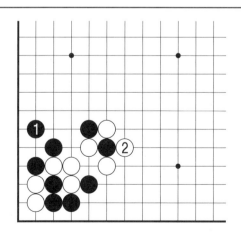

[참고도]

흑❶로 호구치는 것은 단수에 연연한 수. 백②로 따내면 백의 두터움이 막강하다.

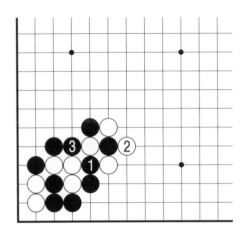

흑❶이 급소이다. 백②로 따내도 흑❸으로 따내면 요석을 잡고 큰 이득을 취할 수 있다.

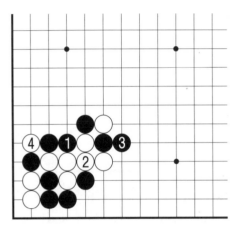

○ 그림2(실패1)

흑❶로 단수치는 것은 대악수. 이하 백④까지의 진행이면 흑의 실패이다.

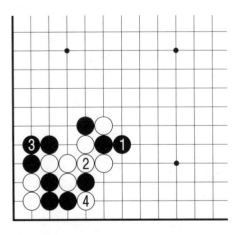

○ 그림3(실패2)

흑❶로 뻗는 수 역시 좋지 않다. 백②로 이은 후 백④로 단수치면 흑의 작전 실패이다.

절대 우세 확립

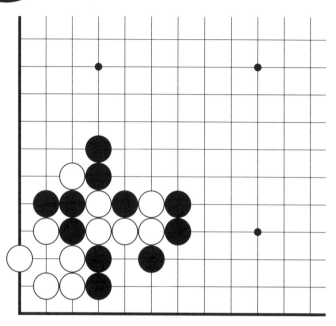

복잡하게 얽혀 있는 형태이다. 흑은 단 한 수로 절대 우세를 확립할 수 있다.

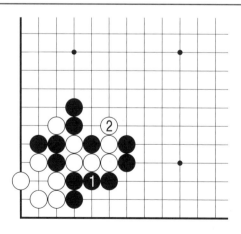

[참고도]

흑❶로 단수친 수는 방향이 틀렸다. 백은 한 점을 따내지 않고 ②로 뻗을 것이다.

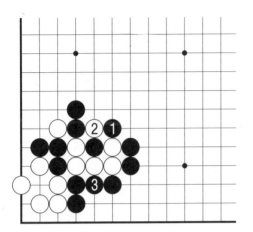

● 그림1(정답)

흑❶로 단수치는 것이 좋은 수이다. 백②로 따내도 흑❸으로 단수치면 백은 이을 수 없다.

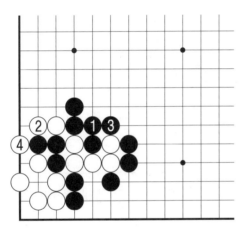

● 그림2(실패1)

흑❶로 잇는 것은 악수. 백②, ④면 흑이 먼저 잡힌다.

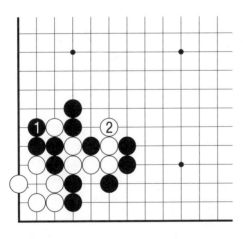

● 그림3(실패2)

흑❶로 단수치는 수 역시 좋지 않다. 백②로 뻗고 나면 더 이상 공격이 불가능한 모습.

장문의 요령

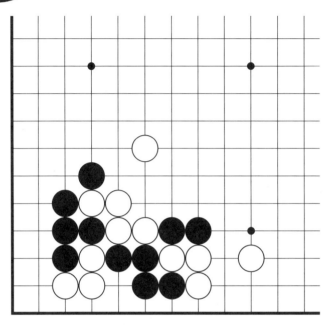

기본적인 장문의 요령을 묻는 문제이다. 단 한 수로 형태를 결정
짓는다.

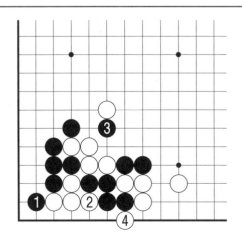

[참고도]

흑❶로 젖히는 것은
급소를 외면한 수이
다. 백②로 수를 조
이면 흑이 먼저 잡
히고 말았다.

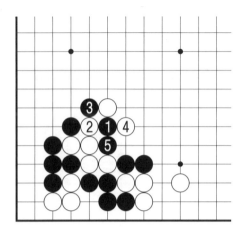

흑❶이 장문의 급소이다. 백 ②, ④로 저항해도 흑❺까지 백을 잡을 수 있다.

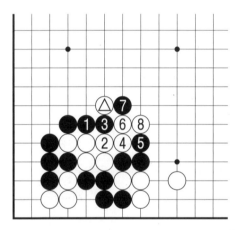

흑❶로 단수치는 것은 대악 수. 이하 백⑧까지의 진행이 면 백△ 한 점이 절묘하게 작 용해서 흑이 안 된다.

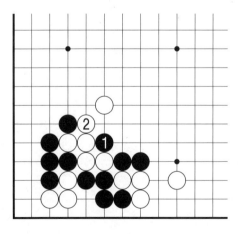

흑❶로 단수치는 수 역시 백 ②로 달아나고 나면 더 이상 수단의 여지가 없는 모습.

막는 방향

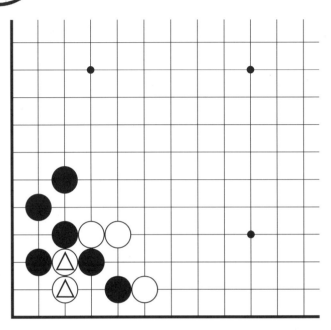

백△ 두 점을 잡고 싶은 장면이다. 흑은 어느 쪽으로 막아야 할까?

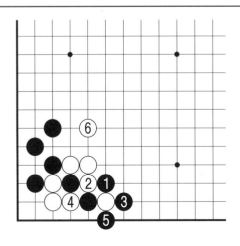

[참고도]

흑❶로 젖히면 백 한 점을 잡을 수는 있다. 그러나 이하 백⑥까지의 진행에 서 보듯 전체에 대 한 공격은 쉽지 않 게 되었다.

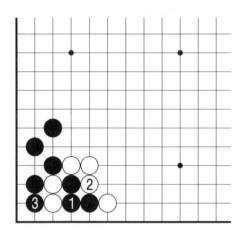

🔵 그림1(정답)

흑❶로 막는 것이 올바른 방향이다. 백②에는 흑❸으로 단수쳐서 그만이다.

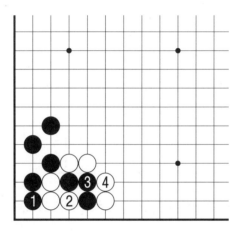

🔵 그림2(실패)

흑❶로 막는 것은 백②, ④로 단수치는 수에 의해 흑이 잡히고 만다.

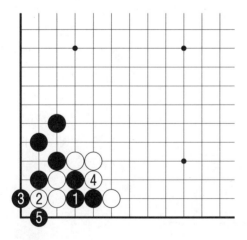

🔵 그림3(변화)

흑❶때 백②로 저항해도 흑❸, ❺이면 백을 잡을 수 있다.

잡는 방법

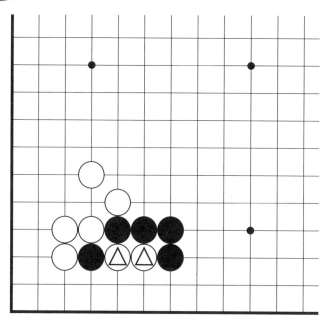

흑 한 점이 단수 상태에 있지만 백△ 두 점을 잡을 수 있는 방법이 있다.

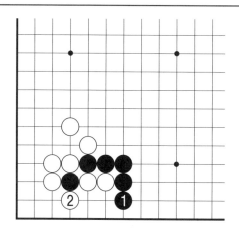

[참고도]

흑❶로 내려서서 백 ②로 따내게 해서는 좋지 않다.

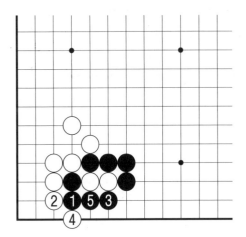

흑❶로 내려서는 것이 정답
이다. 백②에는 흑❸, ❺로
단수쳐서 백을 잡을 수 있다.

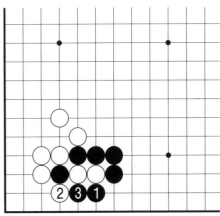

● 그림2(실패1)

흑❶로 단수치는 것은 백②
로 따내서 실패로 돌아간다.

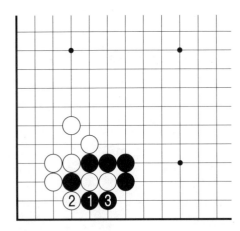

● 그림3(실패2)

흑❶로 단수치는 수 역시
흑❸까지 **앞그림**과 동일한
결말이다.

절묘한 수순

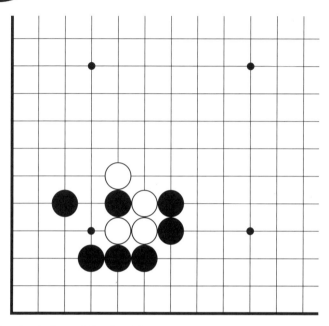

흑은 백 전체를 잡을 수 있는 절묘한 수순을 준비해 두고 있다.
첫 수가 관건이다.

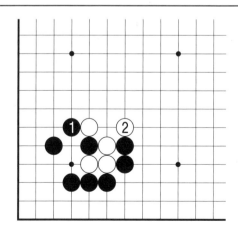

[참고도]

흑❶로 젖히는 수는
백②의 탈출이 기다
리고 있다. 이후 흑
이 백을 잡기는 힘
들어졌다.

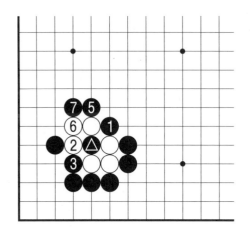

● 그림1(정답)

흑❶로 단수치는 것이 요령
이다. 백②에는 흑❸ 이하
❼까지 백을 축으로 유도할
수 있다.
(백④…흑▲)

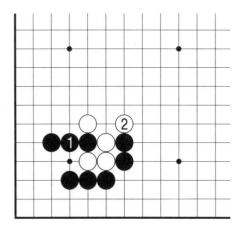

● 그림2(실패1)

흑❶로 잇는 것은 백②로 호
구치게 해서 흑의 실패로 돌
아간다.

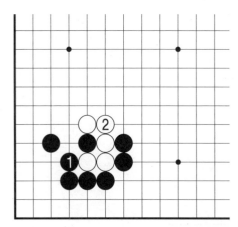

● 그림3(실패2)

흑❶로 단수치는 수 역시 백
②로 잇는 수가 호착이라 흑
의 실패이다.

서로가 공격

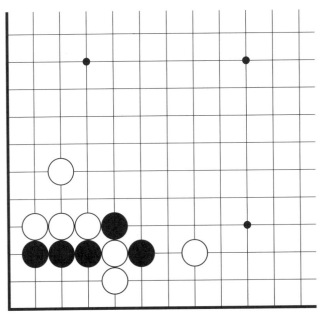

흑과 백이 서로를 공격하고 있는 모습이다. 흑은 어떻게 두는 것이 최선일까?

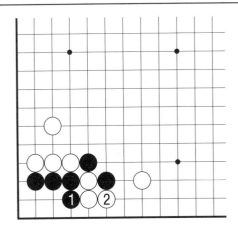

[참고도]

흑❶로 막는 것은 방향 착오. 백②로 넘는 순간 귀의 흑도 자동사이다.

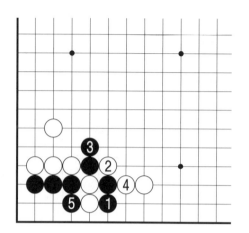

● 그림1(정답)

흑❶로 막는 한 수이다. 백
②, ④에는 흑❺까지 백 두
점을 잡을 수 있다.

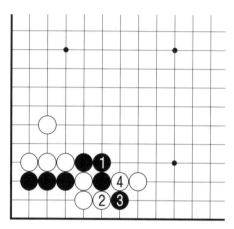

● 그림2(실패1)

흑❶로 잇는 것은 백②가 급
소가 되어 흑이 안 된다. 흑
❸으로 젖혀도 백④로 끊기
면 흑이 잡힌 모습.

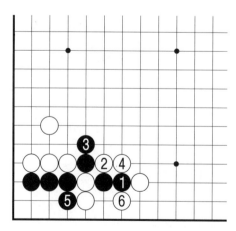

● 그림3(실패2)

흑❶로 두는 수 역시 좋지
않다. 이하 백⑥까지의 진행
이면 흑이 잡힌 모습. 귀의
흑은 자동사이다.

위기를 모면

문제 37

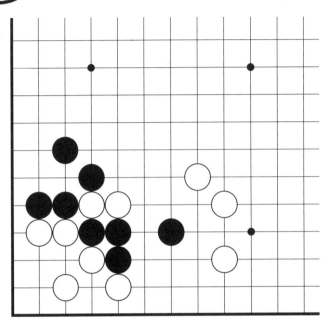

얼핏 흑이 곤란한 형태처럼 보이지만 위기를 모면하는 절묘한
방법이 있다. 최선의 한 수는?

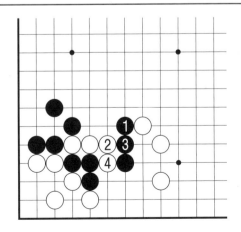

[참고도]

흑❶로 한 칸 뛰어
전체를 공격하겠다
는 발상은 무리이
다. 백②를 선수한
후 ④에 단수치면
흑이 먼저 잡히고
만다.

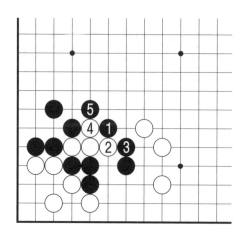

🔵 그림1(정답)

흑❶이 장문의 급소이다. 백
②, ④로 달아나도 이하
흑❺까지의 진행이면 백을
잡을 수 있다.

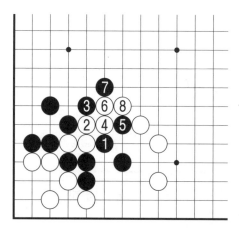

🔵 그림2(실패1)

흑❶로 단수치는 것은 대악
수. 이하 백⑧까지의 진행에
서 보듯 축이 안 된다.

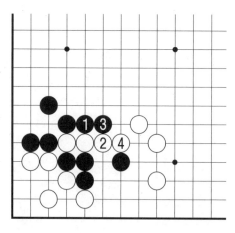

🔵 그림3(실패2)

흑❶로 단수치는 수 역시 좋
지 않다. 백④까지의 진행이
면 흑돌만 잡힌 모습이다.

자체로는 미생

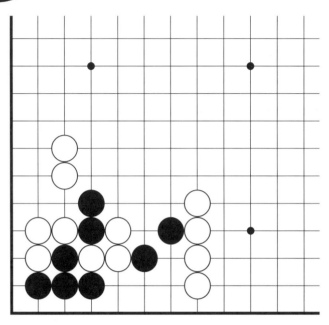

귀의 흑은 자체로 살 수 없는 모습이다. 그렇다면 백을 잡고 사는 수밖에 없다.

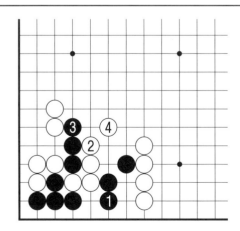

[참고도]

흑❶로 내려서서 연결에 급급하는 것은 좋지 않다. 백②, ④로 봉쇄당하고 나면 귀의 백은 살 수 없다.

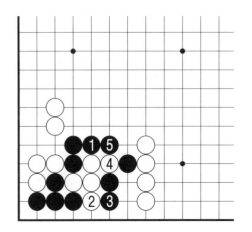

🔘 그림1(정답)

흑❶로 막는 한 수이다. 백②
로 달아난다면 이하 흑❺까지
공격해서 백을 잡을 수 있다.

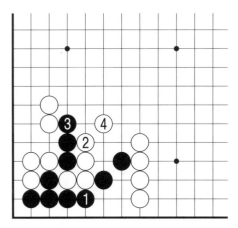

🔘 그림2(실패)

흑❶로 연결하는 것은 백②,
④로 탈출하는 수가 성립한
다. 흑은 귀를 살아야 하는
것이 부담이다.

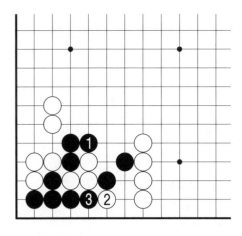

🔘 그림3(변화)

흑❶ 때 백②로 젖힌다면 흑
❸으로 단수쳐서 그만이다.

최선의 선택

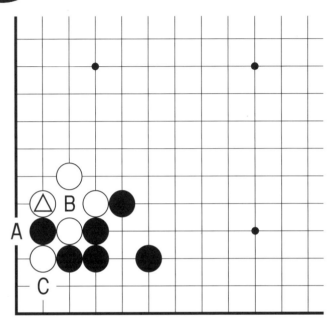

백△로 단수친 장면이다. 흑은 A~C 중 어느 곳에 두는 것이 최선일까?

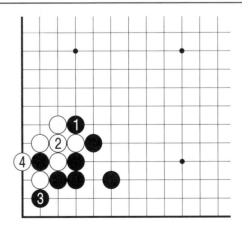

[참고도]

흑❶로 단수쳐서 백②로 잇게 하는 것은 상대의 약점을 스스로 없앤 수이다. 백④까지 흑으로선 불만스러운 결말.

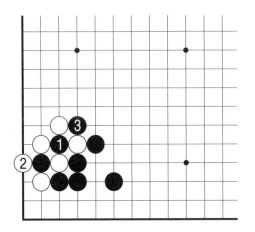

⚫ 그림1(정답)

흑❶로 따내는 한 수이다. 백 ②에는 흑❸으로 따내서 강력한 세력을 구축할 수 있다.

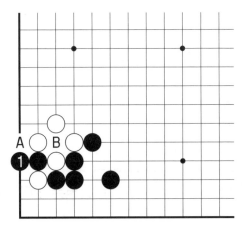

⚫ 그림2(실패1)

흑❶로 내려서는 것은 좋지 않다. 이후 백은 팻감이 많다면 A, 팻감이 부족하다면 B에 잇게 된다.

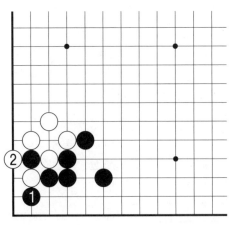

⚫ 그림3(실패2)

흑❶로 단수치는 수 역시 좋지 않다. 백②로 따내고 나면 흑은 한 것이 없는 모습.

형태를 결정

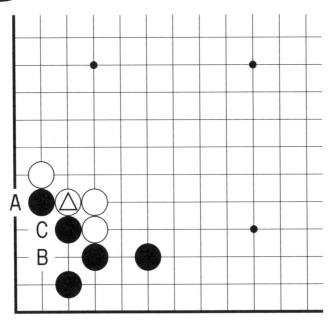

백△로 둔 장면이다. 흑은 A~C 중 어느 곳에 두는 것이 최선일까?

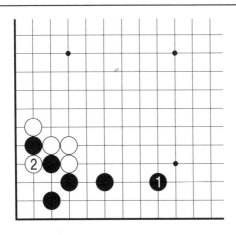

[참고도]

흑❶로 두 칸 벌린 것은 속도를 중시한 것이지만 백②를 허용해서는 너무 헤픈 결말이다.

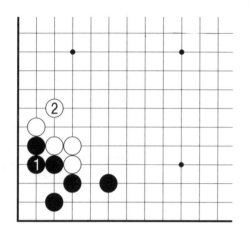

● 그림1(정답)

흑❶로 잇는 것이 정답이다.
백은 ②로 호구쳐서 형태를
결정짓게 된다.

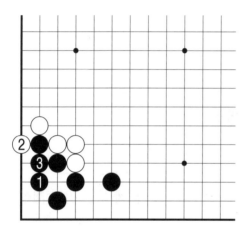

● 그림2(실패1)

흑❶로 잇는 것은 백②의 단
수가 너무 쓰라리다.

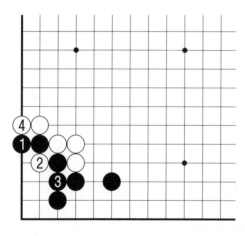

● 그림3(실패2)

흑❶로 내려서는 것은 최악
의 선택이다. 백②, ④면 흑
두 점이 잡히고 만다.

맞보기의 급소

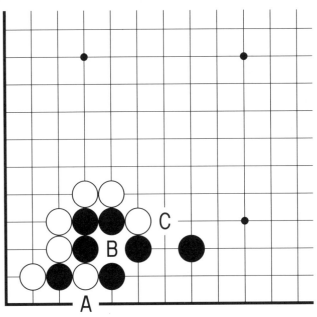

흑돌이 단수 상태에 놓여 있는 모습이다. 흑은 A~C 중 어느 곳
에 두는 것이 최선일까?

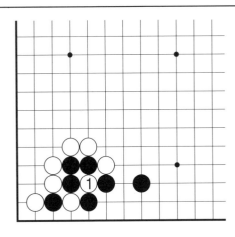

[참고도]

흑이 손을 빼면 백
은 당연히 ❶로 따
낼 것이다. 흑으로
선 도저히 참을 수
없는 형태.

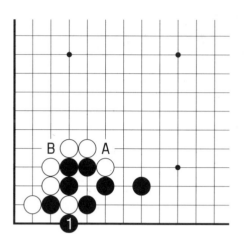

흑❶로 따내는 한 수이다. 이후 흑은 A와 B를 맞보기로 노릴 수 있다.

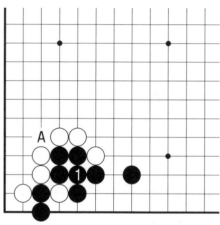

흑❶로 잇는 것은 좋지 않다. 이후 흑이 A에 끊는 수를 노려도 백B로 따내는 수가 남아 별것이 없다.

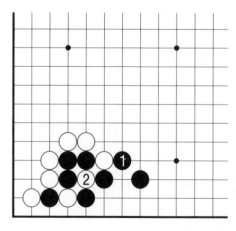

흑❶로 단수치는 것은 최악의 선택이다. 백②로 따내서는 흑의 손해가 막심하다.

최선의 응수

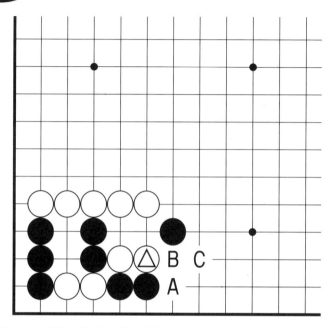

백△로 찔러온 장면이다. 흑은 A~C 중 어느 곳에 두는 것이 최선일까?

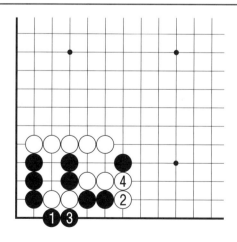

[참고도]

흑❶로 젖히면 백 두 점은 잡을 수 있다. 그러나 백④까지 흑 한 점이 다쳐서는 이득이 없다.

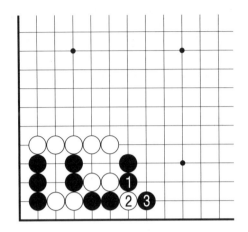

🔵 그림1(정답)

흑❶로 막는 한 수이다. 백 ②로 끊어도 흑❸으로 단수 치면 그만이다.

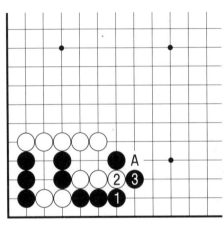

🔵 그림2(실패1)

흑❶로 늦추는 것은 이 경우 좋지 않다. 백②, 흑❸ 이후 A 의 약점이 흑으로선 부담이다.

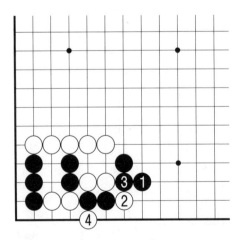

🔵 그림3(실패2)

흑❶로 두는 수 역시 찬성할 수 없다. 백②, ④면 흑이 잡 힌 모습이다.

보강 방법

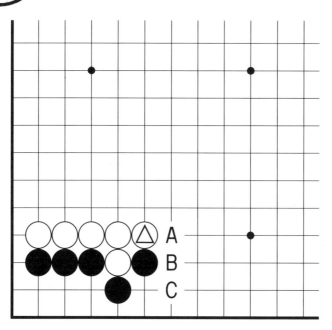

백△로 막은 장면이다. 흑은 A~C 중 어느 곳에 두는 것이 최선일까?

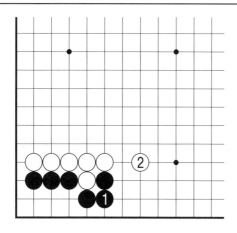

[참고도]

흑❶로 잇는 것은 너무 직선적인 보강법. 백②로 한 칸 뛰어서는 약간 불만이다.

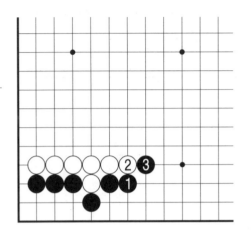

🔘 그림1(정답)

흑❶로 뻗는 것이 좋은 수이
다. 백②에는 흑❸으로 젖
혀서 변으로의 진출이 가능
하다.

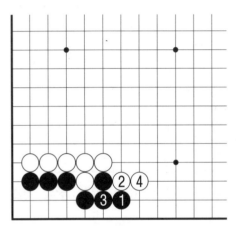

🔘 그림2(실패1)

흑❶로 호구치는 것은 백②
의 단수가 너무 쓰라리다. 백
④까지 흑이 당한 모습이다.

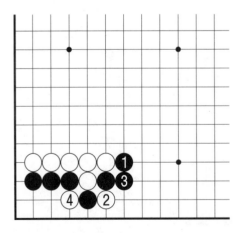

🔘 그림3(실패2)

흑❶로 젖히는 것은 대악
수. 백②, ④면 흑의 손해가
크다.

응수 방법

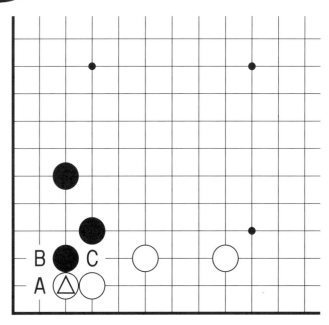

B C
A

백△로 밀어온 장면이다. 흑은 A~C 중 어느 곳에 두는 것이 최선일까?

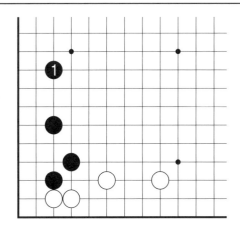

[참고도]

흑❶처럼 좌변에 벌릴 여지가 있다면 흑으로선 이렇게 두 칸 벌리는 것이 좋다.

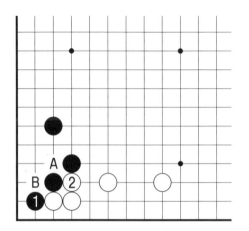

🔵 그림1(정답)

흑❶로 막는 한 수이다. 백②에는 A와 B, 어느 곳에 두어도 무방하다.

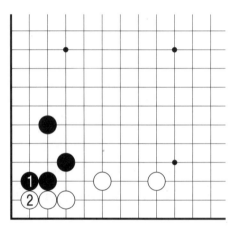

🔵 그림2(실패1)

흑❶로 늦춰서 받는 것은 약간 손해이다. 백②로 들어가면 집으로 흑이 손해를 본 모습이다.

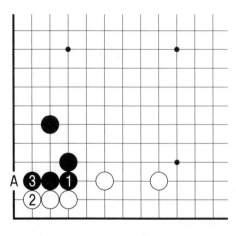

🔵 그림3(실패2)

흑❶은 가장 좋지 않는 수. 백②, 흑❸ 이후 A로 젖히는 끝내기는 백의 차지가 될 가능성이 높다.

절대적인 한 수

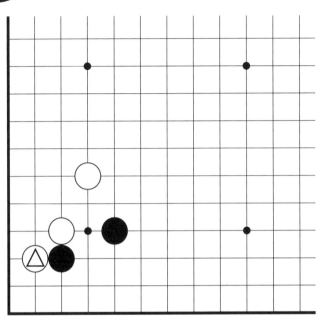

백△로 젖힌 장면이다. 흑은 어떻게 두는 것이 최선일까?

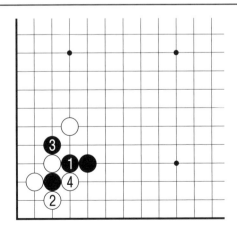

[참고도]

흑❶로 젖히는 것은 백②의 단수가 너무 쓰라리다. 흑❸은 기세상 당연한데 백④로 따내게 해서 흑이 좋지 않다.

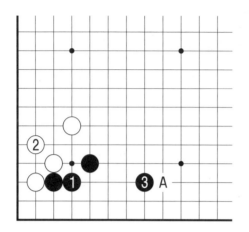

● 그림1(정답)

흑❶로 뻗는 한 수이다. 백
②에는 흑❸으로 전개하는
것이 요령이다. 흑❸으로는
A도 가능하다.

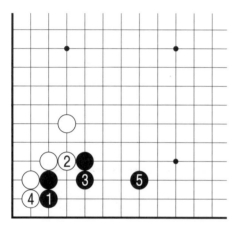

● 그림2(흑, 손해)

흑❶로 내려서는 것은 기백
이 부족한 수. 이하 흑❺까지
의 진행이면 흑이 위축된 모
습이다.

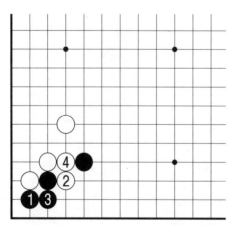

● 그림3(실패)

흑❶은 너무나 지나친 수이
다. 백②, ④면 귀가 살더라
도 흑의 손해이다.

올바른 단수 방향

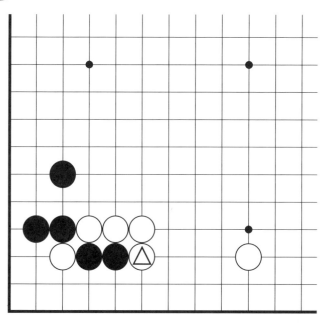

백△로 막은 장면이다. 흑은 어느 쪽으로 단수치는 것이 올바른 방향일까?

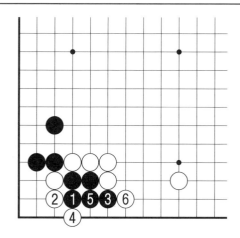

[참고도]

흑❶로 내려서는 것은 의문수. 백②로 뻗는 순간 이하 백⑥까지의 진행에서 보듯 수상전은 백승이다.

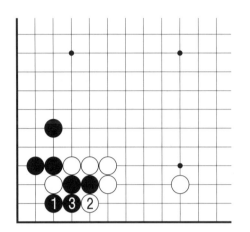

🔵 그림1(정답)

흑❶로 단수치는 것이 올바른 방향이다. 백②, 흑❸까지 일단락이다.

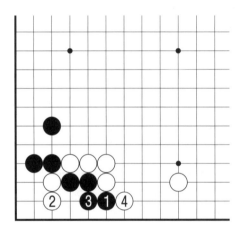

🔵 그림2(실패1)

흑❶로 젖히는 것은 백②로 내려서는 수에 흑이 잡히고 만다. 백④까지 흑 죽음.

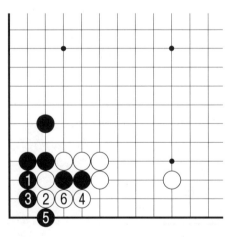

🔵 그림3(실패2)

흑❶로 단수치는 수 역시 좋지 않다. 백⑥까지 흑 죽음.

붙인 이후의 응수

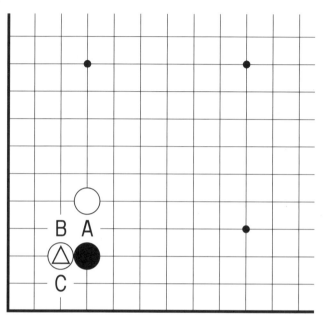

백△로 붙인 장면이다. 흑은 A~C 중 어느 곳에 두는 것이 최선일까?

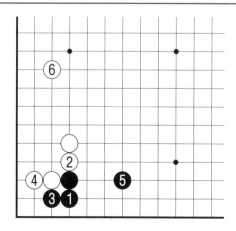

[참고도]

흑❶로 내려서는 것은 너무 소극적이다. 백은 ②로 치받은 후 이하 ⑥까지 처리해서 대만족이다.

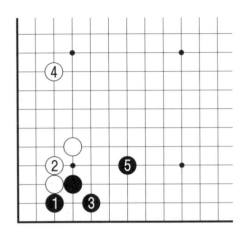

🔵 그림1(정답)

흑❶로 젖히는 것이 정답이
다. 이하 흑❺까지 정석의 일
종이다.

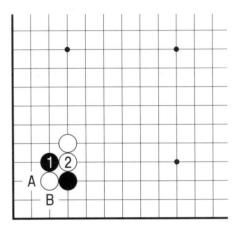

🔵 그림2(실패1)

흑❶로 젖히는 것은 백②로
끊겨서 흑이 좋지 않다. 이후
흑이 A로 단수쳐도 백은 B로
나가는 수가 성립한다.

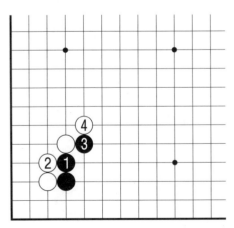

🔵 그림3(실패2)

흑❶로 치받는 것은 두점머
리를 스스로 맞은 꼴이다. 흑
❸ 때 백④가 강력한 수로
이후는 흑이 어떻게 두어도
좋지 않다.

최선의 응수

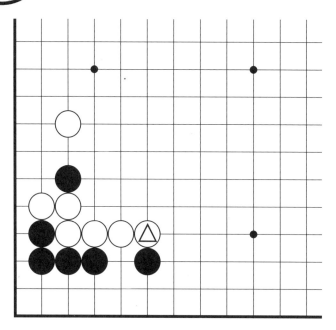

백△로 막아온 장면이다. 흑은 어떻게 응수하는 것이 최선일까?

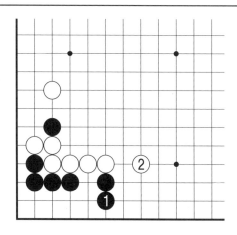

[참고도]

흑❶로 내려서서 보강하는 것은 비능률적이다. 백②로 한 칸 뛰면 백이 활발하다.

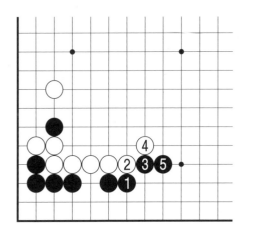

흑❶로 뻗는 것이 정답이다. 이하 흑❺까지 두텁게 형태를 정비하는 것이 요령이다.

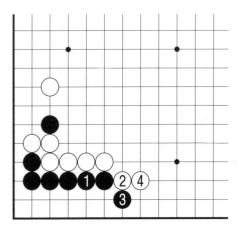

🔘 그림2(실패1)

흑❶로 잇는 것은 다소 소극적인 수이다. 백④까지 **앞그림**에 비해 흑이 위축된 모습이다.

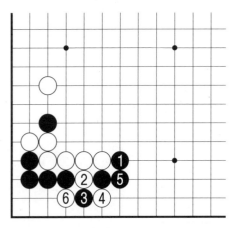

🔘 그림3(실패2)

흑❶로 젖히는 것은 대악수. 백⑥까지 흑은 막대한 손실를 초래한 모습이다.

끊어온 이후의 처리

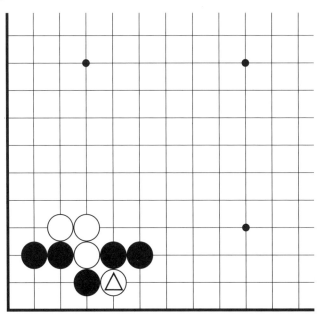

백△로 끊어온 장면이다. 계속해서 흑은 어떻게 응수하는 것이 최선일까?

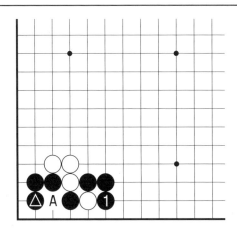

[참고도]

흑△가 있어서 A의 약점을 신경 쓰지 않아도 되는 경우라면 당연히 ❶로 단수쳐야 한다.

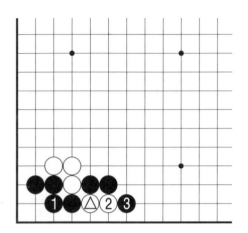

🔵 그림1(정답)

흑❶로 잇는 것이 정답이다. 백②에는 흑❸으로 막아서 그만이다. 결국 백△로 끊는 것이 성립하지 않는다는 결론이다.

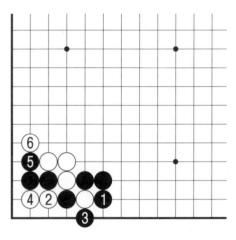

🔵 그림2(실패1)

흑❶로 단수치는 것은 백의 계략에 말려든 수이다. 이하 백⑥까지 귀의 흑돌이 잡히고 만다.

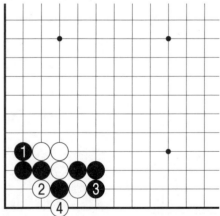

🔵 그림3(실패2)

흑❶로 젖히는 것은 최악의 선택. 백②, ④면 흑은 양분된 형태가 되고 만다.

문제 50

악수로 만드는 방법

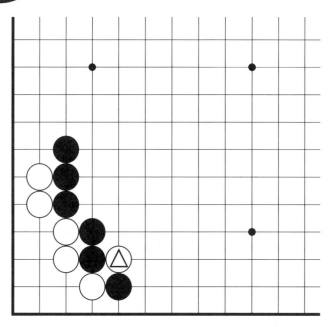

백△로 끊은 장면이다. 계속해서 흑은 어떻게 응수하는 것이
최선일까?

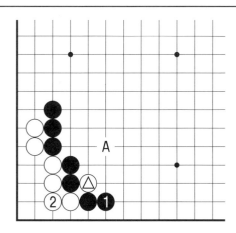

[참고도]

흑❶로 뻗는 것은
백②로 잇게 해서
의문이다. 이후 흑
이 A에 두면 백△
한 점을 잡을 수는
있지만 뒷맛이 나
쁘다.

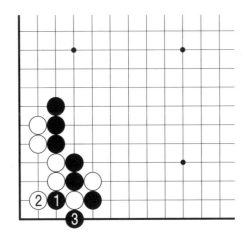

⚫ 그림1(정답)

흑❶로 단수치는 한 수이다. 백②ㅤ때 흑❸으로 따내면 끊어온 백 한 점이 악수가 되고 말았다.

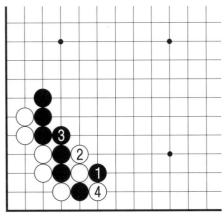

⚫ 그림2(실패1)

흑❶로 단수치는 것은 대악수. 백②, ④면 흑의 손해가 크다.

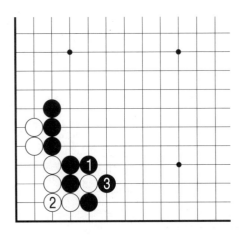

⚫ 그림3(변화)

흑❶로 단수치는 수는 정답에 비해 약간 미흡하다. 흑❸까지 일단락인데, 흑이 두터운 모습.

최선의 탈출

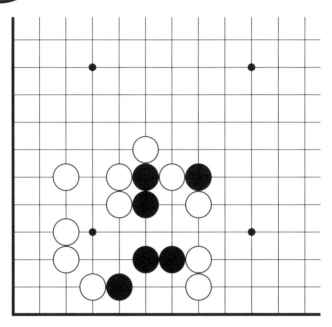

흑이 위기에 직면한 모습이다. 흑은 백의 포위망을 탈출하고 싶
은데 최선의 수는?

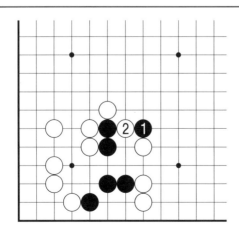

[참고도]

문제도에서 흑❶로
붙였을 때 백②로
끼운 수가 성급했
다. 이 수로는 천천
히 공격해서 충분
했다.

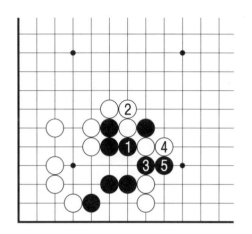

🔵 그림1(정답)

흑❶로 단수치는 것이 정답이다. 백② 때 흑❸, ❺로 단수치고 나오면 탈출이 가능하다.

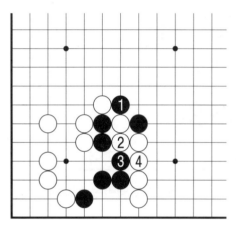

🔵 그림2(실패1)

흑❶로 단수치는 것은 대악수. 백②로 잇고 나면 아무런 수도 없다.

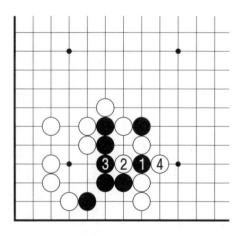

🔵 그림3(실패2)

흑❶로 끼우는 수 역시 성립하지 않는다. 백②, ④면 흑이 잡힌 모습.

미생마로 유도

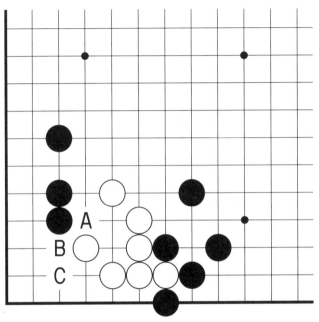

백 전체를 미생마의 형태로 유도하고 싶다. 흑은 A~C 중 어느 곳에 두는 것이 최선일까?

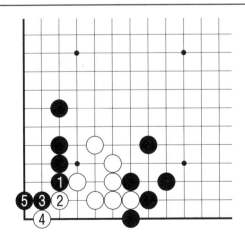

[참고도]

흑❶로 두는 것은 백②의 호구가 안성맞춤이다. 이하 흑❺까지의 진행이면 백이 선수로 안정했다.

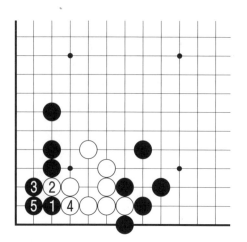

그림1(정답)

흑❶로 한 칸 뛰는 것이 정답이다. 이하 흑❺까지 백은 미생마의 형태가 되었다.

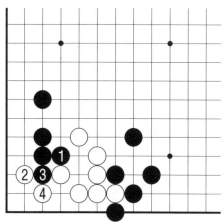

그림2(실패1)

흑❶로 두는 것은 대악수. 백②, ④면 백을 공격하기가 어려워졌다.

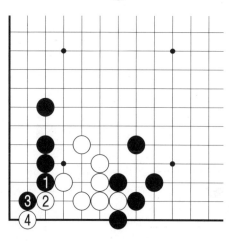

그림3(실패2)

흑❶로 두는 수 역시 찬성할 수 없다. 백②, ④면 더 이상 공격이 불가능한 모습.

능률적인 정비

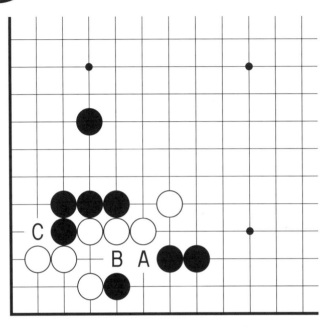

가장 능률적인 방법으로 형태를 정비하고 싶다. 흑은 A~C 중 어느 곳에 두는 것이 최선일까?

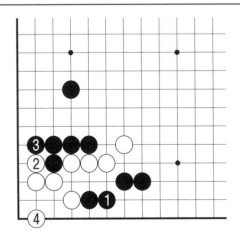

[참고도]

흑❶로 뻗는 것은 생각이 짧은 수. 백은 ②, ④의 요령으로 손쉽게 살게 된다.

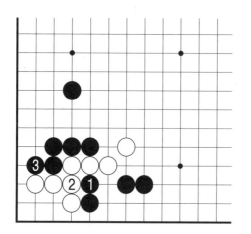

🔵 그림1(정답)

흑❶이 정답이다. 백② 때 흑❸으로 막으면 백 전체가 미생마가 된다.

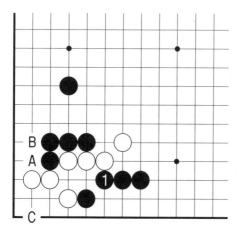

🔵 그림2(실패1)

흑❶은 약간 미흡하다. 이후 백은 A에 둔 후 흑B 때 백C로 사는 수가 있는 만큼 여유가 있다.

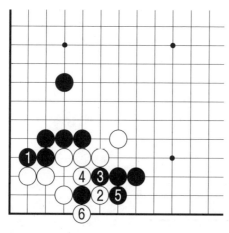

🔵 그림3(실패2)

흑❶로 막는 것은 백②, ④로 흑 한 점이 잡히고 만다.

근거를 박탈

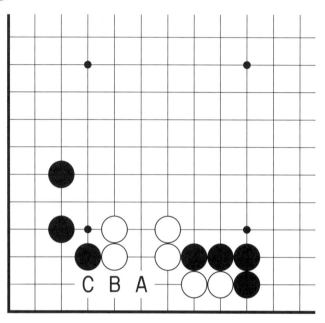

백 전체의 근거를 빼앗아 공격하고 싶다. 흑은 A~C 중 어느 곳에 두는 것이 최선일까?

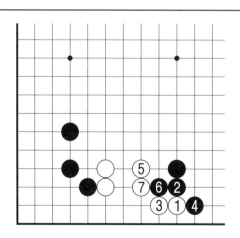

[참고도]

화점 정석에서 흔히 등장하는 유사형이다. 백⑤ 때 흑❻이 급소가 된다. 흑⑦ 이후의 형태가 **문제도**와 비슷하다.

초급 행마 129

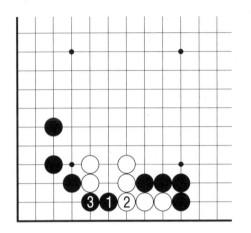

🔘 그림1(정답)

흑❶로 치중하는 것이 정답
이다. 백②로 잇는다면 흑❸
으로 넘어서 백 전체가 미생
마이다.

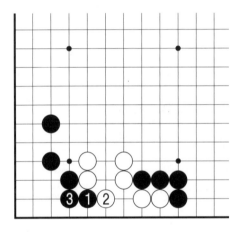

🔘 그림2(실패1)

흑❶, ❸으로 젖혀 잇는 것
은 백②로 막는 순간 더 이상
공격이 불가능해진다.

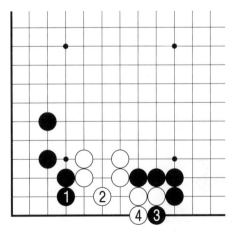

🔘 그림3(실패2)

흑❶로 내려서는 수 역시
앞그림과 대동소이한 수단
이다. 백④까지 백은 완전
한 삶이다.

전체를 공격

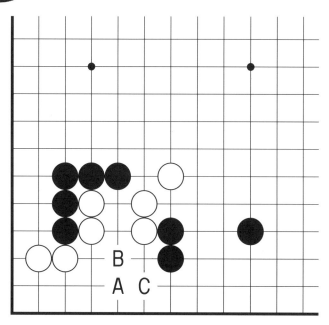

B

A C

백 전체에 대한 공격을 노리고 싶다. 흑은 A~C 중 어느 곳에 두는 것이 최선일까?

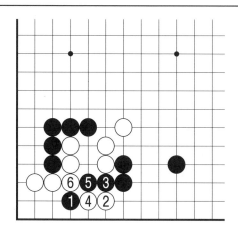

[참고도]

흑❶은 너무 깊숙한 침입. 이하 백⑥까지 간단히 잡히고 만다.

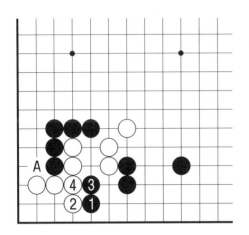

🟢 그림1(정답)

흑❶로 날일자하는 것이 정답
이다. 백②에는 흑❸, 백④를
선수하는 것이 요령. 이후 흑
이 A에 막으면 백 전체가 미
생마가 된다.

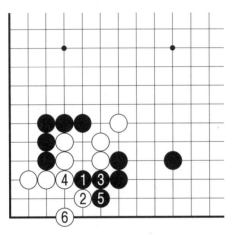

🟢 그림2(실패1)

흑은 백②로 붙이는 수가 호
착이 된다. 흑❸, 백④, ⑥으
로 호구치면 삶의 형태이다.

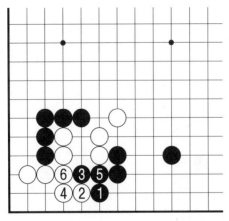

🟢 그림3(실패2)

흑❶로 두는 수 역시 이하 백
⑥까지 더 이상 공격이 불가
능한 모습이다.

끊김을 보강

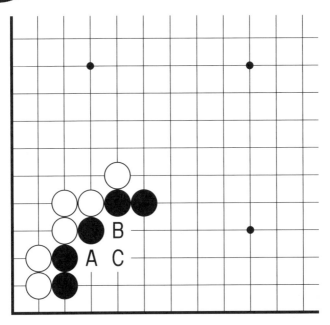

흑은 끊기는 약점을 보강해야 한다. A~C 중 어느 곳에 두는 것
이 최선일까?

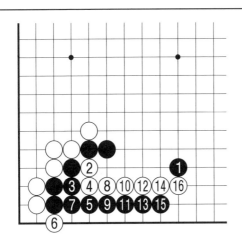

[참고도]

흑❶로 넓게 벌리는
것은 욕심이 과한
무리수이다. 백⑯까
지의 진행에서 보듯
흑이 망했다.

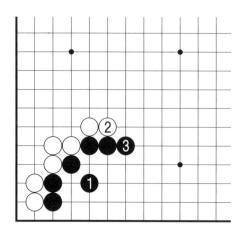

🔵 그림1(정답)

흑❶로 호구치는 것이 정답
이다. 백②에는 흑❸으로 뻗
는 것이 요령이다.

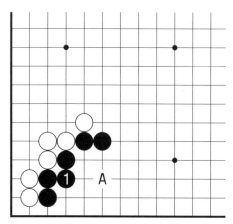

🔵 그림2(실패1)

흑❶로 잇는 것도 한 가지 방
법이다. 그러나 장차 백A의
약점이 남아 있다는 것이 흑
의 불만이다.

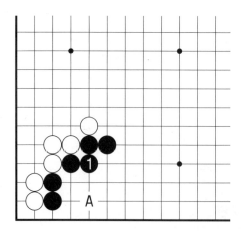

🔵 그림3(실패2)

흑❶로 잇는 수 역시 백A의
약점이 남는 만큼 흑이 좋지
않다.

형태를 정비

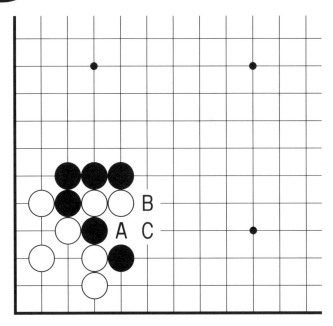

흑 한 점이 단수 상태에 놓여 있는 모습이다. 흑은 A~C 중 어느 곳에 두는 것이 최선일까?

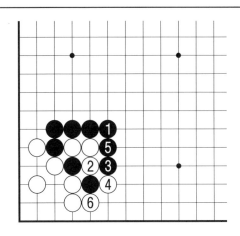

[참고도]

흑❶, ❸은 세력을 구축하는 한 가지 방법. 그러나 백⑥까지 백 모양이 탄력적이라 약간 불만이다.

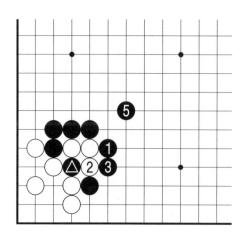

🔵 그림1(정답)

흑❶로 단수치는 것이 정답이다. 백②로 따낸다면 흑❸을 선수한 후 ❺로 날일자해서 형태를 정비하는 것이 요령이다.

(백④…흑▲)

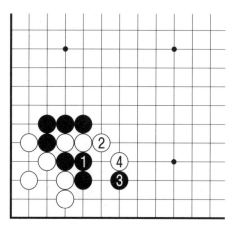

🔵 그림2(실패1)

흑❶로 잇는 것은 백②로 뻗게 해서 흑이 좋지 않다. 흑❸으로 한 칸 뛰어도 백④로 붙이고 나면 흑은 응수가 끊기고 만다.

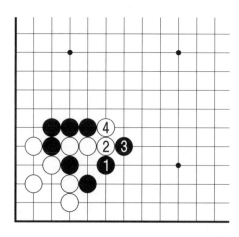

🔵 그림3(실패2)

흑❶로 두는 수 역시 좋지 않다. 이하 백④까지 흑은 양곤마의 형태이다.

근거를 박탈

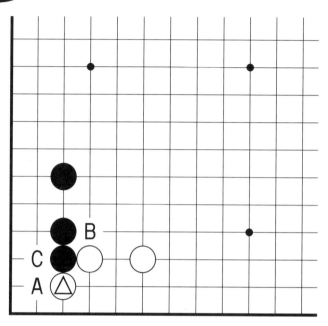

백△로 젖힌 장면이다. 흑은 A~C 중 어느 곳에 두는 것이 최선일까?

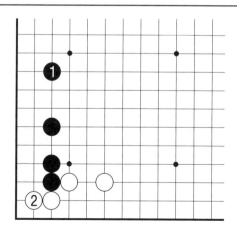

[참고도]

흑❶로 두 칸 벌리는 수는 속도를 중시한 것. 백②가 실리상의 요처로 작용해서는 약간 불만이다.

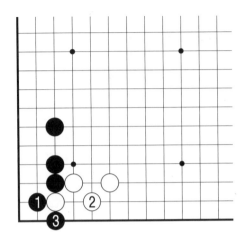

🔵 그림1(정답)

흑❶로 젖히는 것이 정답이
다. 백②에는 흑❸으로 단수
쳐서 근거를 박탈하는 것이
좋은 수이다.

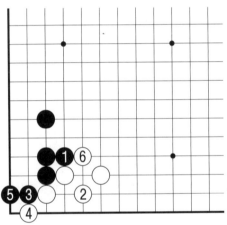

🔵 그림2(실패1)

흑❶로 두는 것은 백②로 호
구치는 것이 호착이 된다. 뒤
늦게 흑❸으로 젖히는 것은
백④가 기분 좋은 선수 활용
이 된다. 백⑥까지 흑 실패.

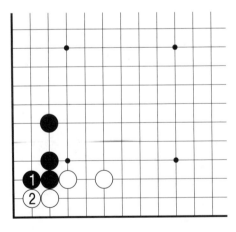

🔵 그림3(실패2)

흑❶은 너무 위축된 수. 백②
로 막히고 나면 실리의 손실
이 크다.

138

뒷맛 관계

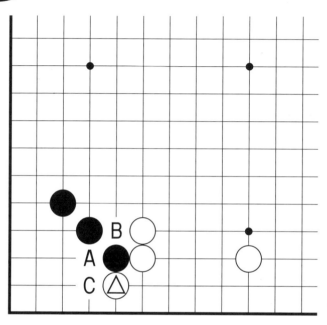

백△로 젖힌 장면이다. 흑은 A~C 중 어느 곳에 두는 것이 최선일까?

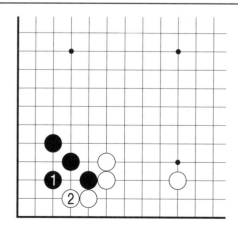

[참고도]

흑❶로 호구치는 수는 너무 소극적이다. 백②로 돌파되어서는 실리의 손실이 크다.

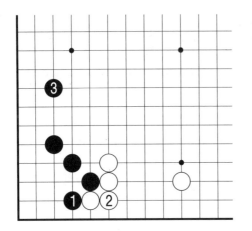

흑❶로 막는 한 수이다. 백
②로 잇는다면 흑❸으로 두
칸 벌려 귀의 뒷맛을 없애는
것이 요령이다.

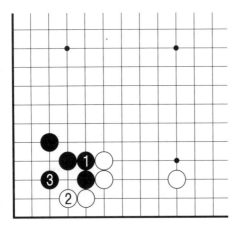

흑❶로 두는 것은 대악수.
백②가 실리상으로 매우 큰
곳이 된다.

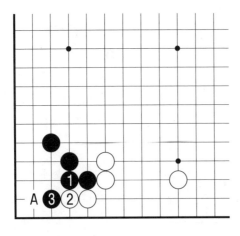

흑❶로 늦추는 수 역시 찬성
할 수 없다. 귀는 장차 백A로
껴붙이는 뒷맛이 남아 있다.

침착한 응수

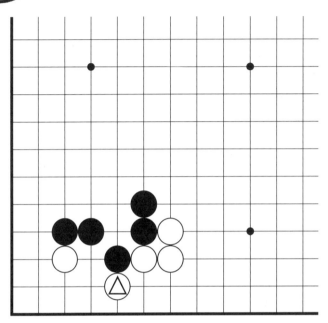

백△로 젖힌 장면이다. 계속해서 흑은 어떤 요령으로 응수하는 것이 최선일까?

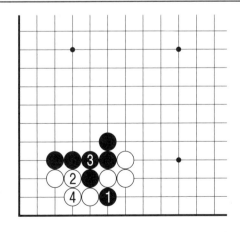

[참고도]

흑❶로 젖히는 수는 백②의 단수가 쓰라리다. 흑❸ 때 백④로 이어서는 흑 한 점만 잡힌 꼴이다.

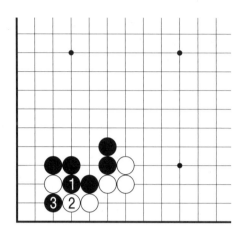

🔘 그림1(정답)

흑❶로 늦추는 것이 정답이
다. 백②에는 흑❸으로 단
수쳐서 백 한 점을 잡을 수
있다.

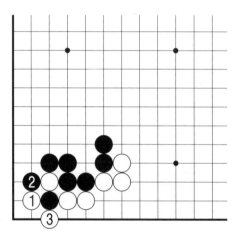

🔘 그림2(변화)

앞그림 이후 백은 ①로 단수
치는 것이 노림으로 남아 있
다. 흑❷, 백③까지 일단락
된다. 그러나 백은 후수가 되
는 만큼 결행 시기를 잘 결정
해야 한다.

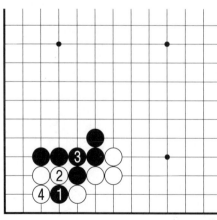

🔘 그림3(실패)

흑❶로 막는 것은 악수. 백
②, ④면 **그림1**에 비해 실리
의 손실이 크다.

올바른 방향

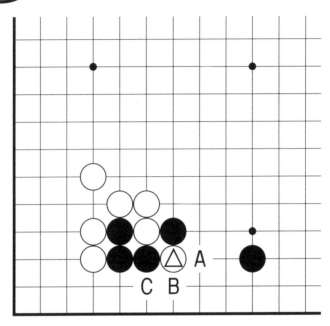

백△로 끊은 장면이다. 흑은 A~C 중 어느 곳에 두는 것이 최선일까?

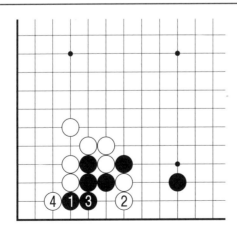

[참고도]

흑❶로 젖힌 수는 백이 받아 주기를 기대한 것. 그러나 백에겐 ②로 내려서는 반격이 기다리고 있다. 백④까지 흑 죽음.

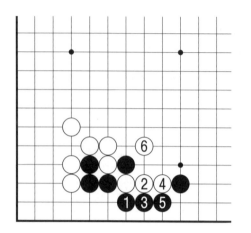

🔵 그림1(정답)

흑❶로 단수치는 것이 올바른 방향이다. 이하 백⑥까지 일단락이다.

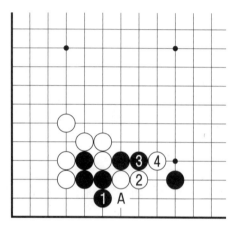

🔵 그림2(실패1)

흑❶로 내려서는 것은 대악수. 백②, ④는 최강수로 흑의 응수가 어렵다. 백②로는 A도 가능하다.

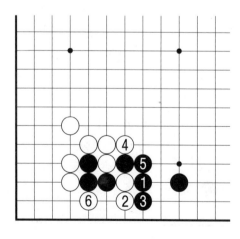

🔵 그림3(실패2)

흑❶로 단수치는 것은 백②로 내려서는 순간 흑이 잡히고 만다. 백⑥까지 흑의 손실이 크다.

귀를 지키는 방법

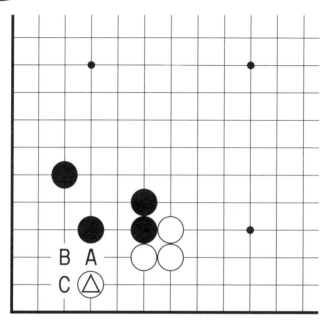

백△로 날일자해 온 장면이다. 흑은 A~C 중 어느 곳에 두는 것이 최선일까?

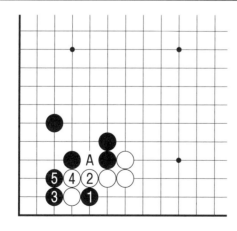

흑❶로 붙인 후 ❸으로 막으면 귀의 실리는 지킬 수 있다. 그러나 흑❺ 이후 A의 약점이 흑으로선 부담이다.

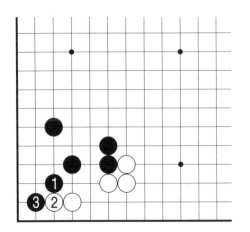

● 그림1(정답)

흑❶로 받는 것이 정답이다. 백②에는 흑❸으로 막아서 귀를 지킬 수 있다.

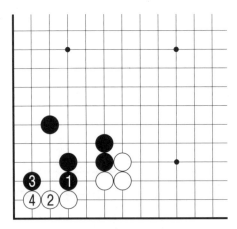

● 그림2(실패1)

흑❶로 두는 것은 백②로 뻗는 수가 성립한다. 흑❸, 백④까지 귀의 손실이 크다.

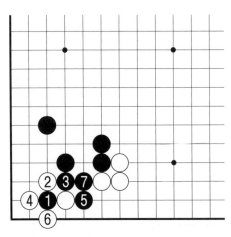

● 그림3(실패2)

흑❶로 붙이는 것은 대악수. 흑❼까지 일단락인데, 귀가 백집이 되고 말았다.

단수 이후의 응수

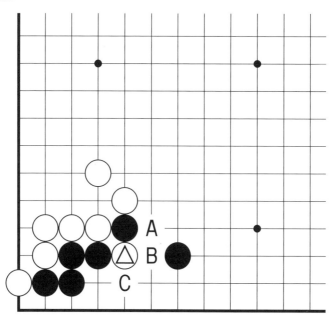

백△로 단수친 장면이다. 흑은 A~C 중 어느 곳에 두는 것이 최선일까?

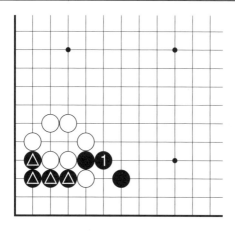

[참고도]

흑▲처럼 든든한 응원군이 버티고 있다면 흑은 당연히 ❶로 뻗어서 둘 것이다. 그러나 **문제도**는 상황이 전혀 틀리다.

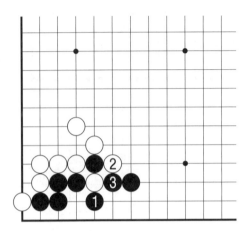

🔵 그림1(정답)

흑❶로 단수치는 것이 정답이다. 백②로 따낸다면 흑❸으로 보강하는 것이 두텁다.

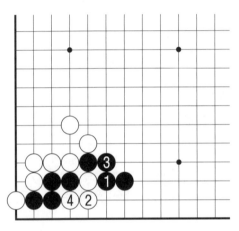

🔵 그림2(실패1)

흑❶로 단수치는 것은 대악수. 백은 ②로 내려서는 것이 강수가 된다. 흑❸, 백④까지 흑 죽음.

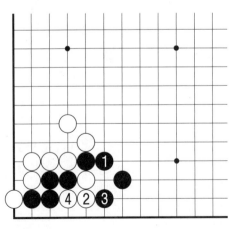

🔵 그림3(실패2)

흑❶로 뻗는 수 역시 좋지 않다. 백④까지 **앞그림**과 대동소이한 결말이다.

최선의 응수법

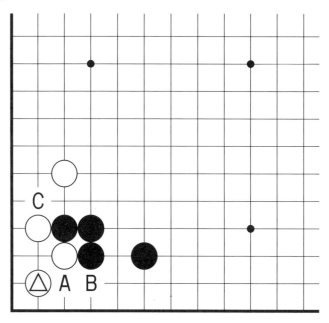

백△로 호구친 장면이다. 흑은 A~C 중 어느 곳에 두는 것이 최선일까?

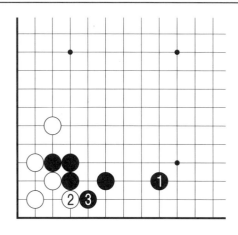

[참고도]

귀를 손빼서 흑❶로 방향을 전환하면 백 ②의 호구가 너무 기분 좋다.

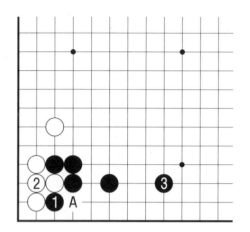

● 그림1(정답)

흑❶로 단수치는 것이 정답이다. 백②로 잇는다면 흑❸으로 두 칸 벌리는 것이 요령. 이후 A의 곳은 끝내기 단계에 두게 된다.

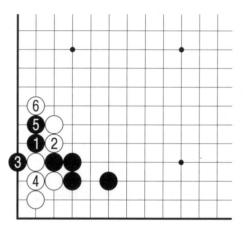

● 그림2(실패1)

흑❶로 젖히는 것은 백②로 끊겨서 흑이 안 된다. 이하 백⑥까지 잔뜩 손해본 꼴이다.

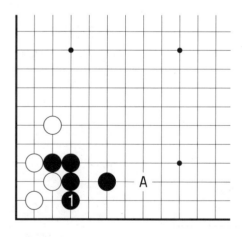

● 그림3(실패2)

흑❶로 내려서는 수는 너무 둔탁한 수단이다. 이후 백이 A에 다가서면 흑 전체가 미생마로 몰릴 가능성이 높다.

자충을 활용

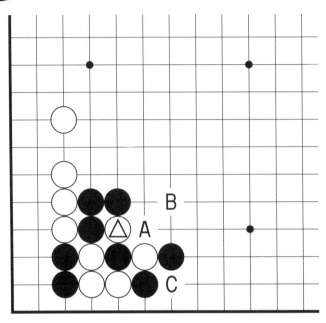

백이 △로 흑 한 점을 따낸 장면이다. 흑은 A~C 중 어느 곳
에 두는 것이 최선일까?

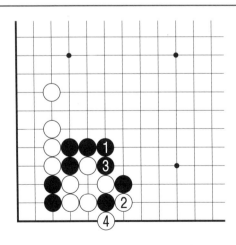

[참고도]

흑❶로 뻗는 수는
너무 소극적인 수
단. 백②, ④로 잡히
고 나면 흑 모양이
불확실하다.

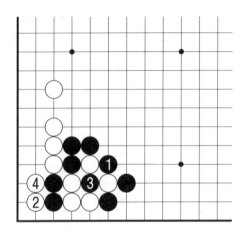

🔵 그림1(정답)

흑❶로 단수치는 것이 정답
이다. 백은 자충이 되어 단수
된 곳을 이을 수 없다.

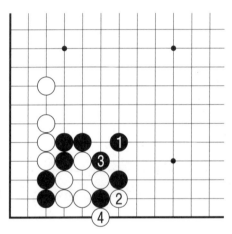

🔵 그림2(실패1)

흑❶로 두는 것은 너무 소극
적인 수이다. 백②, ④까지
일단락인데, **앞그림**과는 천양
지차이다.

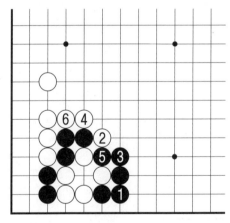

🔵 그림3(실패2)

흑❶로 잇는 수 역시 좋지 않
다. 이하 백⑥까지 백의 세력
이 막강하다.

자충이 초점

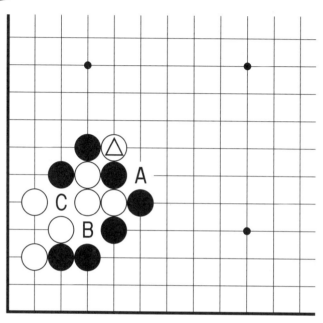

백△로 단수친 장면이다. 흑은 A~C 중 어느 곳에 두는 것이 최선일까?

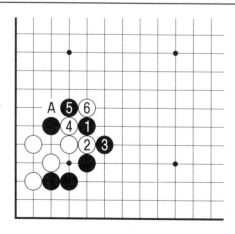

[참고도]

문제도는 흑❶로 씌우고 이하 백⑥까지의 진행으로 이루어졌다. 수순 중 백⑥은 A에 끊는 것이 정수이다.

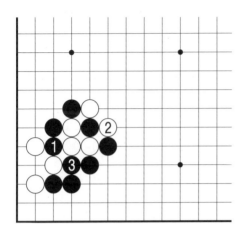

🟢 그림1(정답)

흑❶로 단수치는 것이 정답
이다. 백은 자충이 되어 이을
수 없는데, 흑❸이 양단수가
되고 있다. 백이 망한 모습.

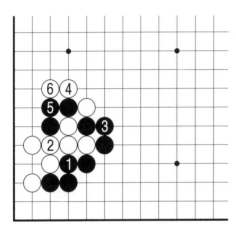

🟢 그림2(실패1)

흑❶로 단수치는 것은 백②
로 잇는 수가 성립한다. 이
하 백⑥까지 흑의 손해가 막
심하다.

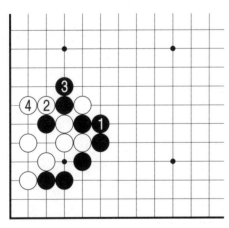

🟢 그림3(실패2)

흑❶로 잇는 수 역시 백②,
④까지 진행되고 나면 큰 전
과를 거두었다고 볼 수 없다.

빵따냄의 위력

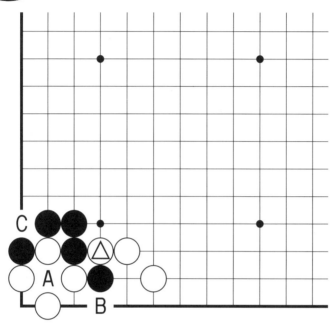

백△로 끊은 장면이다. 흑은 A~C 중 어느 곳에 두는 것이 최선일까?

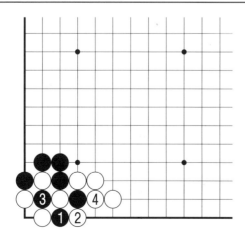

[참고도]

흑❶은 무의미한 단수. 흑❸ 때 백④로 패를 따내고 나면 흑으로선 별로 한 것이 없다.

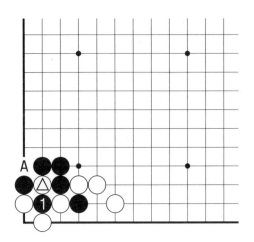

흑은 ❶로 두어 백△ 한 점
을 따내는 한 수이다. 백이 A
에 따내는 것과는 엄청난 차
이이다.

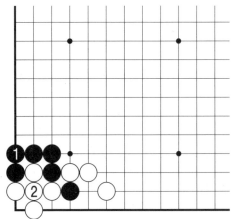

흑❶로 잇는 것은 너무 소극
적인 수이다. 백②로 잇고 나
면 싱거운 결말이다.

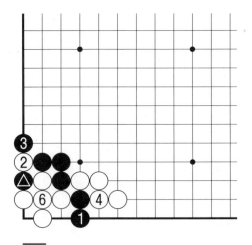

흑❶로 내려서는 것은 대악
수. 백②로 따낸 후 이하 ⑥
까지 처리하고 나면 흑은 한
것이 없는 모습이다.
(흑❺…흑△)

형태를 정비

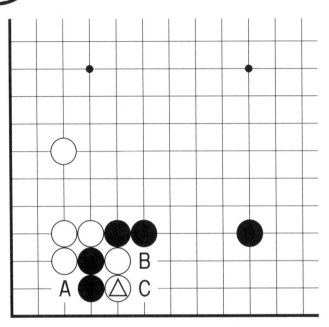

백△로 막은 장면이다. 흑은 A~C 중 어느 곳에 두는 것이 최선일까?

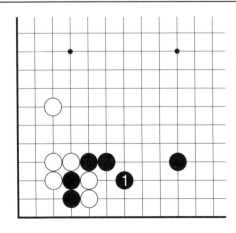

[참고도]

흑❶로 입구자하는 수는 너무 느슨하 다. 백은 손을 빼서 큰 곳에 선행할 것 이다.

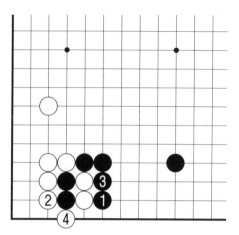

🔵 그림1(정답)

흑❶로 붙이는 한 수이다. 이
하 백④까지 흑은 선수로 형
태를 정비할 수 있다.

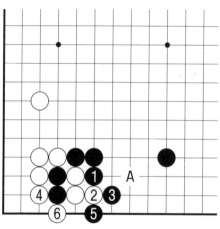

🔵 그림2(실패1)

흑❶로 두는 것은 백②의 선
수가 아프다. 백⑥ 이후 A의
약점이 흑으로선 부담이다.

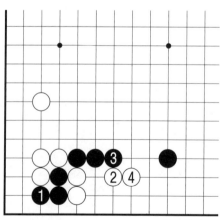

🔵 그림3(실패2)

흑❶은 지나친 욕심이다. 백
②, ④로 진출하고 나면 귀의
흑돌만 크게 보태 준 꼴이다.

158

기본 정석

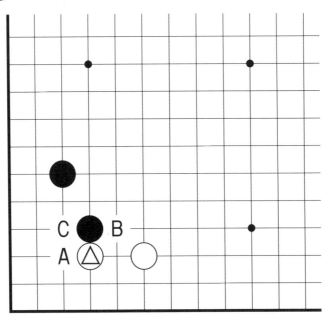

백△로 붙인 장면이다. 흑은 A~C 중 어느 곳에 두는 것이 최선일까?

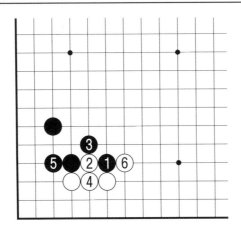

[참고도]

흑❶로 붙이는 수는 백②, ④로 끼워 이었을 때 약점이 남는 것이 흠이다. 백⑥까지 흑 불만.

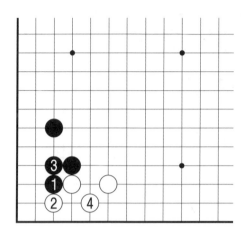

🔘 그림1(정답)

흑❶로 젖히는 한 수이다. 계속해서 백②는 일종의 행마법이며, 백④까지가 기본 정석이다.

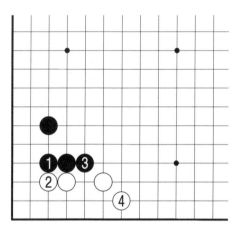

🔘 그림2(실패1)

흑❶로 늦춰서 받는 것은 좋지 않다. 흑❸, 백④까지 귀의 손실이 크다.

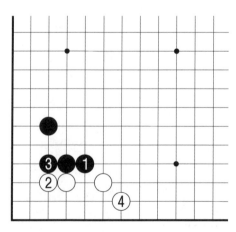

🔘 그림3(실패2)

흑❶로 두는 수 역시 **앞그림**과 대동소이한 수이다. 이하 백④까지 흑이 나쁘다.

절대 이 한 수

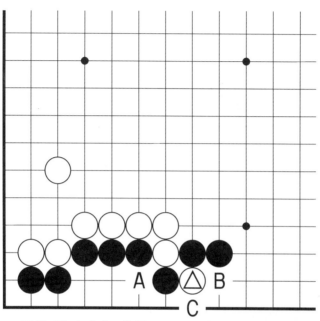

백△로 끊은 장면이다. 흑은 A~C 중 어느 곳에 두는 것이
최선일까?

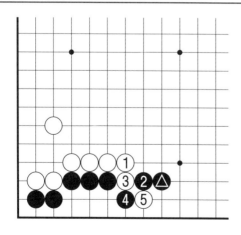

[참고도]

문제도가 이루어진
경과이다. 백① 때
흑❷가 흑▲ 한 점
을 고려한 적절한
보강법. 계속해서
백③, ⑤로 절단해
서 **문제도**가 이루어
졌다.

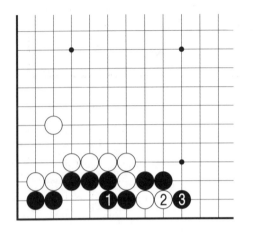

● 그림1(정답)

흑은 **❶**로 잇는 한 수이다. 백②에는 흑**❸**으로 막아서 아무런 이상이 없다.

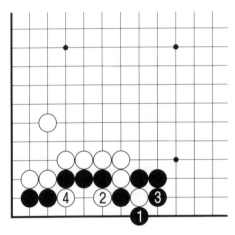

● 그림2(실패1)

흑**❶**로 단수치는 것은 대악수. 백②, ④면 흑의 손실이 크다.

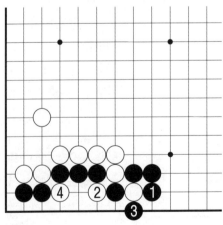

● 그림3(실패2)

흑**❶**로 단수치는 수 역시 **앞그림**과 대동소이한 수단이다. 백④까지 **앞그림**과 동일한 결말.

공격 방법

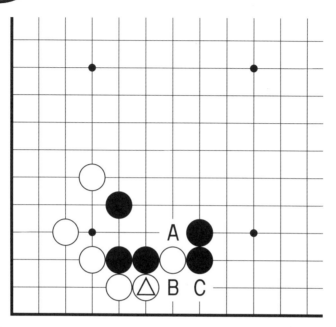

백△로 둔 장면이다. 흑은 A~C 중 어느 곳에 두는 것이 최선일까?

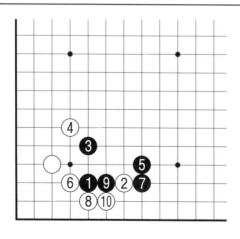

[참고도]

흑❶로 걸치고 이하 백⑩까지의 진행이 **문제도**가 이루어진 경과이다.

행마 163

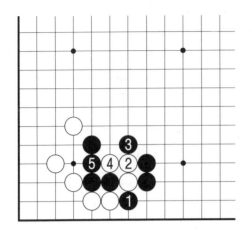

● 그림1(정답)

흑❶로 단수치는 것이 좋은 수이다. 백②로 달아나는 것은 이하 흑❺까지 백 석 점을 축으로 잡을 수 있다.

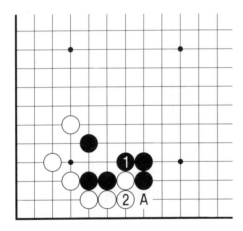

● 그림2(실패1)

흑❶로 단수치는 것은 백②로 잇게 해서 흑의 손해이다. 흑은 A의 뒷문이 열려 있다는 것이 불만이다.

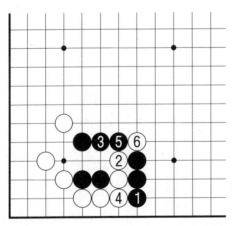

● 그림3(실패2)

흑❶로 두는 최악의 선택이다. 이하 백⑥까지 흑은 양곤마의 형태이다.

단점을 보강

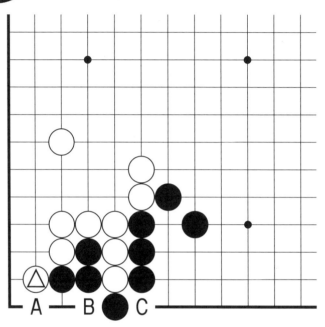

백△로 젖힌 장면이다. 흑은 자신의 단점을 보강해야 하는데,
A~C 중 어느 곳에 두는 것이 최선일까?

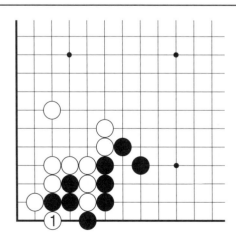

[참고도]

흑이 손을 빼서 백 ①의 단수를 허용하면 석 점이 잡히고 만다. 흑은 선수로 이를 예방해야 한다.

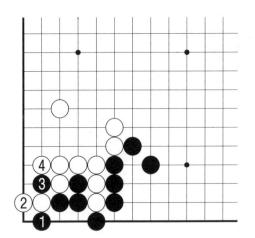

🔵 그림1(정답)

흑❶로 젖히는 것이 정답이다. 백②로 뻗는다면 흑❸, 백④를 선수한 후 손을 빼는 것이 요령이다.

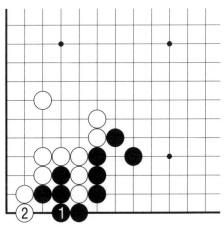

🔵 그림2(실패1)

단순히 흑❶로 잇는 것은 미흡한 응수법. 백②로 내려서면 실리에서 상당한 손해이다. 백은 경우에 따라서 손을 빼도 된다.

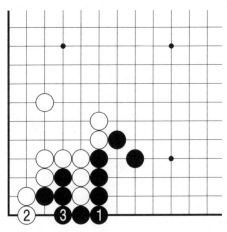

🔵 그림3(실패2)

흑❶로 잇는 것은 가장 나쁜 응수법. 백② 때 흑❸으로 이어야 하는 만큼 흑의 후수이다.

귀를 차지하는 요령

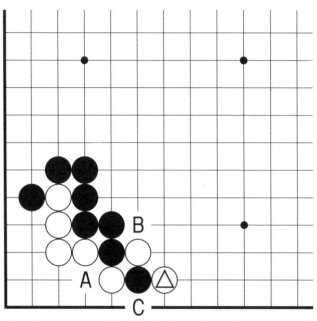

백△로 단수친 장면이다. 흑은 A∼C 중 어느 곳에 두는 것이 최선일까?

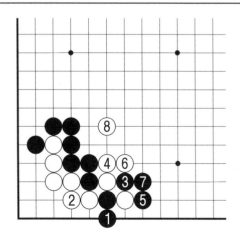

[참고도]

흑❶로 내려서는 것은 이상 감각. 백 ②때 흑❸, ❺로 단수치면 백 한 점을 잡을 수 있지만 백⑧까지 흑이 좋지 않다.

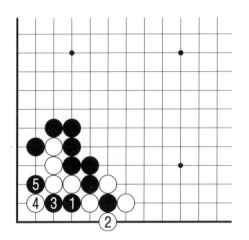

🔘 그림1(정답)

흑❶로 단수치는 것이 좋은 수이다. 백②로 따낸다면 흑❸으로 움직이는 수가 성립한다. 백④, 흑❺까지 귀를 차지할 수 있다.

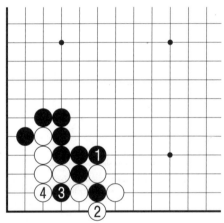

🔘 그림2(실패1)

흑❶은 백②로 따내게 해서 흑의 실패이다. 뒤늦게 흑❸으로 끊어도 백④로 잡혀서는 아무런 수도 없다.

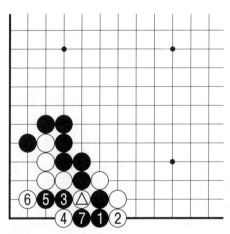

🔘 그림3(실패2)

흑❶로 내려서는 수는 무의미하다. 흑❸ 때 백④가 호착으로 이하 백⑧까지 흑은 환격으로 잡히고 만다.
(백⑧…백△)

형태를 정비

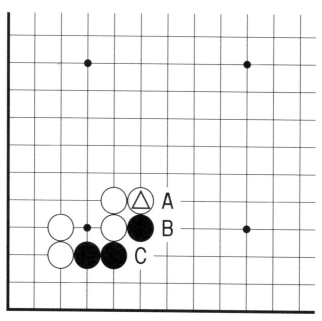

백△로 막은 장면이다. 흑은 A~C 중 어느 곳에 두는 것이 최선일까?

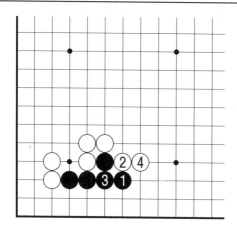

[참고도]

흑❶로 호구치는 것은 백②의 단수가 쓰라리다. 흑❸, 백④까지 흑 불만.

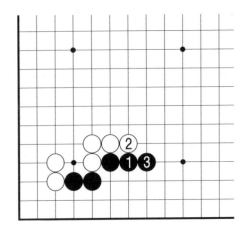

흑❶로 뻗는 한 수이다. 백
②에는 재차 흑❸으로 뻗어
서 형태를 정비하는 것이 요
령이다.

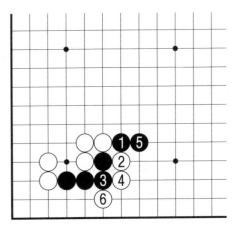

● 그림2 (실패1)

흑❶로 젖히는 것은 지나친
기백이다. 이하 백⑥까지의
진행이면 흑은 잔뜩 손해본
꼴이다.

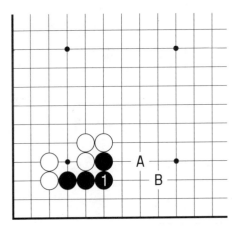

● 그림3 (실패2)

흑❶로 잇는 것은 튼튼하긴
하지만 너무 소극적인 수단
이다. 이후 백이 A나 B에 두
면 전체가 공격 받을 가능성
이 있다.

사석을 활용

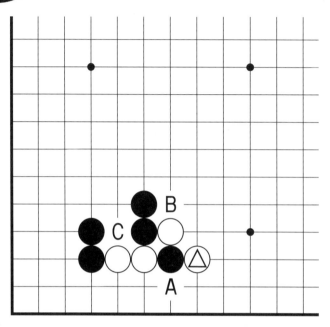

백△로 단수친 장면이다. 흑은 A~C 중 어느 곳에 두는 것이 최선일까?

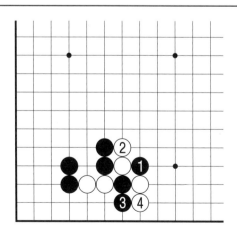

[참고도]

흑❶로 단수친 수는 백이 따내 주길 기대한 것. 그러나 백 ②로 나가고 나면 손해만 커졌다.

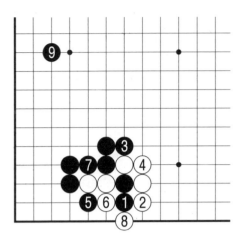

🔘 그림1(정답)

흑**1**로 내려서는 한 수이다. 흑**1**로 내려선 것은 이하 백⑧까지 흑돌을 사석으로 삼아 형태를 정비하겠다는 뜻이다.

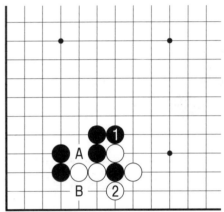

🔘 그림2(실패1)

흑**1**로 단수치는 것은 백②로 따내게 해서 대악수이다. 흑은 A의 약점이 부담으로 남을 뿐 아니라 B의 젖힘도 선수로 듣지 않는다.

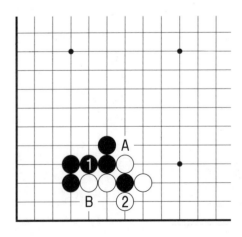

🔘 그림3(실패2)

흑**1**로 잇는 수 역시 좋지 않다. 백②로 따내고 나면 A와 B가 선수로 듣지 않는다는 것이 흑의 불만이다.

끊김을 방비

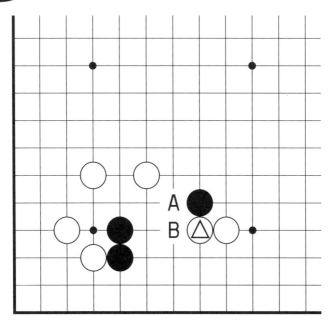

백△로 민 장면이다. 흑은 끊기는 것을 방비해야 하는데, 어떻게 두는 것이 최선일까?

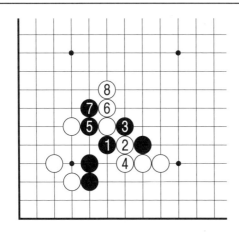

[참고도]

흑❶로 두어 탈출을 시도하는 것은 백②의 절단이 통렬하다. 이하 백⑧까지 흑은 여전히 불안전하다.

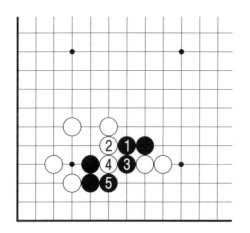

그림1(정답)

흑❶로 뻗는 것이 정답이다.
백②, ④로 절단을 시도해도
이하 흑❺까지의 진행이면
끊기지 않는다.

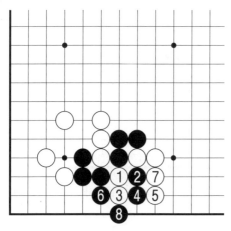

그림2(정답 계속)

앞그림에 계속해서 백①로 끊
는 것은 흑❷로 단수친 후 이
하 흑❽까지 백 두 점을 잡을
수 있다.

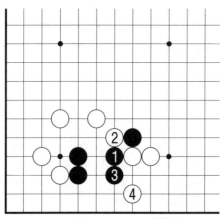

그림3(실패)

흑❶로 젖히는 것은 백②로
끊겨서 흑이 안 된다. 흑❸에
는 백④로 한 칸 뛰어 흑 전
체가 잡히고 만다.

축을 활용

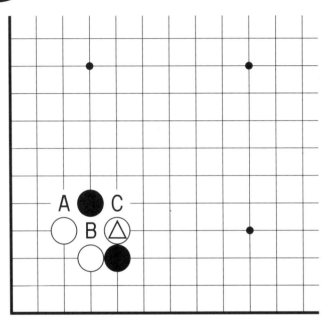

백△로 젖힌 장면이다. 흑은 A~C 중 어느 곳에 두는 것이 최
선일까?

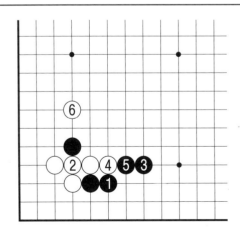

[참고도]

흑❶로 뻗는 것은
행마법상 매우 이상
하다. 백②로 이은
후 이하 ⑥까지 흑
불만.

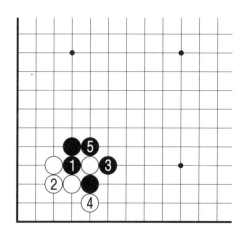

🔵 그림1(정답)

흑❶로 끊는 한 수이다. 백②로 잇는다면 흑❸으로 단수쳐서 백 한 점을 축으로 잡을 수 있다.

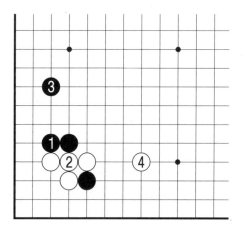

🔵 그림2(실패1)

흑❶로 두는 것은 백②로 잇게 해서 흑의 실패이다. 흑❸ 때 백④로 협공하면 흑이 불리하다.

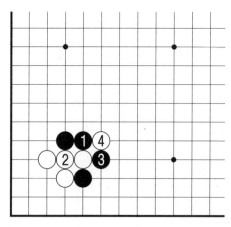

🔵 그림3(실패2)

흑❶로 두는 수 역시 백②로 잇게 해서 흑이 좋지 않다. 이하 백④까지 흑은 양곤마의 형태이다.

축으로 공격

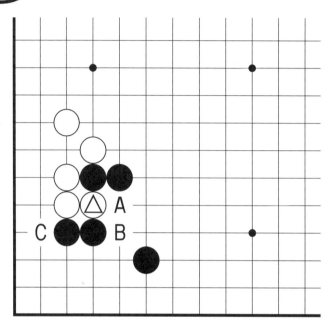

백△로 밀고 나온 장면이다. 흑은 A~C 중 어느 곳에 두는 것이 최선일까?

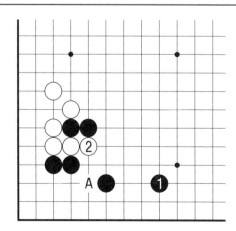

[참고도]

흑❶로 두 칸 벌리는 것은 돌의 강약을 고려치 않은 수. 백②이후 A의 급소가 남았다. 백이 두터운 모습.

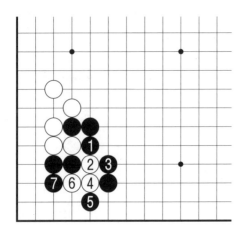

🔘 그림1(정답)

흑❶로 막는 것이 정답이다.
백②로 절단한다면 흑❸으로
단수친 후 이하 ❼까지 백을
축으로 잡을 수 있다.

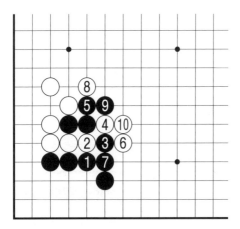

🔘 그림2(실패1)

흑❶로 늦추는 것은 좋지 않
다. 이하 백⑩까지 흑이 불리
한 싸움이다.

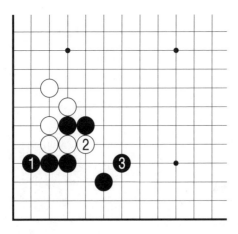

🔘 그림3(실패2)

흑❶로 내려서는 수 역시 찬
성할 수 없다. 백②, 흑❸까
지의 진행이면 흑이 불만이다.

실리를 차지

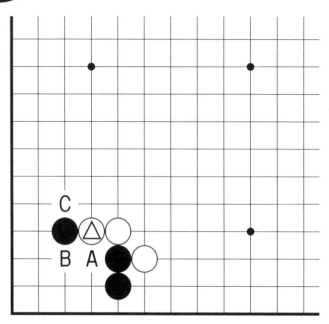

백△로 치받은 장면이다. 흑은 A~C 중 어느 곳에 두는 것이 최선일까?

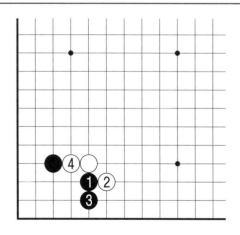

[참고도]

흑❶로 붙이고 이하 백④까지 소목에서 가끔 등장하는 형태 이다.

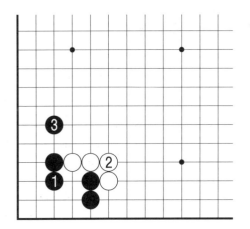

⬤ 그림1(정답)

흑❶로 받는 것이 올바른 행마법이다. 백②로 잇는다면 흑❸으로 한 칸 뛰어 실리를 차지할 수 있다.

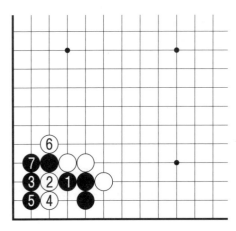

⬤ 그림2(실패)

흑❶로 막는 것은 생각이 부족한 수. 백은 ②로 끊은 후 이하 흑❼까지 철저히 사석 처리하는 것이 좋은 행마법이다. 계속해서…

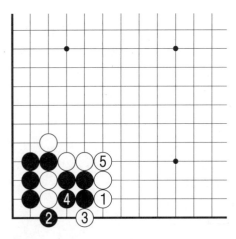

⬤ 그림3(실패 계속)

앞그림에 계속해서 백이 ① 로 막은 후 이하 ⑤까지 처리하면 백의 사석전법이 대성공을 거둔 모습이다.

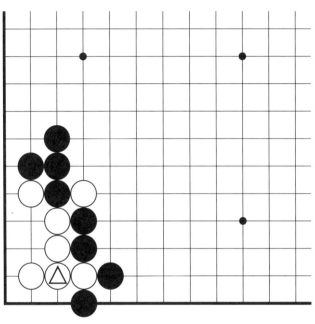

백△로 이은 장면이다. 흑은 자신의 약점을 보강해야 하는데,
어떻게 보강하는 것이 최선일까?

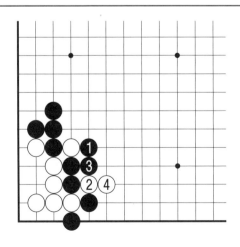

[참고도]

흑❶로 단수치는 것
은 백②의 단수가
쓰라리다. 흑❸, 백
④까지 흑의 응수가
쉽지 않다.

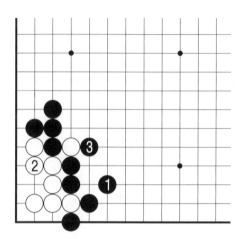

🟢 그림1(정답)

흑❶로 호구치는 것이 정답이다. 백②로 잇는다면 흑❸으로 단수쳐서 튼튼한 세력을 구축할 수 있다.

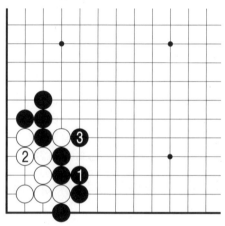

🔵 그림2(미흡)

흑❶로 잇는 것은 빈삼각의 우형이라 흑이 약간 좋지 않다. 백②, 흑❸까지 일단락이다.

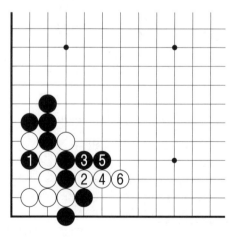

🔵 그림3(실패)

흑❶로 단수치는 것은 대악수. 백은 ②로 끊은 후 이하⑥까지 흑 한 점을 잡고 크게 살게 된다.

삶의 방법

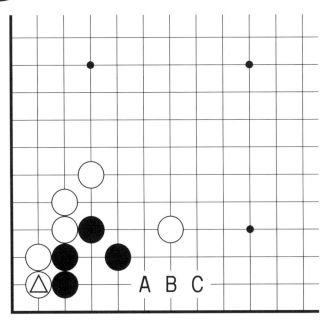

A B C

백△로 막은 장면이다. 흑은 A~C 중 어느 곳에 두는 것이 최선일까?

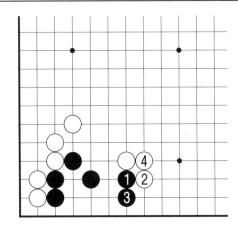

[참고도]

흑❶로 붙여서 수습을 도모하는 것은 이하 백④까지의 진행에서 보듯 백을 굳혀 주어서 좋지 않다.

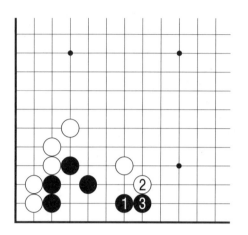

● 그림1(정답)

흑❶로 날일자하는 것이 정답이다. 백②에는 흑❸으로 밀고 들어가서 삶에 지장 없다.

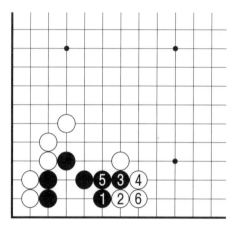

● 그림2(실패1)

흑❶로 두는 것은 백②로 막히는 것이 너무 쓰라리다. 백⑥ 이후 흑은 후수로 보강해야 하는 처지이다.

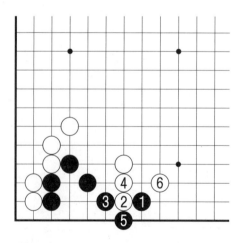

● 그림3(실패2)

흑❶은 너무 지나친 진출 수단이다. 백②로 붙인 후 이하 ⑥까지의 진행이면 흑이 불리하다.

능률적인 정비

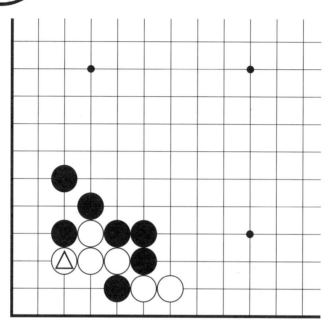

백△로 막은 장면이다. 흑은 가장 능률적인 방법으로 형태를 정비하고 싶은데 어떻게 두는 것이 최선일까?

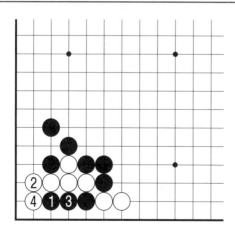

[참고도]

흑❶로 붙이는 수에는 백②의 뻗음이 호착이다. 계속해서 흑❸으로 이어서 백④로 막혀서 흑 죽음이다.

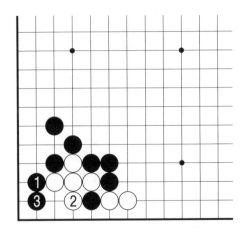

🔵 그림1(정답)

흑❶로 젖히는 것이 정답이다. 백은 ②로 물러설 수밖에 없는데, 흑❸으로 뻗어서 상당한 실리를 차지할 수 있다.

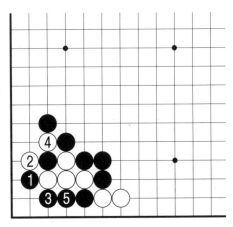

🔵 그림2(변화)

흑❶ 때 백②로 단수치는 것은 대악수이다. 흑❸, ❺로 단수치면 백 전체가 잡히고 만다.

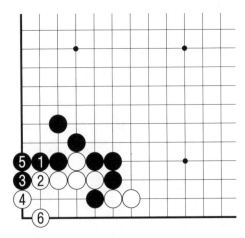

🔵 그림3(실패)

흑❶로 뻗는 것은 너무 느슨한 수이다. 백⑥까지 진행되면 귀가 백의 차지가 된다.

약점을 고려

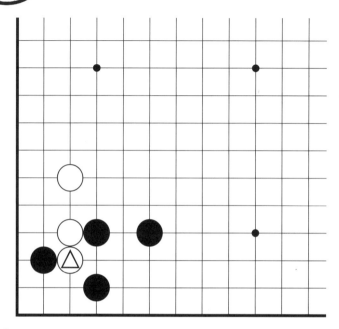

백△로 둔 장면이다. 계속해서 흑은 자신의 약점을 고려해서 응수해야 하는데, 어떻게 두는 것이 최선일까?

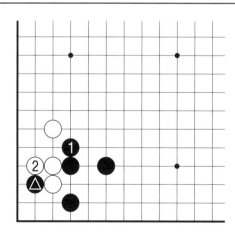

흑❶로 뻗는 수는 형태상의 급소이지만 백②와 교환되어 의문이다. 흑▲한 점은 살기 힘든 모습.

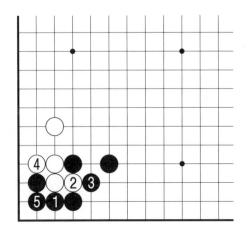

🔵 그림1(정답)

흑❶로 막는 것이 정답이다. 백②에는 흑❸으로 막는 것이 요령으로 백④, 흑❺까지 일단락이다.

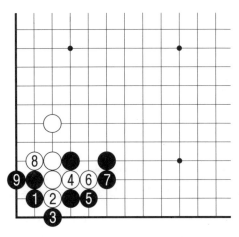

🔵 그림2(실패1)

흑❶로 늦춰서 받는 것은 흑의 손해이다. 이하 흑❾까지 일단락인데, 집에서 상당한 차이가 난다.

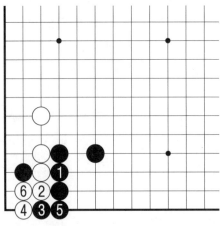

🔵 그림3(실패2)

흑❶로 잇는 것은 방향 착오이다. 백⑥까지 흑 한 점이 잡혀서는 손해가 크다.

최선의 응수법

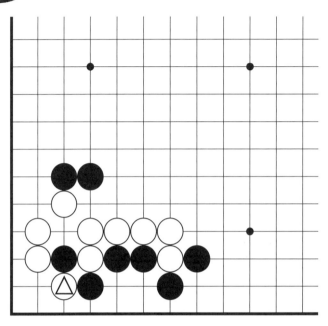

백△로 단수친 장면이다. 계속해서 흑은 어떻게 응수하는 것이 최선일가?

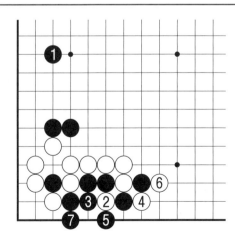

[참고도]

흑❶로 벌려서 좌변을 중시하는 것은 백②, ④의 공격이 날카롭다. 흑❼까지 백 성공.

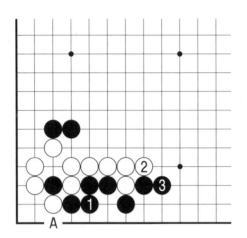

◯ 그림1(정답)

흑❶로 잇는 것이 정답이다.
백②에는 흑❸으로 뻗는 것
이 요령. 이후 A의 단수는 흑
의 권리로 남는다.

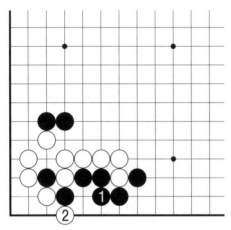

◯ 그림2(실패1)

흑❶로 잇는 것은 백②의 단
수가 쓰라리다.

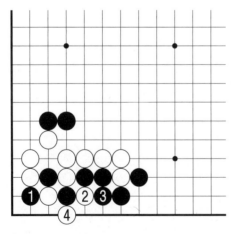

◯ 그림3(실패2)

흑❶로 단수치는 것은 백②
의 반격이 기다리고 있다. 흑
❸ 때 백④로 따내고 나면
흑돌만 보태준 꼴이 되고 말
았다.

진출 요령

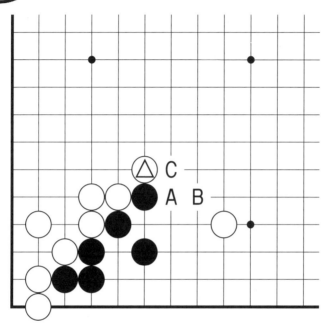

백△로 젖힌 장면이다. 흑은 A~C 중 어느 곳에 두는 것이
최선일까?

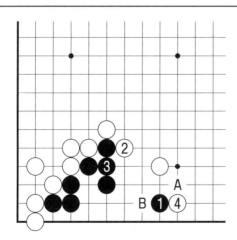

[참고도]

흑❶은 백②의 단수
가 너무 쓰라리다.
흑❸ 때 백④로 붙
이면 흑이 옹색하
다. 이후 흑A에는
백B가 성립한다.

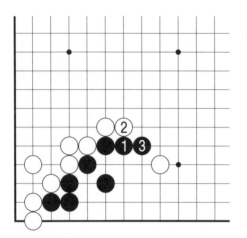

🔵 그림1(정답)

흑❶로 뻗는 것이 정답이다.
백②에는 흑❸으로 뻗어서
진출하는 것이 요령이다.

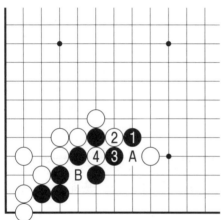

🔵 그림2(실패1)

흑❶로 한 칸 뛰는 것은 백②
의 반격이 기다리고 있다. 흑
❸에는 백④로 따낸 후 A와
B를 맞보기로 해서 흑이 불리
하다.

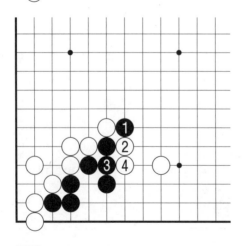

🔵 그림3(실패2)

흑❶로 이단젖히는 수 역시
좋지 않다. 백②, ④면 흑이
곤란한 모습이다.

호구친 이후의 응수

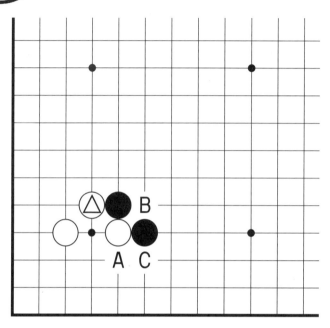

백△로 호구친 장면이다. 흑은 A~C 중 어느 곳에 두는 것이 최선일까?

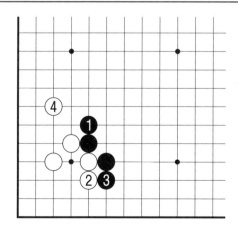

[참고도]

흑❶로 뻗는 것은 생각이 짧은 수. 백은 ②를 선수한 후 ④에 날일자해서 상당한 실리를 확보했다.

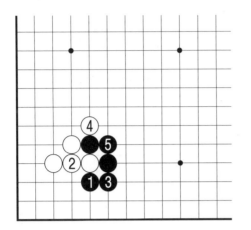

● 그림1(정답)

흑❶로 단수치는 것이 정답이다. 백②로 잇는다면 그때 흑❸으로 잇는 것이 요령이다.

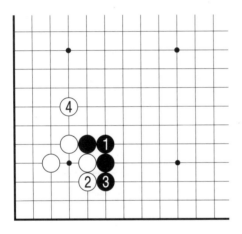

● 그림2(실패1)

단순히 흑❶로 잇는 것은 백②의 선수 활용이 기분 나쁘다. 흑❸, 백④까지 흑이 좋지 않다.

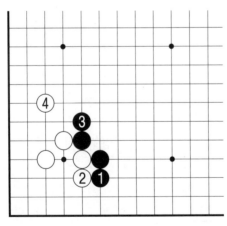

● 그림3(실패2)

흑❶로 내려서는 수 역시 **앞그림**과 대동소이하다. 이하 백④까지 흑 불만.

노림을 간직

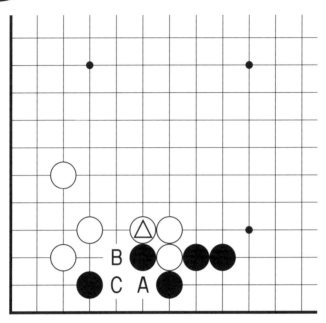

백△로 막은 장면이다. 흑은 A~C 중 어느 곳에 두는 것이 최선일까?

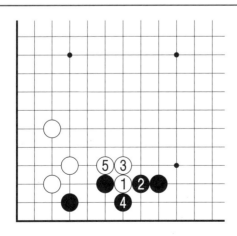

[참고도]

정석 이후 백①로 붙이고 이하 백⑤까지의 진행이 **문제도**가 이루어진 경과이다.

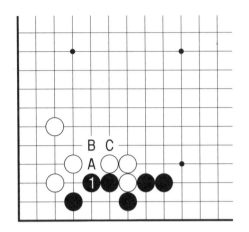

🔵 그림1(정답)

흑❶로 뻗는 것이 정답이다. 이후 흑은 A로 뚫은 후 백B 때 흑C로 끊는 수를 노리게 된다.

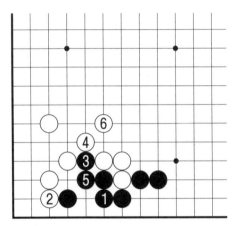

🔵 그림2(실패1)

흑❶로 잇는 것은 **앞그림**과 같은 노림수가 없다는 것이 불만이다. 이하 백⑥까지 백 모양이 두텁다.

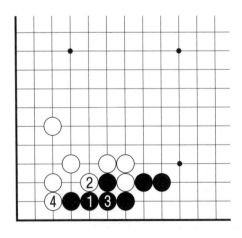

🔵 그림3(실패2)

흑❶로 호구치는 것은 제일 좋지 않다. 백②, ④면 흑의 불만이다.

사석으로 활용

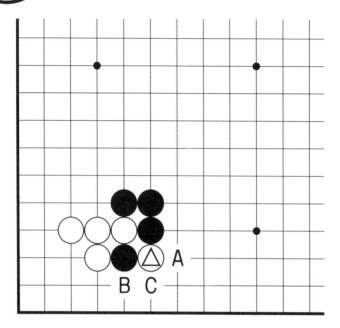

백△로 단수친 장면이다. 흑은 한 점을 사석으로 삼아 형태를 정비하고 싶은데, A~C 중 어느 곳에 두는 것이 최선일까?

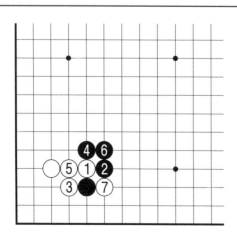

[참고도]

백①, ③은 알기 쉽게 실리를 차지하겠다는 작전이다. 백⑦까지가 **문제도**의 경과 수순이다.

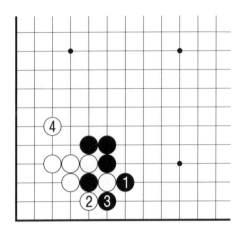

● 그림1(정답)

흑❶로 단수친 후 백② 때 흑❸으로 단수치는 것이 정답이다. 백④로 받기까지 정석의 일종이다.

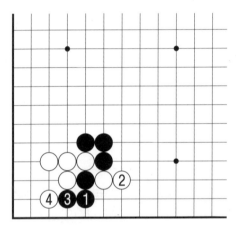

● 그림2(실패1)

흑❶로 뻗는 것은 지나친 욕심이다. 백②가 호착으로 흑❸, 백④까지 흑의 손실이 크다.

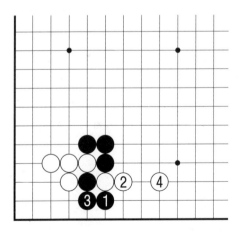

● 그림3(실패2)

흑❶로 단수치는 수 역시 무모한 도전이다. 백②로 뻗은 후 흑❸ 때 백④로 한 칸 뛰면 흑이 잔뜩 손해본 꼴이다.

적극적인 응수

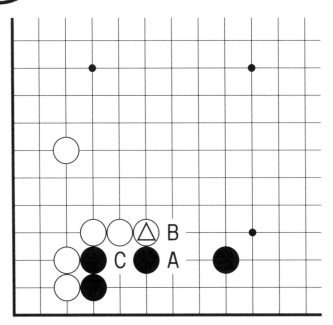

백△로 막은 장면이다. 흑은 A~C 중 어느 곳에 두는 것이
최선일까?

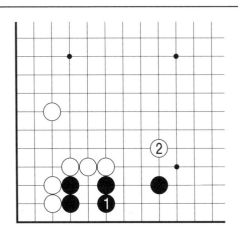

[참고도]

흑❶은 너무 옹졸한
보강 방법이다. 백
②로 씌우면 흑이
좋지 않다.

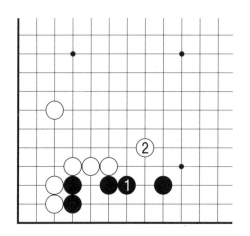

● 그림1(정답)

흑❶로 뻗는 한 수이다. 백②
로 날일자해서 일단락이다.

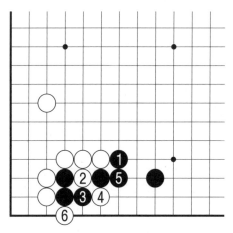

● 그림2(실패1)

흑❶로 젖히는 것은 백②, ④
로 단수치는 수가 성립한다.
백⑥까지 흑의 손실이 크다.

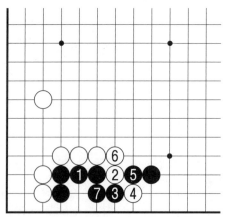

● 그림3(실패2)

흑❶로 잇는 것은 너무 소극
적인 수단. 백은 ②, ④로 이
단젖히는 것이 호착으로, 이
하 흑❼까지 선수로 튼튼한
형태를 구축할 수 있다.

끊김을 보강

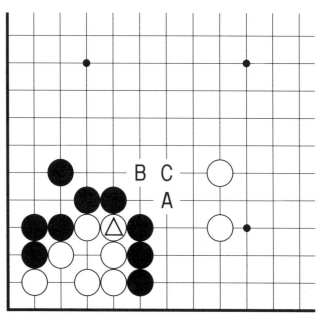

백△로 둔 장면이다. 흑은 끊기는 단점을 보강해야 하는데, A~C 중 어느 곳에 두는 것이 최선일까?

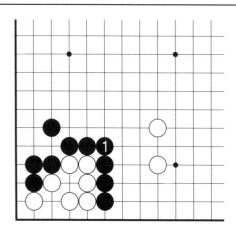

[참고도]

흑❶로 잇는 것은 너무 정직하다. 중앙에 대한 영향력이 적다는 것이 흑의 불만이다.

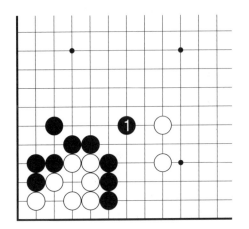

🔵 그림1(정답)

흑❶로 날일자하는 것이 이 경우 적절한 보강 방법이다.

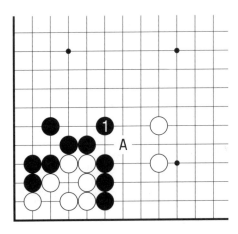

🔵 그림2(실패1)

흑❶로 호구치는 것은 장차 백A로 들여다보았을 때 잇는 자세가 우형이 되어 흑이 좋지 않다.

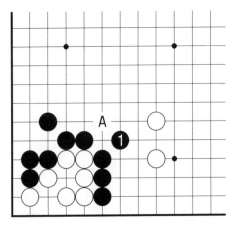

🔵 그림3(실패2)

흑❶로 호구치는 수 역시 백 A의 선수 활용이 쓰라리다.

미생을 모면

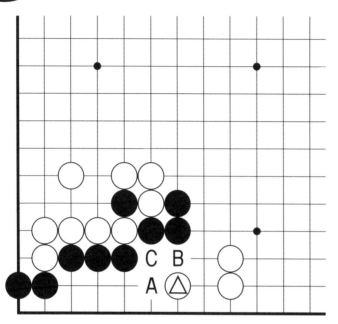

백△로 들여다본 장면이다. 흑은 A~C 중 어느 곳에 두는 것이 최선일까?

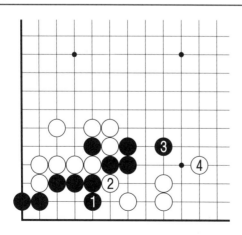

[참고도]

흑❶로 내려서는 것은 백②로 끊겨서 의문이다. 이하 백④까지 흑이 불리한 싸움.

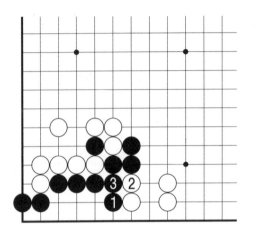

● 그림1(정답)

흑❶로 호구치는 것이 정답
이다. 백②에는 흑❸으로 이
어서 아무런 이상이 없다.

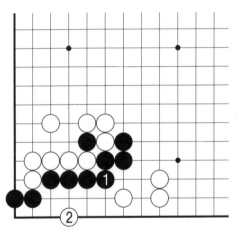

● 그림2(실패1)

흑❶로 잇는 것은 백②로 눈
목자했을 때 흑 전체가 미생
마가 된다.

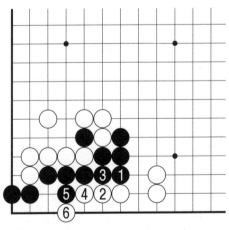

● 그림3(실패2)

흑❶로 두는 수 역시 백②를
선수한 후 백④, ⑥으로 두면
흑 전체가 미생마가 된다.

적극적인 정비

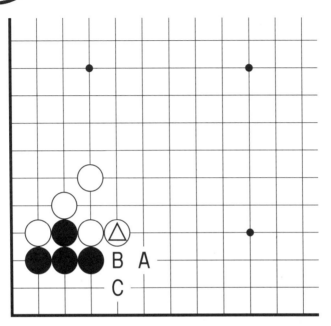

백△로 뻗은 장면이다. 흑은 A~C 중 어느 곳에 두는 것이 최선일까?

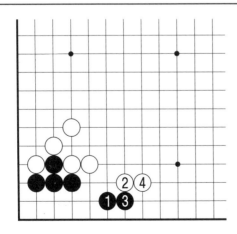

[참고도]

흑❶로 날일자하는 것은 백②의 씌움이 통렬하다. 흑❸, 백 ④까지 흑은 납작 눌린 모습이다.

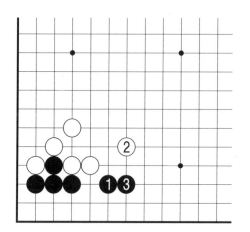

● 그림1(정답)

흑❶로 한 칸 뛰는 것이 정답
이다. 백②에는 흑❸으로 지
켜 두는 것이 요령이다.

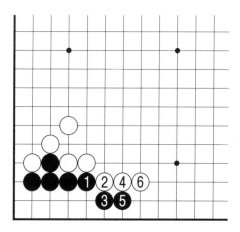

● 그림2(실패1)

흑❶로 받는 것은 너무 소극
적인 수이다. 이하 백⑥까지
흑은 2선으로 눌린 모습이다.

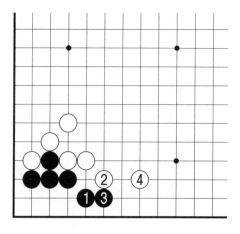

● 그림3(실패2)

흑❶로 두는 수 역시 백④
까지 진행되어 **앞그림**과 대
동소이하다.

간명한 처리

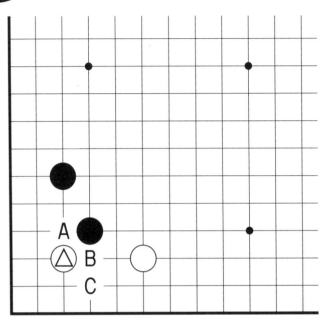

백△로 침입한 장면이다. 흑은 A~C 중 어느 곳에 두
는 것이 최선일까?

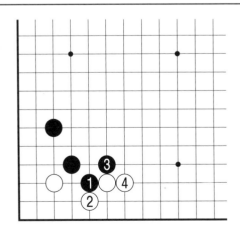

[참고도]

흑❶, ❸은 의문의
호구. 백④까지 모
두 연결해서는 대만
족이다.

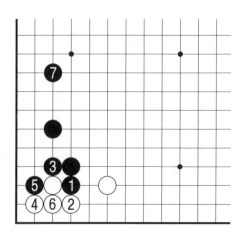

🔵 그림1(정답)

흑은 ❶로 막는 한 수이다. 백②에는 흑❸으로 막은 후 이하 ❼까지 처리하는 것이 간명한 처리법이다.

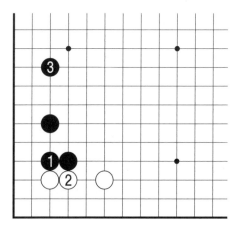

🔵 그림2(실패1)

흑❶로 막은 후 백②, 흑❸ 까지 처리하는 것은 **앞그림**에 비해 집에서 흑이 손해이다.

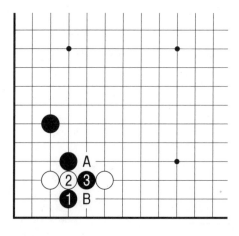

🔵 그림3(실패2)

흑❶로 두는 것은 자신의 약점을 고려치 않은 수이다. 백 ②로 찌르고 나면 A와 B의 약점이 남아 흑이 좋지 않다.

효율적인 보강

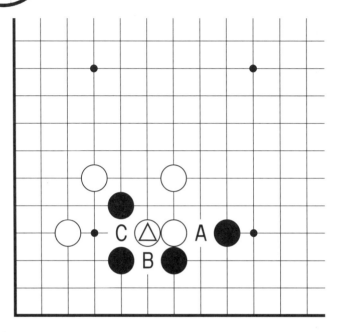

백△로 찌른 장면이다. 흑은 가장 효율적인 방법으로 단점을 보강하고 싶은데, A~C 중 어느 곳에 두는 것이 최선일까?

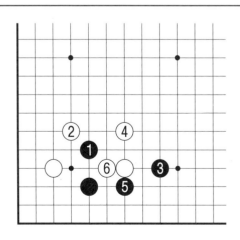

[참고도]

흑❶로 한 칸 뛰고 이하 백⑥까지는 실전에서 흔히 볼 수 있는 소목정석이다.

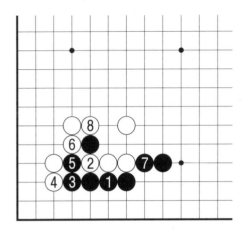

🔵 그림1(정답)

흑❶로 잇는 것이 좋은 응수법이다. 백②에는 흑❸으로 둔 후 이하 백⑧까지 처리하는 것이 요령이다.

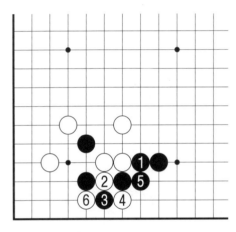

🔵 그림2(실패1)

흑❶로 두는 것은 백②로 찔렀을 때 응수가 없다. 이하 백⑥까지 흑이 망한 모습.

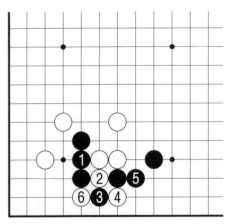

🔵 그림3(실패2)

흑❶로 잇는 수 역시 좋지 않다. 이하 백⑥까지 **앞그림**과 대동소이한 결말이다.

귀의 보강 방법

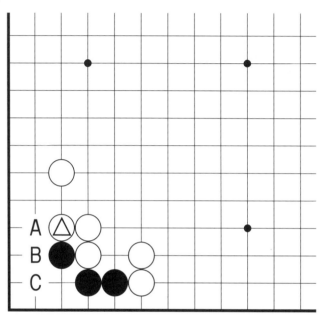

백△로 막아온 장면이다. 흑은 A~C 중 어느 곳에 두는 것이 최선일까?

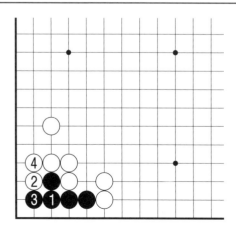

[참고도]

흑❶로 잇는 것은 대 악수. 백②, ④로 젖 혀 잇고 나면 귀의 흑은 자동사이다.

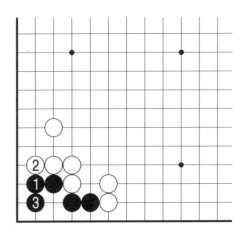

🔘 그림1(정답)

흑❶로 뻗는 것이 정답이다. 백②로 막는다면 흑❸으로 귀를 보강하는 것이 요령이다.

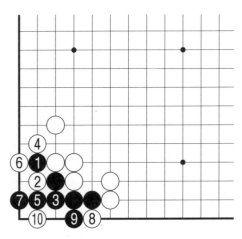

🔘 그림2(실패1)

흑❶로 젖히는 것은 대악수. 백②, ④로 단수치면 전체가 잡히고 만다.

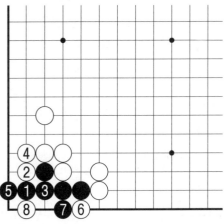

🔘 그림3(실패2)

흑❶로 호구치는 수 역시 성립하지 않는다. 이하 백⑧까지 흑 죽음.

손쉬운 정비

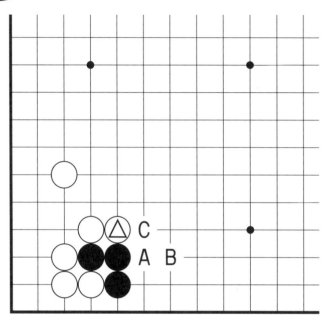

백△로 막아온 장면이다. 흑은 A~C 중 어느 곳에 두는 것이
최선일까?

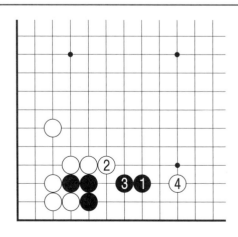

[참고도]

흑❶은 너무 엷은
행마이다. 백②를
선수한 후 ④에 다
가서면 흑 전체가
공격 대상이다.

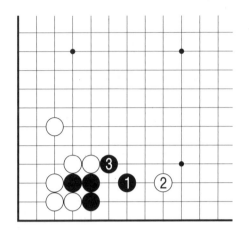

● 그림1(정답)

흑❶로 한 칸 뛰는 것이 정답이다. 백②에는 흑❸으로 호구쳐서 손쉽게 형태를 정비할 수 있다.

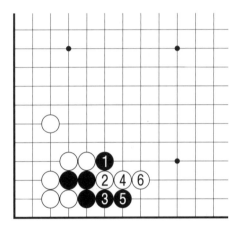

● 그림2(실패1)

흑❶로 젖히는 것은 백②로 끊겨서 흑이 곤란하다. 이하 백⑥까지 흑이 망한 모습.

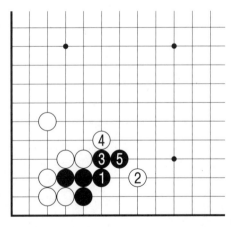

● 그림3(실패1)

흑❶로 두는 수 역시 너무 위축됐다. 백②가 공격의 급소로 백④, 흑❺까지 흑이 일방적으로 쫓기는 모습이다.

삶의 방법

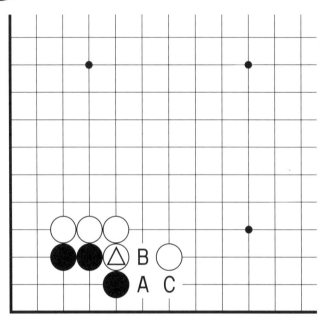

백△로 둔 장면이다. 흑은 A~C 중 어느 곳에 두는 것이 최선일까?

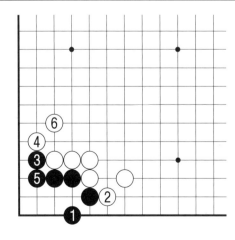

[참고도]

흑❶로 호구치는 것은 너무 소극적인 보강 방법이다. 백②로 막으면 흑 ❸, ❺로 젖혀 잇고 살아야 하는데 옹색한 모습이다.

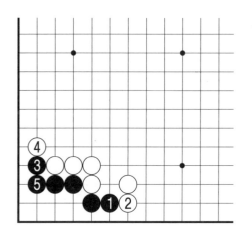

그림1(정답)

흑❶로 뻗는 것이 정답이다. 백②로 막는다면 흑❸, ❺로 젖혀 이어서 삶에 지장 없다.

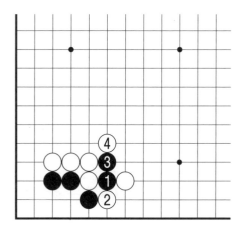

그림2(실패1)

흑❶로 끼우는 것은 대악수. 백②, ④로 단수치면 흑의 손해가 크다.

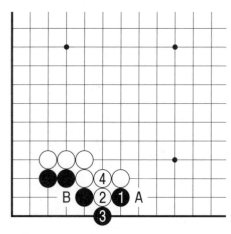

그림3(실패2)

흑❶로 붙이는 수 역시 백②, ④로 끼워 잇고 나면 A와 B의 약점이 부담으로 남아 흑이 좋지 않다.

세력을 구축

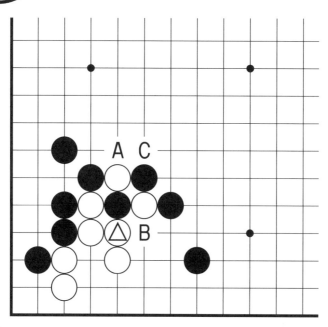

백△로 따낸 장면이다. 흑은 A~C 중 어느 곳에 두는 것이
최선일까?

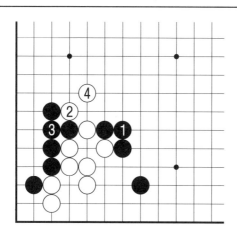

[참고도]

흑❶로 잇는 것은
의문수이다. 백②로
단수친 후 ④에 호
구치면 백의 탈출을
막을 수 없다.

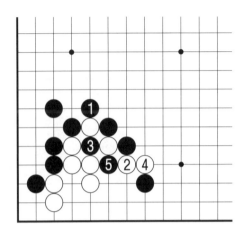

🔵 그림1(정답)

흑❶로 단수치는 한 수이다. 백②에는 흑❸으로 따낸 후 백④ 때 흑❺로 때려내서 막강한 세력을 구축할 수 있다.

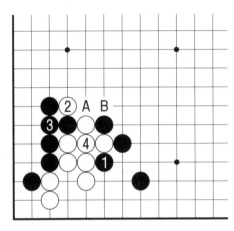

🔵 그림2(실패1)

흑❶로 단수치는 것은 대악수. 백②, ④로 응수하고 나면 중앙이 뚫리고 만다. 이후 흑A는 백B이다.

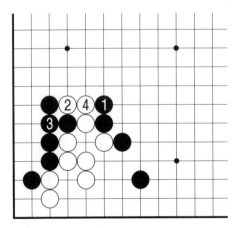

🔵 그림3(실패2)

흑❶로 뻗는 수 역시 백②, ④면 중앙이 뚫리고 만다.

늦추는 것이 요령

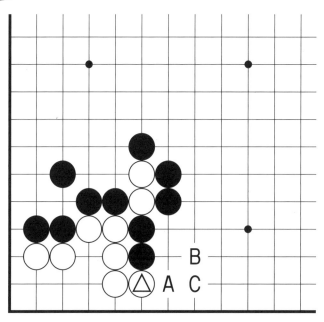

백△로 둔 장면이다. 흑은 A~C 중 어느 곳에 두는 것이 최선일까?

[참고도]

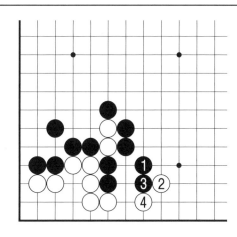

흑❶로 호구치는 것은 좋지 않다. 백은 ②로 두어서 손쉽게 변으로 진출할 수 있다.

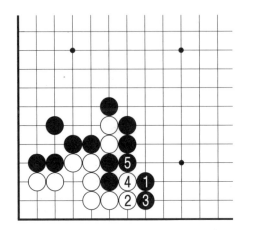

● 그림1(정답)

흑❶로 늦춰서 받는 것이 정
답이다. 백②에는 흑❸으로
막아서 아무런 이상이 없다.

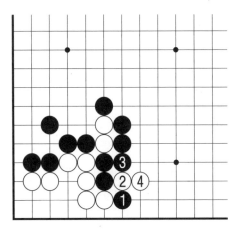

● 그림2(실패1)

흑❶로 막는 것은 백②로 끊
겨서 흑이 불리하다.

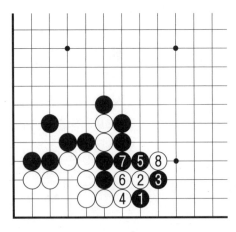

● 그림3(실패2)

흑❶로 두는 수 역이 잘못된
보강 방법. 이하 백⑧까지 흑
이 불리한 싸움이다.

손해 없는 갈림

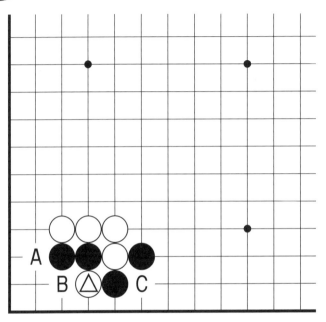

백△로 끊은 장면이다. 흑은 A~C 중 어느 곳에 두는 것이 최선일까?

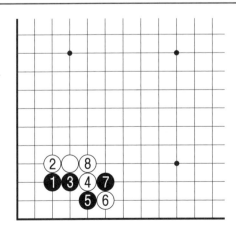

흑❶로 3·三에 침입하고 이하 백⑧까지의 진행이 **문제도**가 이루어진 경과이다.

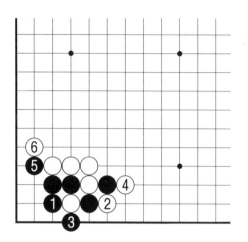

🔵 그림1(정답)

흑❶로 단수치는 것이 정답
이다. 백②, ④까지 일단락
이다.

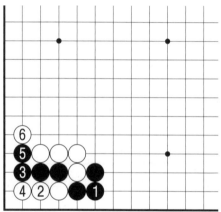

⚪ 그림2(실패1)

흑❶로 잇는 것은 이 경우 좋
지 않다. 이하 백⑥까지 귀의
실리가 크다.

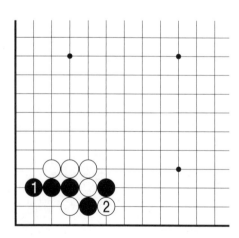

⚫ 그림3(실패2)

흑❶로 뻗는 수 역시 찬성할
수 없다. 백②로 단수치면 흑
의 손해가 막심하다.

안전한 보강

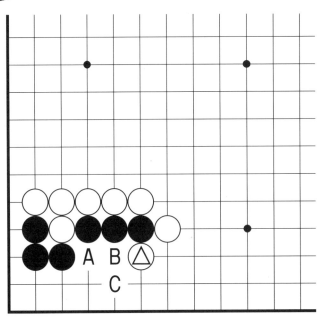

백△로 젖힌 장면이다. 흑은 A~C 중 어느 곳에 두는 것이 최선일까?

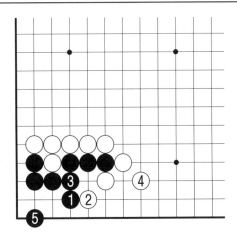

[참고도]

흑❶로 호구치는 것은 백②의 호착을 유발한다. 흑❸ 때 백④로 보강하면 흑은 후수로 살아야 하는 처지이다.

초급 행마 **223**

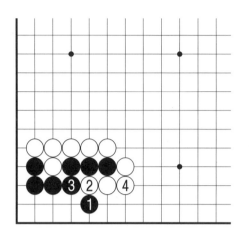

● 그림1(정답)

흑❶로 한 칸 뛰는 것이 정답
이다. 백②에는 흑❸으로 이
어서 아무런 이상이 없다.

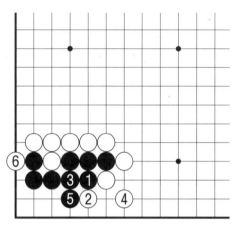

● 그림2(실패1)

흑❶로 막는 것은 백②의 단
수가 너무 쓰라리다. 이하 백
⑥까지 흑 전체가 잡힌 모습.

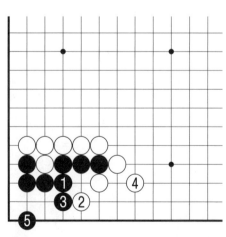

● 그림3(실패2)

흑❶로 잇는 수 역시 찬성할
수 없다. 이하 흑❺까지의 진
행이면 **그림1**과 비교할 때 흑
의 후수이다.

정석의 일종

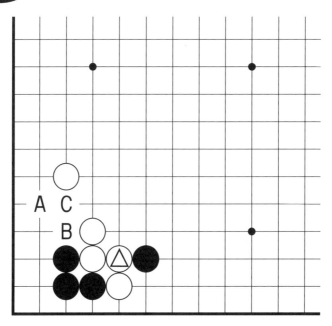

백△로 이은 장면이다. 흑은 A~C 중 어느 곳에 두는 것이 최선일까?

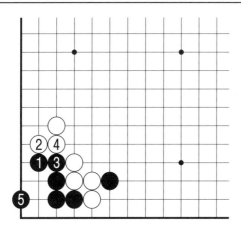

[참고도]

흑❶로 입구자하는 것은 백②의 저항 이 기다리고 있다. 흑❺까지 흑은 옹 졸한 삶이다.

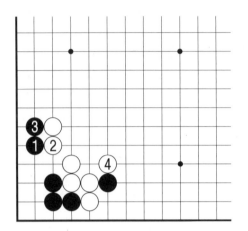

🔵 그림1(정답)

흑❶로 날일자하는 것이 정답이다. 계속해서 백②로 막고 흑❸, 백④까지 정석의 일종이다.

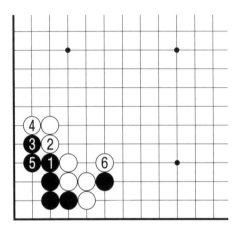

🔵 그림2(실패1)

흑❶로 두어도 삶에는 지장이 없다. 그러나 이하 백⑥까지의 진행이면 흑의 진출이 막힌 모습이다.

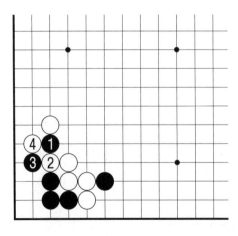

🔵 그림3(실패2)

흑❶로 한 칸 뛰는 것은 백②, ④로 끊기는 만큼 흑의 파멸이다.

형태상의 급소

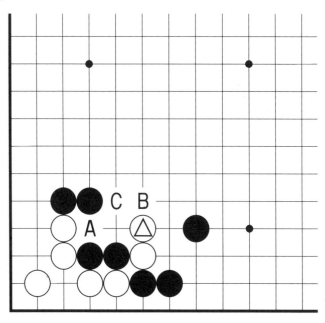

백△로 뻗은 장면이다. 흑은 A~C 중 어느 곳에 두는 것이
최선일까?

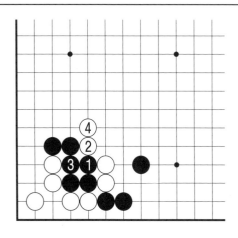

[참고도]

흑❶로 연결하는 것
은 백②의 단수가 너
무 쓰라리다. 흑❸,
백④까지 흑이 매우
불리한 모습.

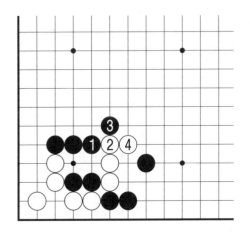

● 그림1(정답)

흑❶이 쌍립의 급소이다. 백②에는 흑❸으로 두들기는 것이 통렬하다. 백④까지 흑의 성공.

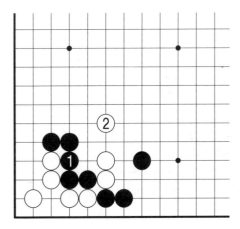

● 그림2(실패1)

흑❶로 잇는 것은 빈삼각의 우형이라 흑이 좋지 않다. 백②로 뛰어나가면 흑은 양곤마가 된다.

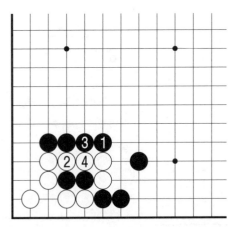

● 그림3(실패2)

흑❶은 너무 헤픈 수. 백②, ④면 성공을 거두었다고 볼 수 없다.

선수를 취하는 요령

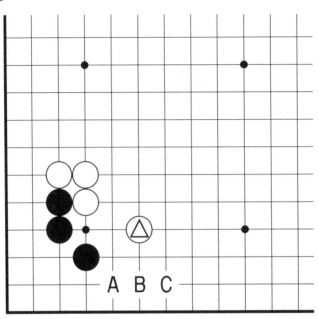

A B C

백△로 날일자한 장면이다. 흑은 A~C 중 어느 곳에 두는 것이 최선일까?

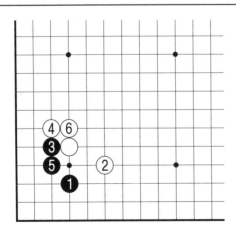

[참고도]

흑이 백의 고목에 걸쳐서 파생된 형태이다. 이하 백⑥까지가 **문제도**가 이루어진 경과이다.

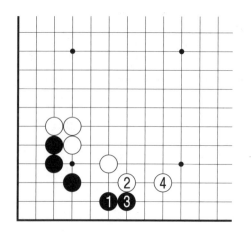

🔵 그림1(정답)

흑❶로 날일자하는 것이 정답이다. 백②에는 흑❸을 선수한 후 손을 빼는 것이 요령이다.

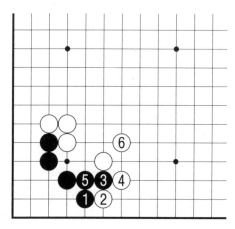

🔵 그림2(실패1)

흑❶은 너무 위축된 수이다. 이하 백⑥까지 흑은 변으로의 진출이 완전히 막힌 모습.

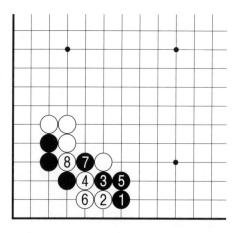

🔵 그림3(실패2)

흑❶은 너무 욕심이 과한 수. 이하 백⑧까지의 진행이면 흑의 파멸이다.

강력한 공격

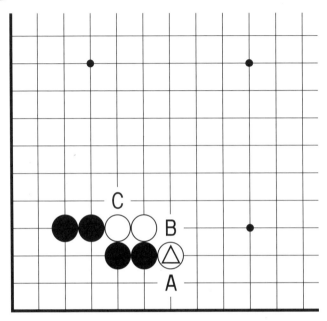

백△로 젖힌 장면이다. 흑은 A~C 중 어느 곳에 두는 것이 최선일까?

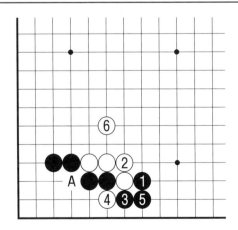

[참고도]

흑❶로 껴붙이는 수도 일종의 맥점. 그러나 이하 백⑥ 까지 진행되고 난 후 흑은 A의 약점 이 약간 부담으로 남는다.

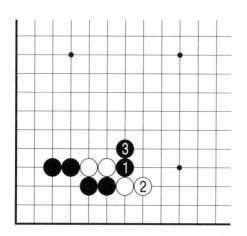

🔵 그림1(정답)

흑❶로 끊는 것이 정답이다.
백②로 뻗는다면 흑❸으로 뻗
어서 백 두 점을 잡을 수 있다.

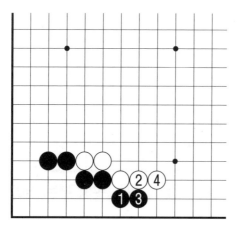

🔵 그림2(실패1)

흑❶은 너무 소극적인 수. 이
하 백④까지 백의 세력이 두
텁다.

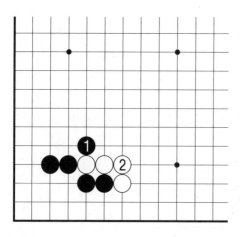

🔵 그림3(실패2)

흑❶로 젖히는 것은 백②로
잇게 해서 이적수가 된다.

탈출 방법

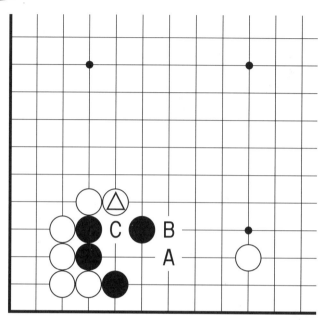

백△로 뻗은 장면이다. 흑은 A~C 중 어느 곳에 두는 것이
최선일까?

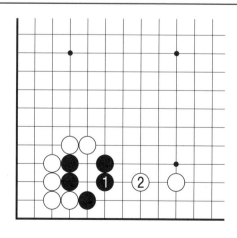

[참고도]

흑❶은 형태에 얽매
인 속수. 백②로 다
가서면 흑 전체가
공격 받는다.

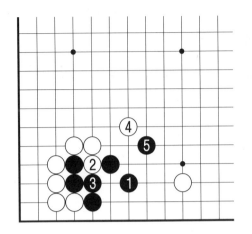

🔵 그림1(정답)

흑❶로 보강하는 것이 정답
이다. 백②, ④에는 흑❺까
지 손쉽게 탈출할 수 있다.

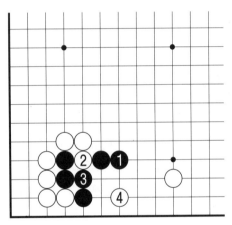

🔵 그림2(실패1)

흑❶은 백②, ④의 급소 공격
에 흑의 응수가 끊기고 만다.

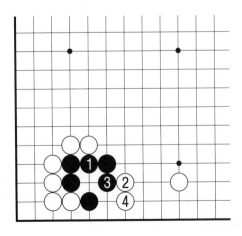

🔵 그림3(실패2)

흑❶로 두는 수 역시 백②,
④의 급소 공격에 흑이 곤란
한 모습이다.

효과적인 보강

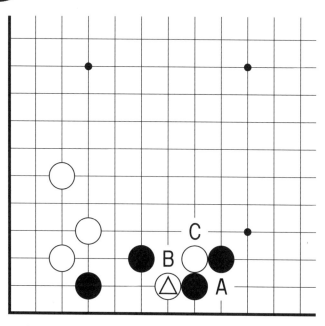

백△로 젖힌 장면이다. 흑은 A~C 중 어느 곳에 두는 것이
최선일까?

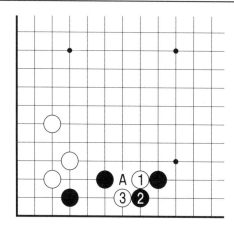

[참고도]

백①로 붙이고 흑
❷, 백③까지의 진
행이 **문제도**가 이루
어진 경과이다. 흑
❷로는 연결을 원
한다면 A가 정수.
백③도 끊는 것이
정수이다.

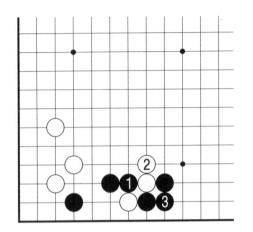

● 그림1(정답)

흑❶로 단수치는 한 수이다. 백②로 뻗는다면 흑❸으로 잇는 것이 좋은 보강 방법이다.

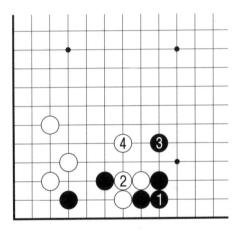

● 그림2(실패1)

흑❶로 잇는 것은 백②로 잇게 해서 흑의 손해가 크다. 흑❸, 백④까지 흑의 실패.

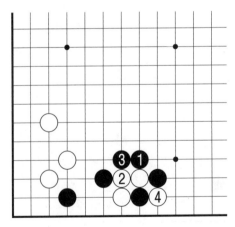

● 그림3(실패2)

흑❶로 단수치는 것은 백②로 잇게 해서 이적수의 의미가 짙다. 흑❸ 때 백④로 단수쳐서 흑의 실패이다.

최선의 응수

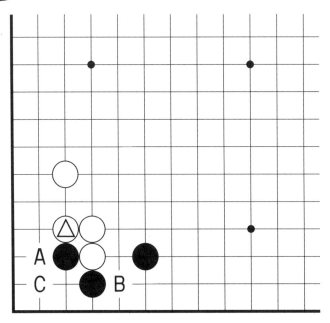

백△로 막은 장면이다. 흑은 A~C 중 어느 곳에 두는 것이 최선일까?

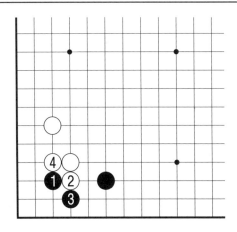

[참고도]

흑❶로 침입하고 이하 백④까지는 실전에 흔히 등장하는 진행이다.

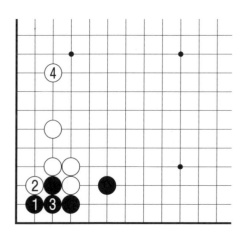

🔵 그림1(정답)

흑❶로 호구치는 것이 정답
이다. 백은 ②로 단수친 후
④로 두 칸 벌리게 된다.

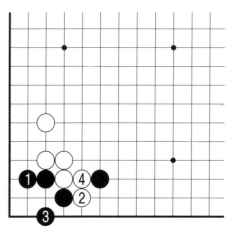

🔵 그림2(실패1)

흑❶로 뻗는 것은 백②로 젖
히는 것이 호착이 된다. 흑❸
때 백④로 이으면 흑의 실패.

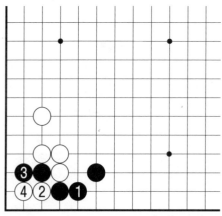

🔵 그림3(실패2)

흑❶로 뻗는 수는 백②로
끊기는 순간 흑돌이 잡히고
만다.

형태를 정비

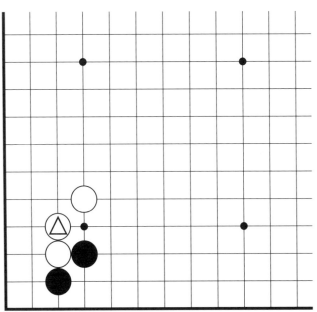

백△로 뻗은 장면이다. 흑은 형태를 정비하고 싶은데, 어떤 요령으로 두는 것이 최선일까?

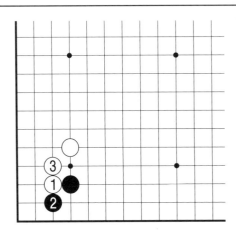

[참고도]

백①로 붙인 수는 실리를 중시한 정석 선택이며, 흑❷, 백③까지의 진행이 문제도의 경과이다.

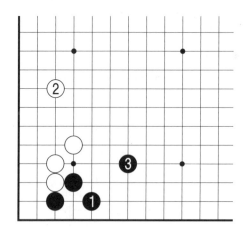

🔵 그림1(정답)

흑❶로 호구치는 것이 정답
이다. 백②에는 흑❸으로 두
어서 형태를 정비하는 것이
요령이다.

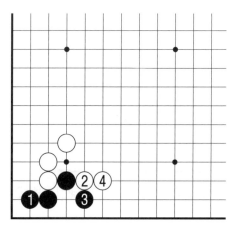

🔵 그림2(실패)

흑❶로 뻗는 것은 백②로 붙
이는 수가 호착이 된다. 흑
❸, 백④까지 흑의 실패.

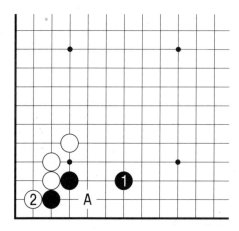

🔵 그림3(경우에 따라)

흑은 경우에 따라서 ❶로 두
칸 벌리는 수도 가능하다.
백②로는 A에 치중하는 수
도 가능하다.

양쪽을 처리

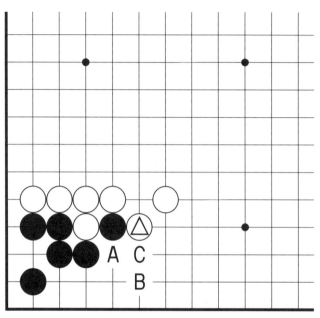

백△로 단수친 장면이다. 흑은 A~C 중 어느 곳에 두는 것이 최선일까?

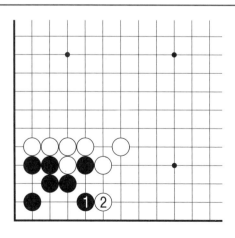

[참고도]

흑❶로 호구치는 수
는 백②의 봉쇄가
너무 쓰라리다.

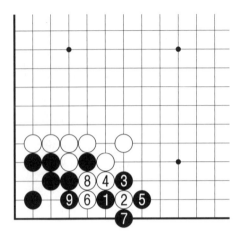

그림1(정답)

흑❶로 날일자하는 것이 정답이다. 백②에는 흑❸ 이하 ❾까지 양쪽을 모두 처리할 수 있다.

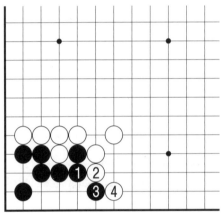

그림2(실패1)

흑❶로 잇는 것은 너무 뭉툭한 수이다. 백②, ④로 막히고 나면 흑의 실패이다.

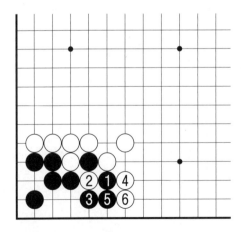

그림3(실패2)

흑❶로 호구치는 수 역시 백⑥까지 막히고 나면 흑의 실패이다.

공격 방법

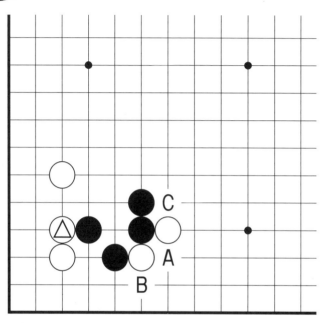

백△로 연결한 장면이다. 흑은 A~C 중 어느 곳에 두는 것이
최선일까?

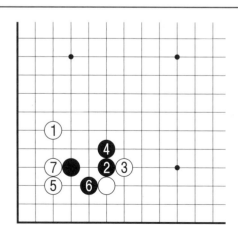

[참고도]

백①로 양걸침하고
이하 흑⑦까지의 진
행이 **문제도**가 이루
어진 경과이다.

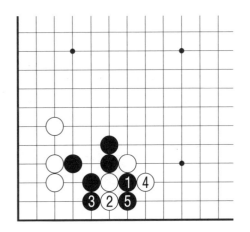

🔘 그림1(정답)

흑❶로 단수치는 것이 정답
이다. 백②에는 흑❸으로
막아서 백 두 점을 잡을 수
있다.

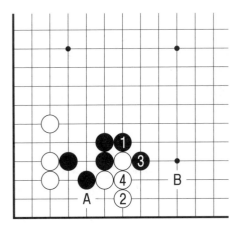

🔘 그림2(실패1)

흑❶로 막는 것은 백②로 호
구치는 수가 호착이라 약간
의문이다. 이후 백은 A와 B
가 맞보기이다.

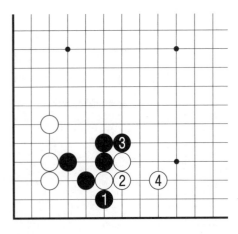

🔘 그림3(실패2)

흑❶로 단수치는 수 역시 미
흡하다. 백②, ④까지 달아
나고 나면 더 이상 공격이 쉽
지 않는 모습이다.

패로 버팀

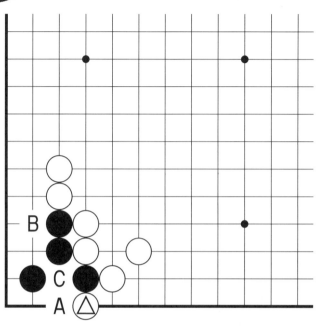

백△로 단수친 장면이다. 흑은 A~C 중 어느 곳에 두는 것이 최선일까?

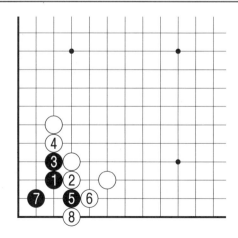

[참고도]

흑❶로 3·三 침입한 수는 팻감이 많을 때 가능한 수단. 계속해서 백②로 받고 이하 백⑧까지의 진행이 **문제도**가 이루어진 경과이다.

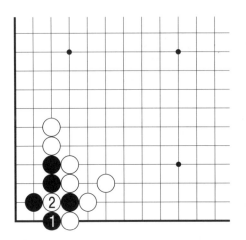

🔵 그림1(정답)

흑❶로 호구쳐서 패로 버티
는 한 수이다. 백②로 따내서
본격적인 패가 된다.

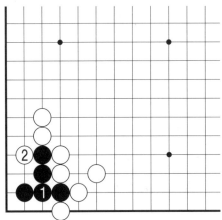

🔵 그림2(실패1)

흑❶로 잇는 것은 백②로 젖
히는 순간 흑 전체가 잡히고
만다.

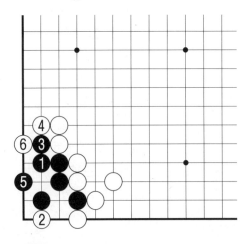

🔵 그림3(실패2)

흑❶로 두는 수 역시 백②
로 붙이고 나면 흑이 살 수
없다.

귀를 차지하는 요령

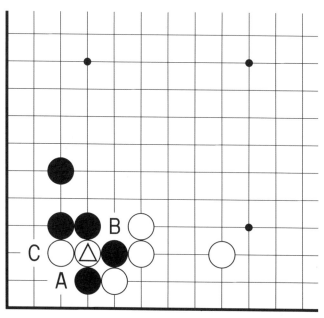

백△로 단수친 장면이다. 흑은 A~C 중 어느 곳에 두는 것이
최선일까?

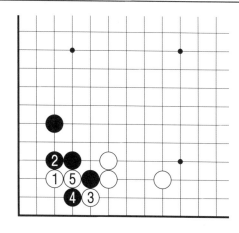

[참고도]

백① 때 흑❷로 막
은 것은 실리를 중
시한 수법. 계속해
서 백③으로 젖히고
흑❹, 백⑤까지가
문제도가 이루어진
경과이다.

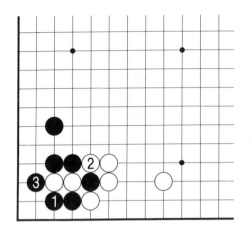

그림1(정답)

흑❶로 단수치는 것이 정답
이다. 백②로 따낼 수밖에 없
을 때 흑❸으로 넘으면 귀를
차지할 수 있다.

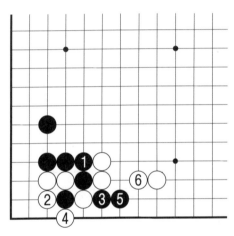

그림2(실패1)

흑❶로 잇는 것은 백②로 단
수치는 수가 성립한다. 이하
백⑥까지 흑의 손해가 크다.

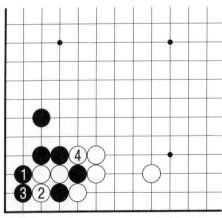

그림3(실패2)

흑❶로 단수치는 수 역지 좋
지 않다. 백②, ④까지 실리
의 손실이 크다.

치중한 이후의 응수

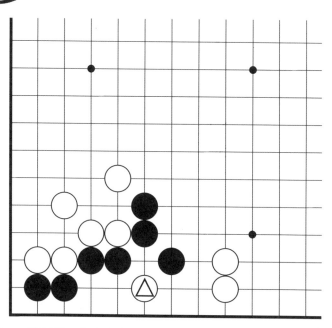

백△로 치중한 장면이다. 흑은 어떤 방법으로 응수하는 것이
최선일까?

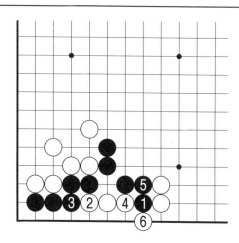

[참고도]

흑❶로 차단하는 것
은 의문이다. 백은
②를 선수한 후 ④,
⑥으로 넘어서 흑의
근거를 박탈할 수
있다.

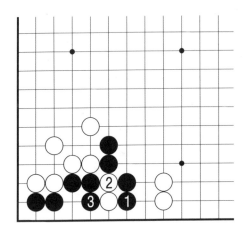

● 그림1(정답)

흑❶로 막는 것이 정답이다. 백②로 끊어도 흑❸으로 단수치면 아무런 이상이 없다.

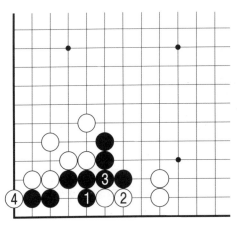

● 그림2(실패1)

흑❶로 막는 것은 너무 소극적인 수. 백② 때 흑❸으로 잇는 모습이 너무 쓰라리다. 백④로 젖히면 흑 전체가 미생마이다.

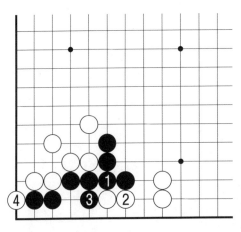

● 그림3(실패2)

흑❶로 잇는 수 역시 **앞그림**과 대동소이한 수이다. 이하 백④까지 **앞그림**과 똑같은 결말.

적절한 행마법

문제 115

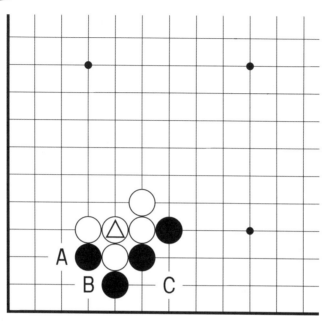

백△로 이은 장면이다. 흑은 A~C 중 어느 곳에 두는 것이
최선일까?

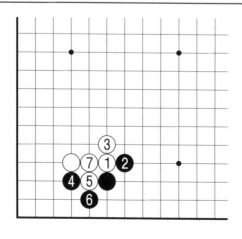

[참고도]

백①로 붙이고 흑
❷ 이하 백⑦까지가
문제도가 이루어진
경과이다.

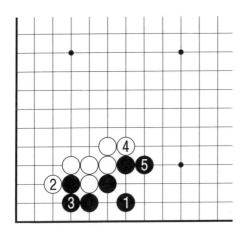

🔵 그림1(정답)

흑❶로 호구치는 것이 적절한 행마법이다. 계속해서 백②로 단수치고 이하 흑❺까지 정석의 일종이다.

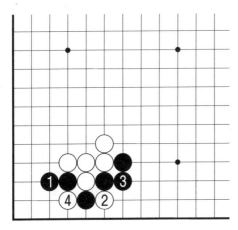

🔵 그림2(실패1)

흑❶로 뻗는 것은 백②로 단수쳤을 때 응수가 없다. 흑❸, 백④까지 흑이 망한 모습.

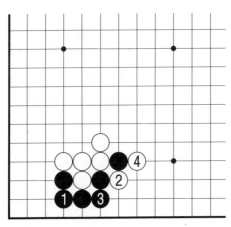

🔵 그림3(실패2)

흑❶로 잇는 수 역시 찬성할 수 없다. 백②, ④면 흑 한 점이 축으로 잡히고 만다.

최선의 응수법

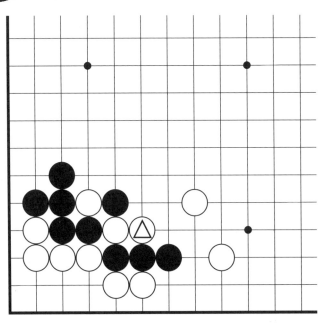

백△로 달아난 장면. 계속해서 흑은 어떤 요령으로 응수하는 것이 최선일까?

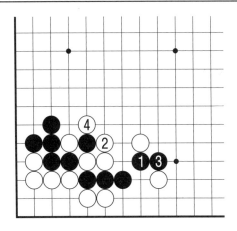

[참고도]

흑❶은 백이 3의 곳에 막으면 그때 2의 곳에 두어 백 두 점을 잡자는 뜻이다. 그러나 백②, ④로 변화를 구해서 흑 실패.

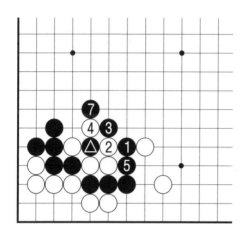

🔘 그림1(정답)

흑❶로 장문 씌우는 것이 정
답이다. 백②로 달아나도 흑
❸, ❺로 단수치면 백은 회
돌이축에 걸리고 만다.
(백⑥…흑▲)

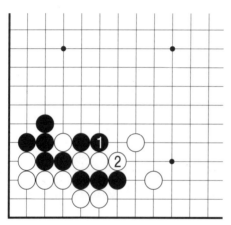

🔘 그림2(실패1)

흑❶로 단수치는 것은 백②로
뻗게 해서 흑 석 점이 잡히고
만다.

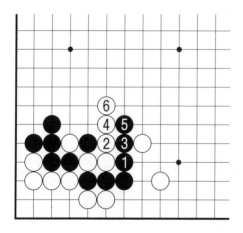

🔘 그림3(실패2)

흑❶로 단수치는 수 역시 백
②로 달아나고 나면 더 이상
공격이 불가능하게 된다. 이
후는 흑의 고전이 예상된다.

제2장 중급 행마

안전한 연결 방법

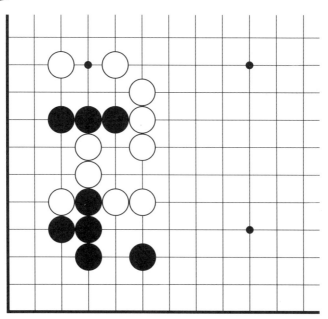

변의 흑 석 점을 귀와 연결시키는 문제이다. 가장 안전한 연결
방법은?

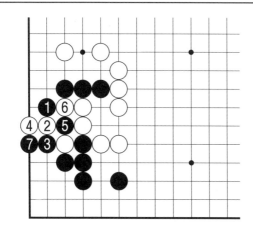

[참고도]

흑❶로 단수치는 것
은 백②의 저항이
기 다 리 고 있 다 .
흑❼까지 패를 피할
수 없다.

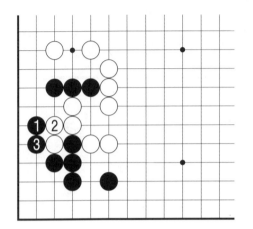

● 그림1(정답)

흑❶로 날일자하는 것이 정답이다. 백②로 잇는다면 흑❸으로 두어 연결에 지장 없다.

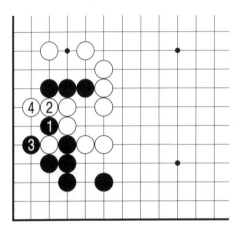

● 그림2(실패1)

흑❶로 단수치는 것은 백②, ④까지 흑 석 점이 차단되고 만다.

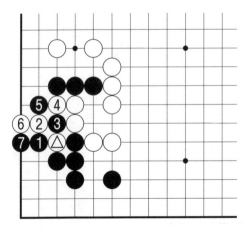

● 그림3(실패2)

흑❶로 단수치는 수 역시 백②로 버티는 수가 있다. 이하 백⑧까지 백은 패로 버티게 된다.

(백⑧…백△)

자충을 활용

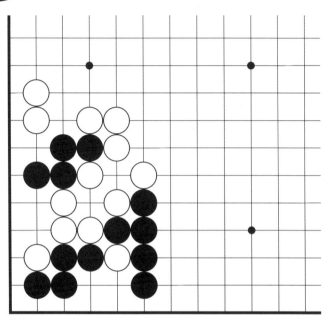

상대의 자충을 이용해서 변의 흑 넉 점을 살리는 문제이다. 첫
수가 중요하다.

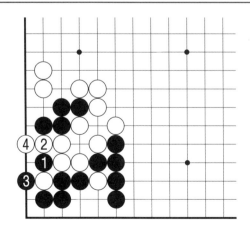

[참고도]

흑❶, ❸으로 단수
쳐서 백 한 점을 잡
는 것은 끝내기에
불과하다.

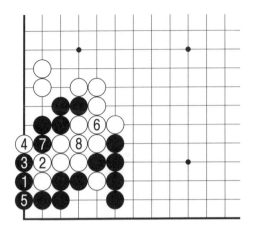

🔘 그림1(정답)

흑❶로 단수치는 것이 정답이다. 백②에는 흑❸으로 두는 것이 중요하다. 이하 백⑧까지 흑은 선수로 넘을 수 있다.

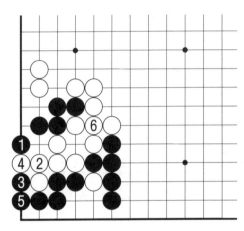

🔘 그림2(실패1)

흑❶로 두는 것은 백②로 잇는 수가 성립한다. 백⑥까지 흑이 잡힌 모습.

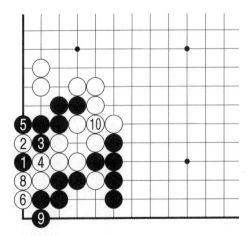

🔘 그림3(실패2)

흑❶로 날일자하는 수 역시 좋지 않다. 백⑩까지의 진행이면 흑은 살 수 없다.

반격을 고려한 수

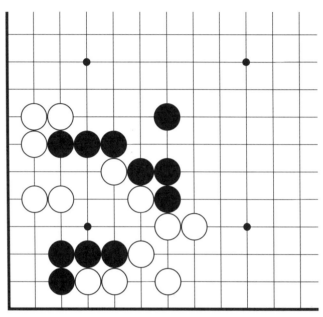

상대의 반격을 고려해서 가장 안전한 방법으로 연결할 수 있는 수단을 연구해야 한다.

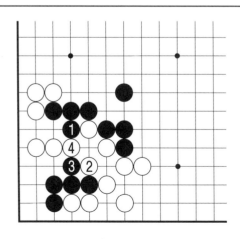

[참고도]

흑❶로 단수치는 것은 백②로 물러서서 받는 호착이 기다리고 있다. 백④까지 흑 죽음.

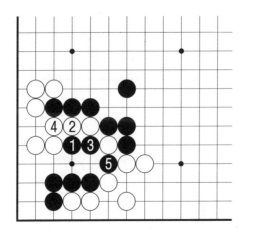

🔘 그림1(정답)

흑**①**로 붙이는 것이 정답이다. 백②에는 흑**③**으로 양단수쳐서 손쉽게 살 수 있다.

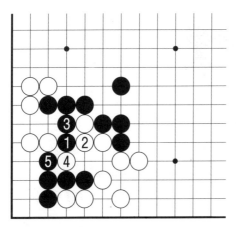

🔘 그림2(변화)

흑**①** 때 백②로 버틴다면 흑**③**이 호착이다. 백④ 때 흑**⑤**로 단수치면 백은 한 점을 이을 수 없다.

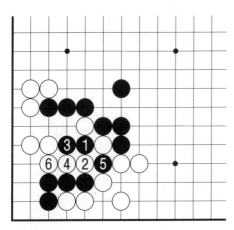

🔘 그림3(실패)

흑**①**로 단수치는 것은 백②로 버티는 수가 있다. 이하 백⑥까지 귀의 흑 넉 점이 잡히고 만다.

자충에 유의

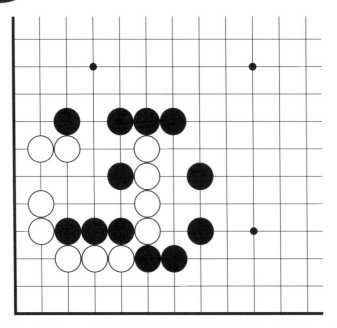

자신의 자충을 고려해서 안전하게 연결할 수 있는 방법을 모색해
야 한다. 최선의 행마법은?

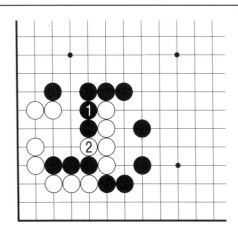

[참고도]

흑❶로 잇는 것은 백
②로 끊어서 간단하
게 흑 석 점이 잡히
고 만다.

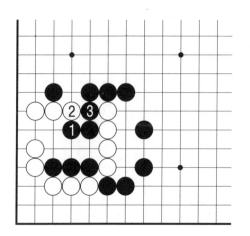

🔵 그림1(정답)

흑❶이 안전한 연결 방법이
다. 백②에는 흑❸으로 이어
서 아무런 이상이 없다.

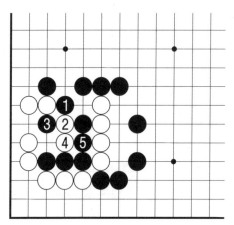

🔵 그림2(실패)

흑❶로 두는 것은 백②로 두
는 수가 날카롭다. 흑❸, ❺
로 단수치면 간단히 해결되
는 것처럼 보이지만…

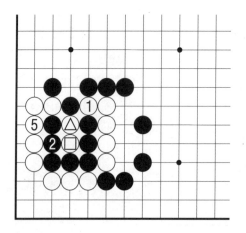

🔵 그림3(실패 계속)

앞그림에 계속해서 백①로
단수치는 수가 성립한다. 흑
❷로 따내도 이하 백⑤까지
공격하면 흑은 자충이 되어
모두 잡히고 만다.
(백③…백△, 흑❹…백□)

264

능률적인 연결

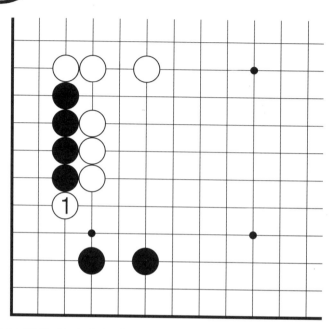

백①로 젖힌 장면이다. 흑은 가장 능률적인 방법으로 귀와 연결 시키고 싶다. 연결의 급소는?

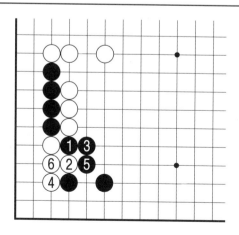

[참고도]

흑❶로 끊는 것은 무리수이다. 백②로 단수친 후 이하 ⑥까지 공격하면 흑이 곤란한 모습.

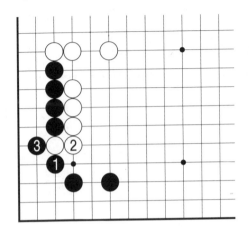

흑❶로 모붙이는 것이 정답
이다. 백은 ②로 늘 수밖에
없는데, 흑❸으로 무사히 넘
을 수 있다.

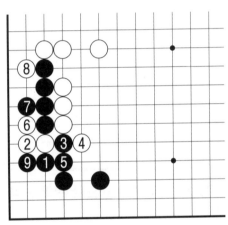

🔘 그림2(변화)

흑❶ 때 백②로 차단한다면
흑❸으로 끊는 수가 성립한
다. 흑❾까지 흑이 한 수 빠
른 모습.

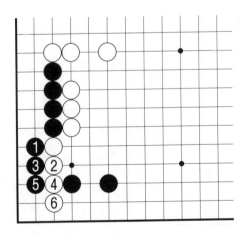

🔘 그림3(실패1)

흑❶로 젖혀도 삶에는 지장
없다. 그러나 이하 백⑥까지
의 진행에서 보듯 귀의 손실
이 크다.

사석으로 활용

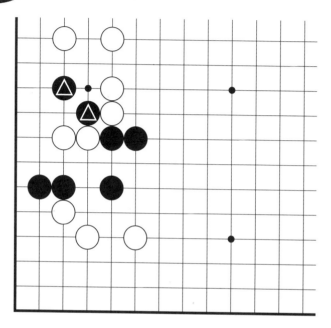

흑▲ 두 점은 도저히 살릴 수 없다. 그러나 이 두 점을 적절히 사석 처리하면 끝내기상 상당한 이득을 취할 수 있다.

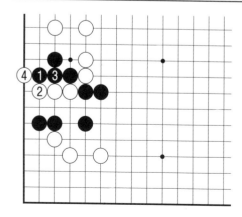

[참고도]

흑❶로 두는 것은 백 ②를 유발해서 좋지 않다. 흑❸으로 이어 도 백④로 젖히면 흑 의 수 부족이다.

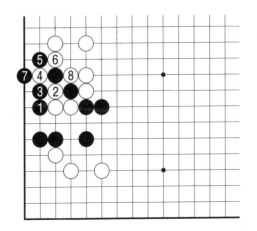

🔵 그림1(정답)

흑❶로 붙이는 것이 정답이
다. 백은 ②로 물러서는 것이
정수이며, 이하 백⑧까지 흑
은 선수로 형태를 정비할 수
있다.

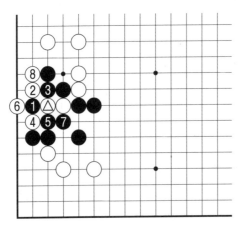

🔵 그림2(변화)

흑❶ 때 백②로 젖히는 것은
무리수이다. 흑은 ❸으로
끊는 것이 호착으로 흑❾까
지 백 두 점을 잡고서 살 수
있다.

(흑❾…흑❶, 백⑩…백△)

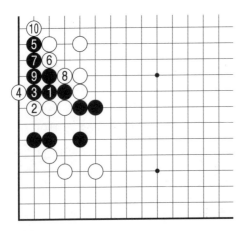

🔵 그림3(실패)

흑❶로 두는 것은 대악수. 백
은 ②로 내려서는 것이 호착
으로 이하 백⑩까지 흑이 한
수 부족이다.

최선의 행마법

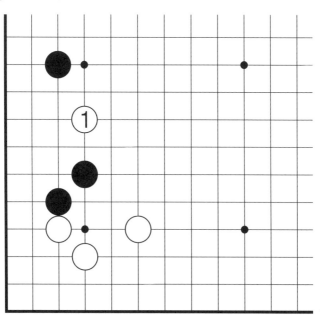

백①로 침입해 온 장면이다. 흑은 어떤 방법으로 행마하는 것이
최선일까?

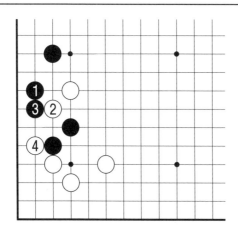

[참고도]

흑❶로 날일자하는
것은 백②, ④로 끊
겨서 흑이 좋지 않다.

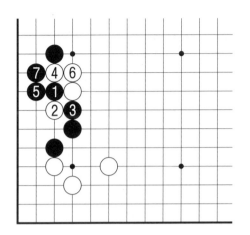

● 그림1(정답)

흑❶로 붙이는 것이 정답이
다. 백②로 젖힌다면 흑❸으
로 끊는 것이 성립한다. 이하
흑❼까지 무사히 연결할 수
있는 모습.

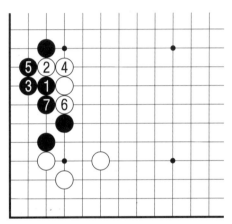

● 그림2(변화1)

흑❶ 때 백②로 끼운다면 흑
❸으로 내려서는 것이 중요
하다. 이하 흑❼까지 **앞그림**
과 대동소이한 결말이다.

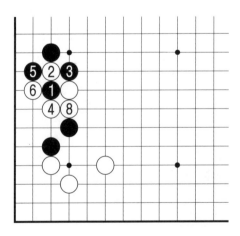

● 그림3(변화2)

흑❶, 백② 때 흑은 강력하
게 ❸으로 단수치는 수도 고
려할 수 있다. 이 수는 세력
을 중시할 때 가능한 수단.
그러나 백⑧까지 흑 두 점이
차단 당해서는 부분적으로
흑의 손해이다.

(흑❼…백②)

능률적인 처리

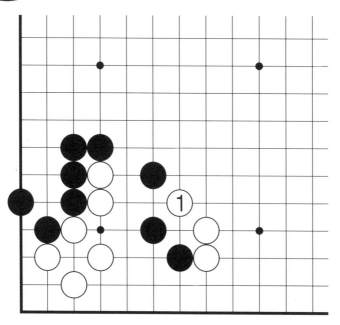

백①로 들여다본 장면이다. 흑은 가장 능률적인 방법으로 자신의 단점을 보강하고 싶다.

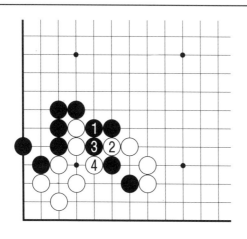

[참고도]

흑❶로 두는 것은 백②, ④로 끊겨서 흑두 점이 잡히고 만다.

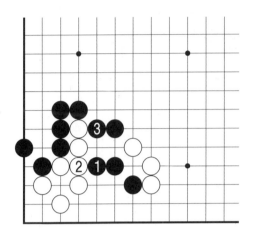

🔵 그림1(정답)

흑❶로 들여다보는 것이 급소. 백② 때 흑❸으로 두어 보강하는 것이 가장 능률적인 처리법이다.

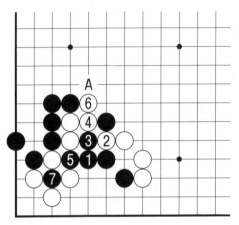

🔵 그림2(변화)

흑❶ 때 백②, ④로 절단하는 것은 무리수이다. 흑❼까지 패가 되는데, 흑은 A의 곳에 절대 팻감이 있다.

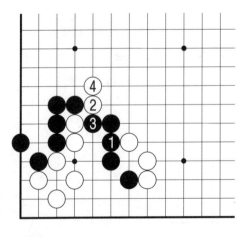

🔵 그림3(실패)

흑❶로 잇는 것은 생각이 부족한 수. 백②로 젖힌 후 흑❸ 때 백④로 뻗으면 흑이 곤란한 모습이다.

행마의 급소

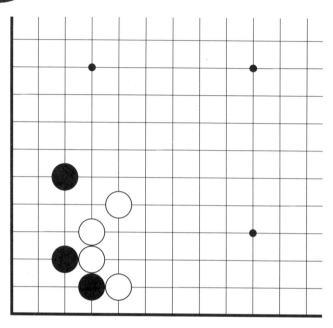

흑 한 점을 살리면서 전체를 안전하게 연결하는 수가 있다. 행마의 급소는?

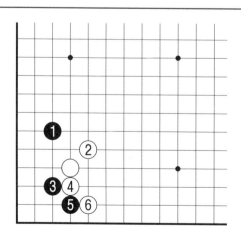

[참고도]

흑❶로 걸치고 이하 백⑥까지의 진행이 **문제도**가 이루어진 경과이다.

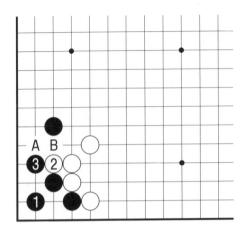

● 그림1(정답)

흑❶로 호구치는 것이 정답
이다. 백②에는 흑❸으로 젖
혀서 연결에 지장 없다. 이후
백A에는 흑B로 끊어서 그만
이다.

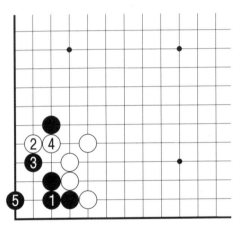

● 그림2(실패1)

흑❶로 잇는 것은 백②로 두
는 순간 절단되고 만다. 흑❺
까지 후수 삶이 쓰라리다.

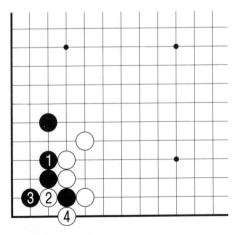

● 그림3(실패2)

흑❶로 두는 수 역시 백②,
④로 한 점이 잡히고 나면 근
거가 불확실해진다.

최선의 안정

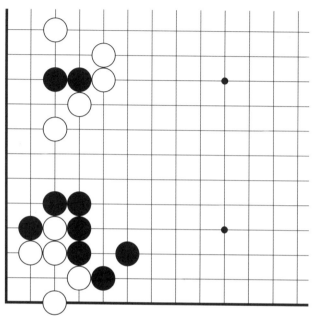

귀의 약점을 활용해서 변의 흑 두 점을 살리는 문제이다. 흑은 어떻게 두는 것이 최선일까?

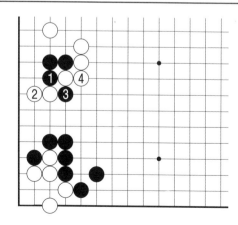

[참고도]

흑❶로 두는 것은 의문수. 백②로 내려서면 크게 보태준 꼴이다. 흑❸, 백④까지 흑 죽음.

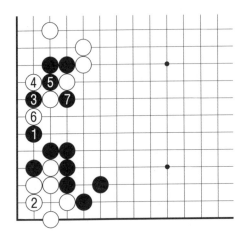

● 그림1(정답)

흑❶로 호구치는 것이 정답
이다. 백②로 보강한다면 흑
❸으로 붙이는 수가 성립한
다. 백④로 젖혀도 흑❺, ❼
로 단수치면 수습이 가능한
모습.

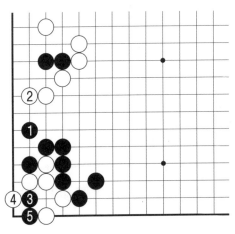

● 그림2(변화)

흑❶ 때 백②로 내려선다면
흑❸으로 붙여서 귀의 백이
잡히고 만다.

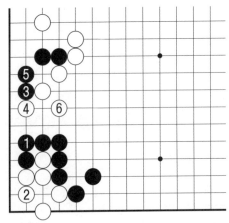

● 그림3(실패)

흑❶로 잇는 것은 생각이 부
족한 수이다. 백② 이후 흑
❸으로 붙여도 이하 백⑥까
지 아무런 수도 성립하지 않
는다.

약점을 보강

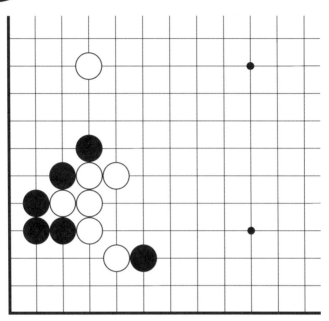

흑은 단수되는 약점을 보강해야 한다. 어떤 방법으로 약점을 보강하는 것이 최선일까?

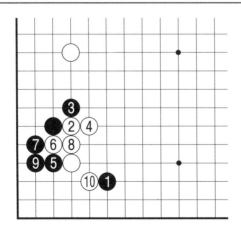

[참고도]

흑❶로 걸치고 백②이하 백⑩까지의 진행이 **문제도**가 이루어진 경과이다.

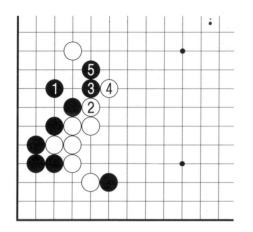

🔘 그림1(정답)

흑❶로 호구치는 것이 정답이다. 백②에는 흑❸, ❺까지 중앙 진출이 가능하다.

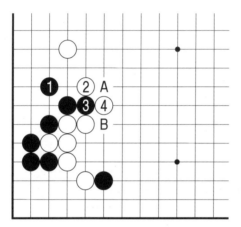

🔘 그림2(변화)

흑❶ 때 백②로 봉쇄한다면 흑❸으로 찌르는 것이 긴요하다. 이후 흑은 A와 B의 약점을 남겨서 충분하다.

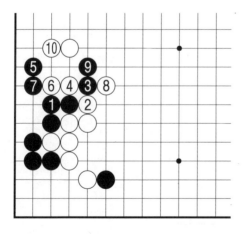

🔘 그림3(실패)

흑❶로 잇는 것은 미흡한 보강 방법. 백② 때 흑❸으로 젖히면 백④로 끊는 강수가 성립한다. 이하 백⑩까지 흑이 불리한 모습.

끊김을 방지

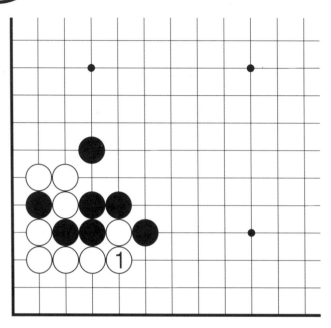

백①로 이은 장면이다. 흑은 끊기는 약점을 보강해야 하는데, 어떻게 행마하는 것이 최선일까?

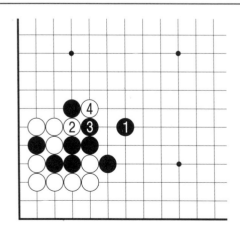

[참고도]

흑❶로 한 칸 뛰어 보강하는 것은 백②, ④로 절단 당한다.

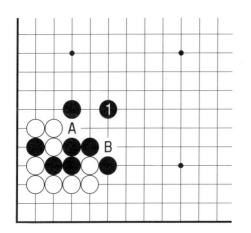

🔘 그림1(정답)

흑❶로 한 칸 뛰는 것이 정답이다. 흑❶은 A와 B의 약점을 동시에 보강하는 호점이다.

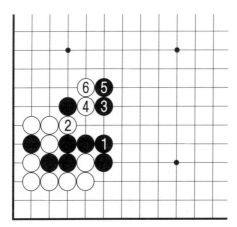

🔘 그림2(실패1)

흑❶로 잇는 것은 백②로 찔렀을 때 응수가 어렵다. 흑❸으로 늦춘다면 이하 백⑥까지 흑 한 점이 백의 수중에 들어가고 만다.

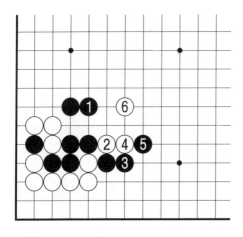

🔘 그림3(실패2)

흑❶은 백②로 끊는 강수가 성립한다. 이하 백⑥까지 흑의 고전이다.

능률적인 응수

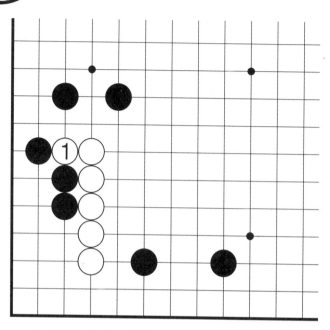

백①로 치받은 장면이다. 흑은 어떤 방법으로든 연결해야 하는데, 가장 능률적인 응수법은?

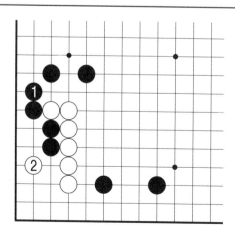

[참고도]

흑❶로 뻗는 것은 백②로 한 칸 뛰어서 귀의 실리가 튼실해진다.

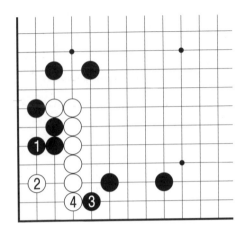

● 그림1(정답)

흑❶이 좋은 연결법이다. 백
②로 받는다면 흑❸이 긴요
한 선수 활용이 된다. 백은
전체가 아직 미생이다.

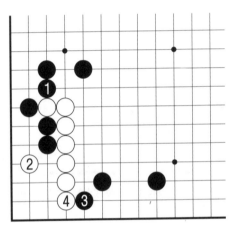

● 그림2(실패1)

흑❶로 연결하는 것은 백②,
④에 의해 전체가 삶의 형태
이므로 흑의 손해이다.

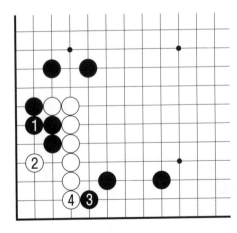

● 그림3(실패2)

흑❶로 잇는 수 역시 백②,
④면 백을 살려주게 된다.

최선의 응수법

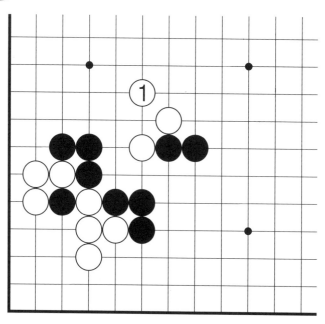

백①로 호구친 장면이다. 흑은 어떤 방법으로 끊는 것을 보강하는 것이 최선일까?

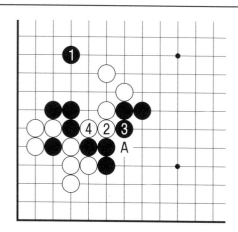

[참고도]

흑❶로 한 칸 뛰어 간접적으로 보강하는 것은 의문이다. 백 ②, ④로 절단한 후 A의 약점을 노리면 흑 불만.

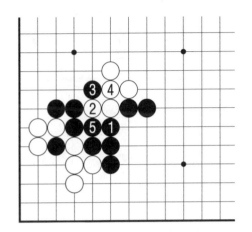

● 그림1(정답)

흑❶로 호구치는 것이 최선의 응수법이다. 백②에는 흑❸이 긴요한 수. 흑❸, 백④까지 중앙 백이 무겁게 공격받는 모습이다.

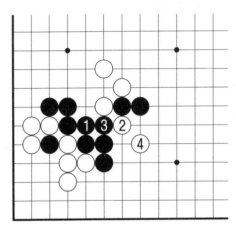

● 그림2(실패1)

흑❶로 잇는 것은 백②의 반격이 날카롭다. 흑❸, 백④까지 흑은 곤경에 처하고 만다.

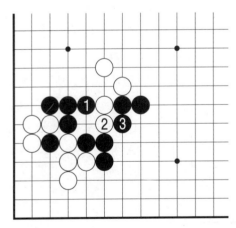

● 그림3(실패2)

흑❶로 호구치는 수는 백②의 선수 활용이 쓰라리다. 이 역시 정답에 비해 흑이 좋지 않다.

돌의 안정이 관건

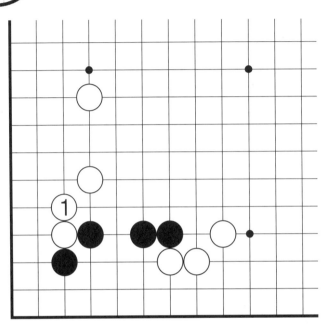

백①로 뻗은 장면이다. 돌의 안전을 고려한 적절한 행마법은 무엇일까?

[참고도]

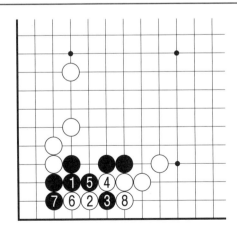

흑❶로 잇는 것은 너무 단순하다. 백②때 흑❸, ❺가 일종의 맥점이지만 이하 백⑧까지 전체가 미생마이다.

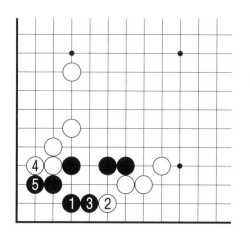

🔵 그림1(정답)

흑❶로 호구치는 것이 적절한 행마법이다. 백② 이하 흑❺까지 흑은 삶에 지장 없는 모습.

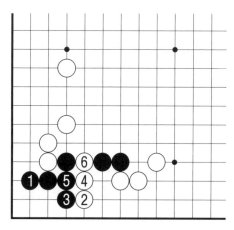

🔵 그림2(실패1)

흑❶로 내려서는 것은 너무 욕심을 부린 수. 백②로 날일자하는 것이 너무 쓰라리다. 백⑥ 이후 흑은 귀를 살아야 하는 처지이다.

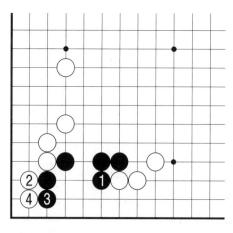

🔵 그림3(실패2)

흑❶로 막는 수 역시 백②, ④면 전체가 미생마가 되는 만큼 흑이 좋지 않다.

최선의 보강법

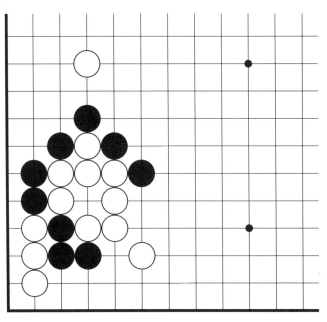

흑은 끊기는 약점이 여러 군데 있다. 과연 어느 곳을 잇는 것이
최선일까?

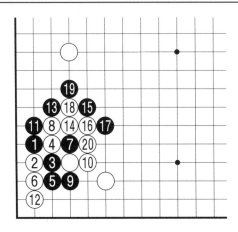

[참고도]

흑❶로 침투하고 백
② 이하 백⑳까지가
문제도가 이루어진
경과이다.

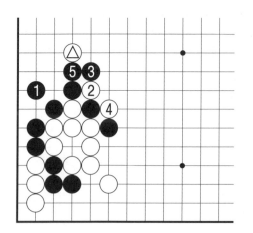

🔵 그림1(정답)

흑❶로 호구쳐서 잇는 것이 정답이다. 백②로 단수친다면 흑❸, ❺로 처리해서 백△ 한 점을 약화시킬 수 있다.

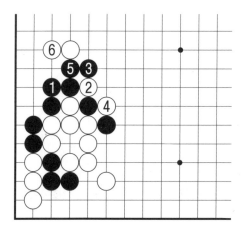

🔵 그림2(실패)

흑❶로 잇는 것은 너무 무겁다. 이하 백⑥까지의 진행이면 전체가 공격 받게 된다.

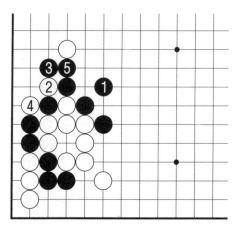

🔵 그림3(변화)

흑은 세력을 중시하고자 할 때 흑❶로 호구쳐서 두는 수도 고려할 수 있다. 흑❺까지 일단락인데, 부분적으로는 흑의 손해이다.

최선의 행마

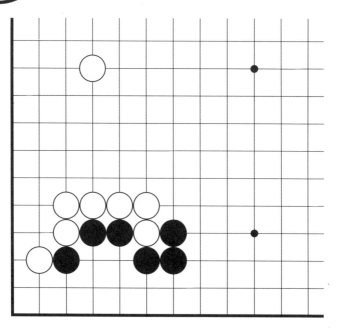

가장 능률적인 방법으로 약점을 보강하는 방법을 모색하고 싶다.
최선의 행마법은?

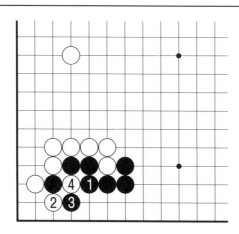

[참고도]

흑❶로 잇는 것은 너
무 소극적인 수. 백
②로 단수치면 흑이
좋지 않다.

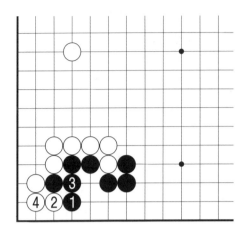

● 그림1(정답)

흑❶로 호구치는 것이 정답이다. 백②로 단수친다면 흑❸으로 이어서 그만이다. 백이 ④로 잇는다면 흑의 선수이다.

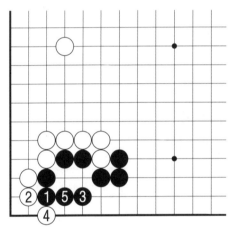

● 그림2(실패1)

흑❶로 잇는 것은 백②로 막는 것이 선수가 된다. 이하 흑❺까지 이번엔 흑의 후수이다.

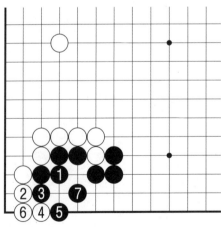

● 그림3(실패2)

흑❶로 잇는 수 역시 좋지 않다. 백② 이하 흑❼까지의 진행을 고려할 때 흑은 후수가 되는 만큼 좋지 않다.

귀의 사활을 이용

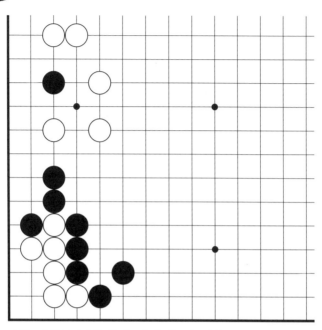

흑은 귀의 사활을 이용해서 변의 흑 한 점을 구출하고 싶다. 최선의 행마법은?

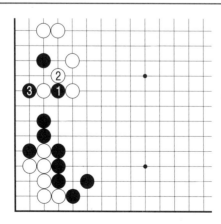

[참고도]

흑❶로 끼우고 ❸으로 붙이면 넘는 것이 가능하다. 그러나 백을 두텁게 해준 것이 마음에 걸린다.

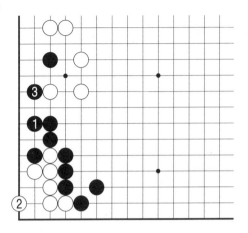

흑❶로 호구치는 것이 정답
이다. 백②로 보강할 수밖에
없을 때 흑❸으로 붙이면 수
습이 가능한 모습이다.

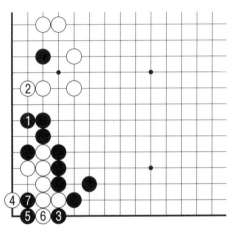

흑❶ 때 백②로 내려서는 것
은 무리한 욕심. 흑❸, ❺면
귀의 백이 잡히고 만다.

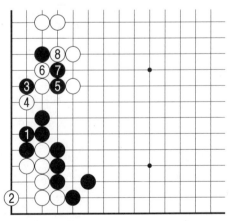

흑❶로 잇는 것은 생각이 짧
은 수이다. 흑❸으로 붙여도
백④ 이하 ⑧까지 공략하면
흑은 한 것이 없다.

형태를 정비

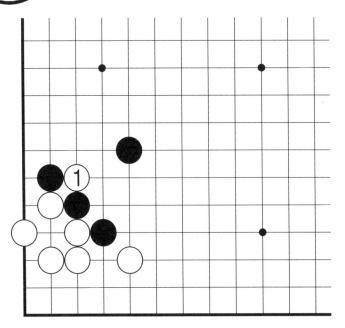

백①로 단수친 장면이다. 흑은 어떤 방법으로 형태를 정비하는 것이 최선일까?

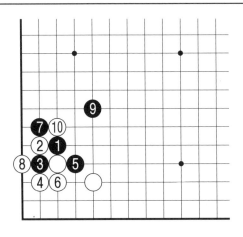

[참고도]

흑❶로 붙이고 백② 이하 백⑩까지가 **문제도**가 이루어진 경과이다.

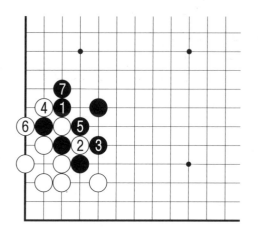

🔵 그림1(정답)

흑❶로 단수친 후 ❸으로 두는 것이 행마의 요령이다. 계속해서 백④에는 이하 ❼까지 처리해서 불만 없는 모습.

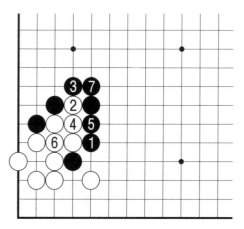

🔵 그림2(변화)

흑❶ 때 백②로 끼운다면 흑❸ 이하 ❼까지 두터움을 확립해서 대만족이다.

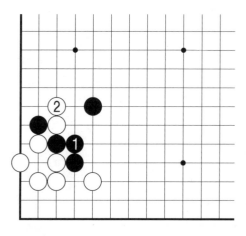

🔵 그림3(실패)

흑❶로 잇는 것은 너무 무겁다. 백②로 뻗는 순간 흑은 수습이 쉽지 않다.

보강 방법

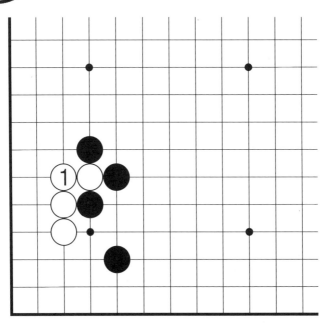

백①로 이은 장면이다. 흑은 어떤 방법으로 형태를 정비하는 것이 최선일까?

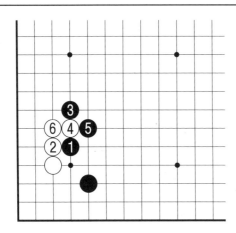

[참고도]

흑❶로 씌우고 이하 백⑥까지는 실전에 흔히 등장하는 진행으로 **문제도**가 이루어진 경과이다.

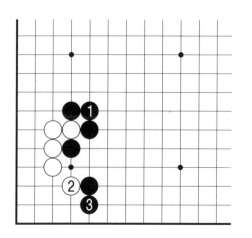

🔵 그림1(정답)

흑❶로 잇는 것이 정답이다. 백②에는 흑❸으로 내려서서 보강한다.

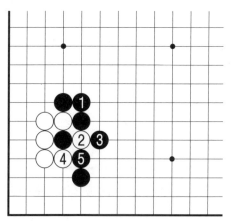

🔴 그림2(변화)

흑❶ 때 백②로 단수치는 것은 백의 속수이다. 흑❸, ❺면 흑의 세력이 막강하다.

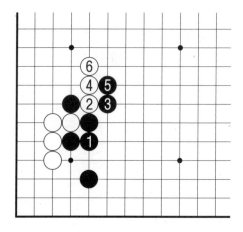

🔵 그림3(실패)

흑❶로 잇는 것은 이 경우 너무 무겁다. 백②로 끊는 것이 통렬한 수로 이하 백⑥까지 흑이 불리한 모습이다.

최선의 수습

문제 21

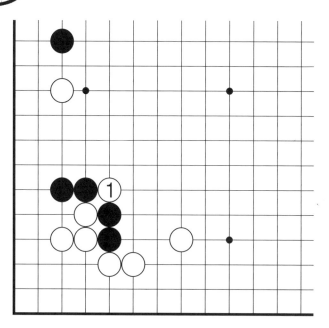

백①로 끊은 장면이다. 흑은 어떤 방법으로 수습하는 것이 최선
일까?

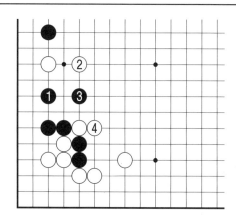

[참고도]

흑❶로 한 칸 뛰고
백② 때 흑❸으로
달아나는 것은 너무
박력이 없다. 백④로
잡혀서는 흑 손해.

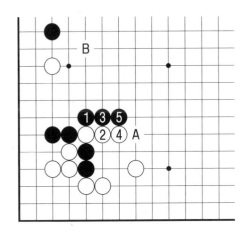

● 그림1(정답)

흑❶로 단수쳐서 아낌없이 버리고 두는 것이 올바른 선택이다. 흑❺ 이후 A와 B를 맞보기로해서 충분한 모습이다.

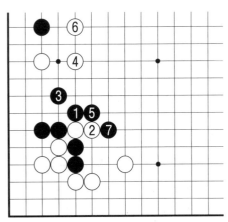

● 그림2(변화)

흑❶로 단수친 후 ❸으로 호구치는 수도 고려할 수 있다. 흑❼까지가 예상되는 진행이다.

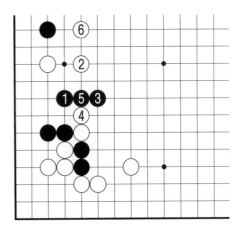

● 그림3(실패)

흑❶로 한 칸 뛰는 것은 이 경우 좋지 않다. 백② 이하 ⑥까지의 진행이면 흑 전체가 무겁게 공격 받는 모습.

적절한 행마법

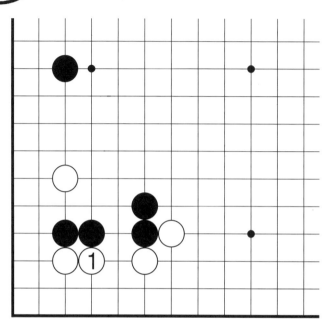

백①로 연결한 장면이다. 흑은 어떤 요령으로 형태를 정비하는 것이 최선일까?

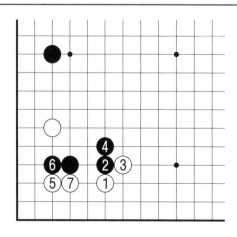

[참고도]

백①로 양걸침하고 이하 백⑦까지가 **문 제도**가 이루어지까지의 경과이다.

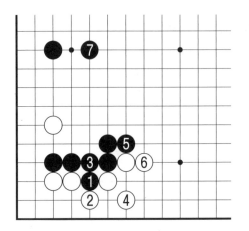

🔵 그림1(정답)

흑❶, ❸으로 끼워 잇는 것이 적절한 행마법이다. 백은 ②로 단수친 후 ④로 호구쳐야 하는데, 흑❼까지 좌변을 크게 도모할 수 있다.

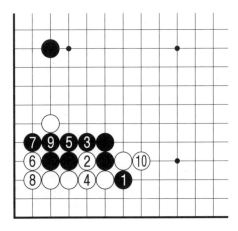

🔵 그림2(실패1)

흑❶로 끊는 것은 역으로 백②, ④로 끼워 잇는 것이 급소가 된다. 이하 백⑩까지 흑은 실리의 손실이 크다.

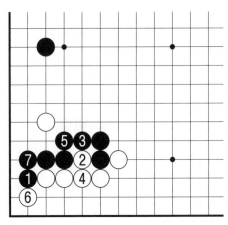

🔵 그림3(실패2)

흑❶로 젖히는 수 역시 백②, ④를 허용해서 좋지 않다. 이하 흑❼까지 정답과는 한 수 차이가 난다.

정석 과정에서

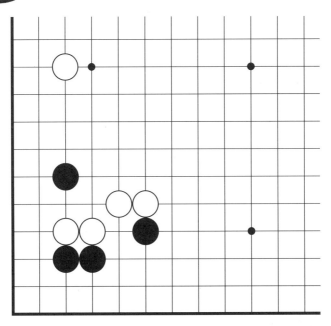

정석 과정에서 흔히 등장하는 형태이다. 흑은 어떤 요령으로 형태를 정비하는 것이 최선일까?

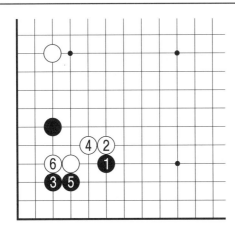

[참고도]

흑❶로 양걸침했을 때 백②로 붙인 수는 일반적으로 선택하는 방향. 이후 흑❸으로 침입하고 이하 백⑥까지의 진행이 **문제도**의 경과이다.

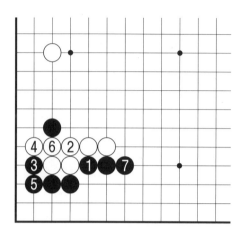

🔵 그림1(정답)

흑❶로 치받는 것이 정답이다. 백②에는 흑❸, ❺로 젖혀 이은 후 이하 ❼까지 두텁게 형태를 정비할 수 있다.

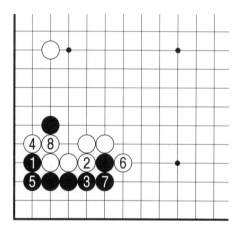

🔵 그림2(실패1)

흑❶로 젖히는 것은 역으로 백②를 허용한다. 이하 백⑧까지 일단락인데, 흑이 좋지 않다.

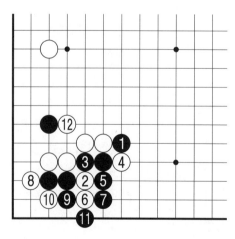

🔵 그림3(실패2)

흑❶로 젖히는 것은 백②의 반격이 날카롭다. 흑❸ 이하 백⑫까지 흑이 많이 당한 모습이다.

사석 처리

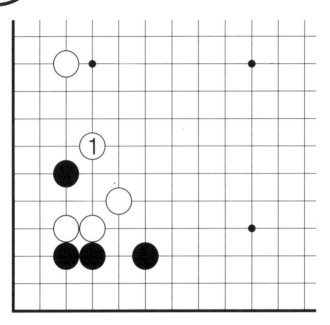

백①로 날일자해서 씌운 장면이다. 흑 한 점은 거의 죽은 것이나 다름없다. 흑은 한 점을 최대한으로 사석 처리해야 한다.

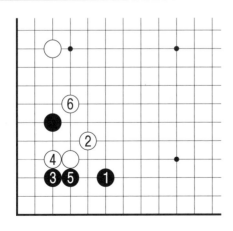

[참고도]

흑❶로 양걸침했을 때 백②의 입구자는 간명을 기한 것. 계속해서 흑❸으로 침입하고 이하 백⑥까지가 **문제도**의 경과이다.

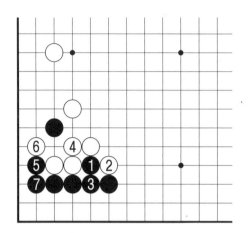

🔵 그림1(정답)

흑❶이 급소이다. 백은 ②로 단수친 후 ④에 이어야 하는데, 이하 흑❼까지 철저히 이용할 수 있다.

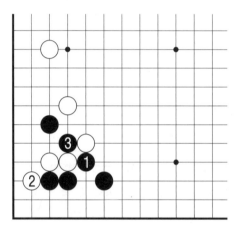

🔵 그림2(변화)

흑❶ 때 백②로 젖히는 것은 무리수이다. 흑❸으로 끊기면 백이 곤란한 모습.

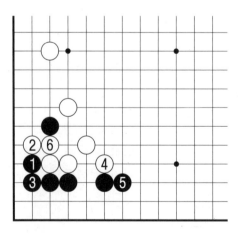

🔵 그림3(실패)

흑❶을 먼저 결정짓는 것은 이하 백⑥까지의 진행에서 보듯 흑의 실패이다.

백의 치명적인 약점

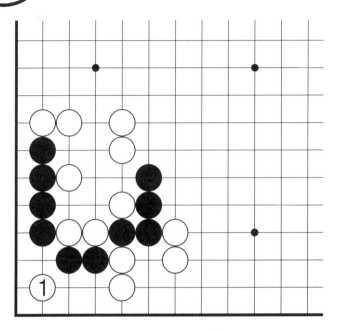

백①로 들여다본 장면이다. 얼핏 귀의 흑 전체가 잡힌 것처럼 보이지만 백에겐 치명적인 약점이 남아 있다.

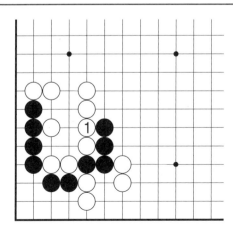

[참고도]

흑이 손을 쓰지 않는다면 백은 재빨리 ①로 보강할 것이다. 백①이면 귀의 흑도 아직 미생이다.

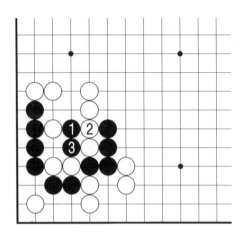

🔘 그림1(정답)

흑❶로 붙이는 수가 성립한
다. 백②에는 흑❸으로 단
수쳐서 백 두 점을 잡을 수
있다.

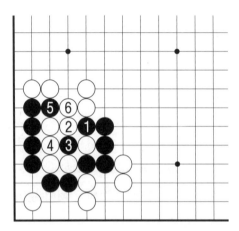

🔘 그림2(실패1)

흑❶로 단수치는 것은 대악
수. 백은 ②로 받는 것이 좋은
수로 이하 백⑥까지 아무런
수도 없다.

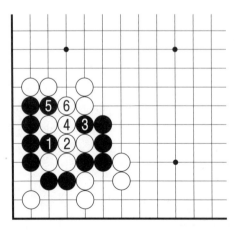

🔘 그림3(실패2)

흑❶로 단수치는 수 역시 좋
지 않다. 백②로 이은 후 이
하 백⑥까지 처리하면 귀의
흑돌만 잡힌 모습이다.

형태를 정비

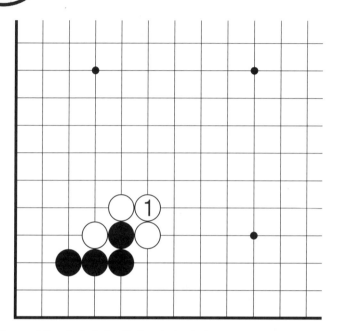

백①로 이은 자연이다. 흑은 어떤 방법으로 형태를 정비하는 것이 최선일까?

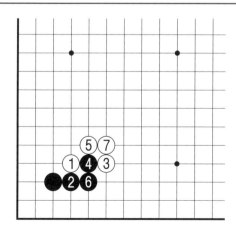

[참고도]

백①은 상용의 삭감 수. 계속해서 흑❷로 밀고 이하 백⑦까지가 **문제도**의 경과이다.

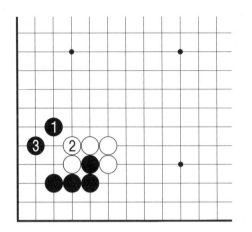

● 그림1(정답)

흑❶로 두는 것이 좋은 진출의 맥점이다. 백②로 잇는다면 흑❸으로 넘을 수 있다.

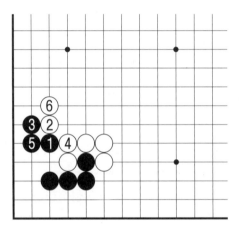

● 그림2(실패1)

흑❶로 들여다보는 것은 백②로 붙이는 것이 호착이 된다. 백⑥까지 진행을 예상할 때 흑의 실패이다.

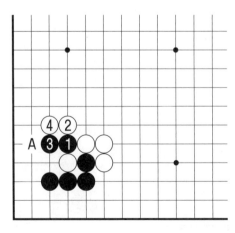

● 그림3(실패2)

흑❶로 단수치는 것은 최악의 선택이다. 백②, ④ 이후 A의 단수도 쓰라리다. 그렇다고 A에 두는 것은 흑의 후수이다.

전체를 공격

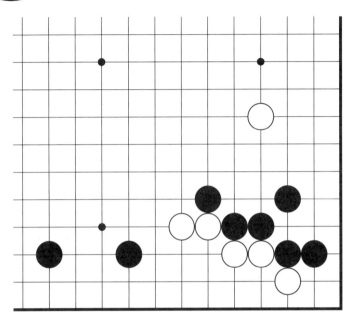

백 전체에 대한 공격을 엿보고 싶다. 흑은 어떻게 두는 것이
최선일까?

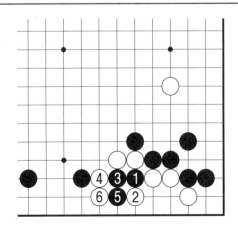

[참고도]

흑❶로 끊는 것은
생각할 수 없다. 백
⑥까지 흑 석 점이
축으로 잡혀서는 대
손해.

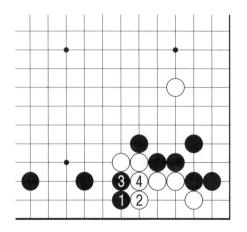

🔘 그림1(정답)

흑❶로 날일자하는 것이 정답이다. 백②에는 흑❸이 기분 좋은 선수 활용. 백은 전체가 두 집이 없는 만큼 심하게 공격 받는 모습이다.

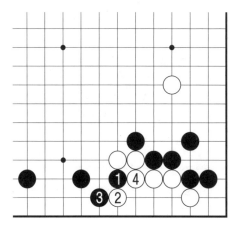

🔘 그림2(실패1)

흑❶로 두는 것은 백②로 붙이는 호착을 유발한다. 흑❸, 백④까지 백은 삶에 여유가 있는 모습.

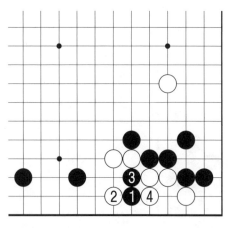

🔘 그림3(실패2)

흑❶은 너무 무모한 수단. 백②, ④면 스스로 보태준 꼴이 되고 말았다.

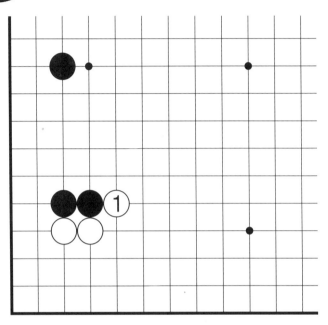

백①로 두점머리를 두드린 장면이다. 계속해서 흑은 어떤 요령
으로 행마하는 것이 최선일까?

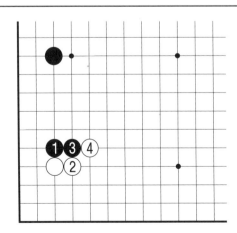

[참고도]

흑❶로 붙인 수는 이
상 감각. 계속해서 백
②로 올라서고 흑❸,
백④까지의 진행이
문제도의 경과이다.

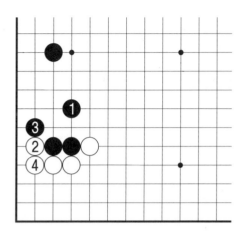

● 그림1(정답)

흑❶로 한 칸 뛰는 것이 정답이다. 백②, ④로 젖혀 잇는다면 선수를 취해 다른 큰 곳에 선행하게 된다.

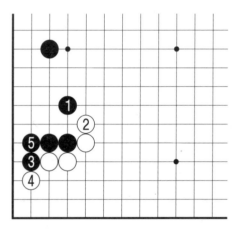

● 그림2(변화)

흑❶ 때 백②로 둔다면 흑❸, ❺로 젖혀 잇는 것이 좋은 행마법이다.

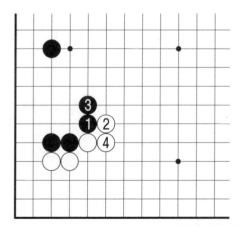

● 그림3(실패)

흑❶로 젖히는 것은 백②의 이단젖힘이 기다리고 있다. 흑❸ 때 백④로 이으면 백이 두텁다.

근거의 급소

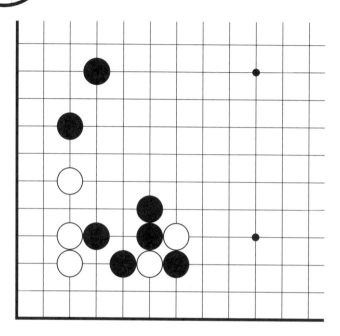

흑은 백의 근거를 박탈해서 공격하고 싶다. 어떤 수단이 있을까?

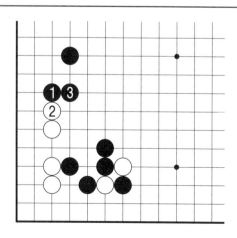

[참고도]

흑❶로 다가왔을 때 백은 선수를 취하고 싶다면 ②로 치받는 것이 보통이다. 흑❸이라면 손을 뺄 수 있다.

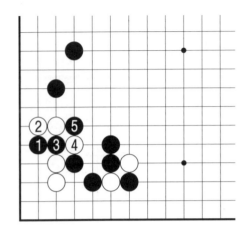

● 그림1(정답)

흑은 ❶로 치중하는 수가 성
립한다. 백②로 차단한다면
흑❸, ❺로 단수쳐서 백을
잡을 수 있다.

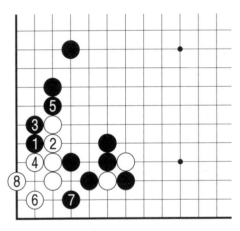

● 그림2(변화)

흑❶로 치중하면 백은 ②로
잇는 정도이다. 계속해서 흑
❸으로 연결하고 이하 백⑧까
지 일단락인데, 흑이 선수로
많은 이득을 거둔 모습이다.

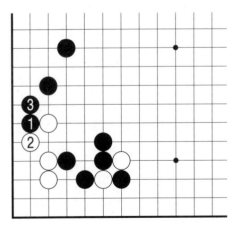

● 그림3(실패)

흑❶로 붙이는 것은 좋지 않
다. 백②, 흑❸ 이후 백은
손을 빼서 큰 곳에 선행하게
된다.

공격 방법

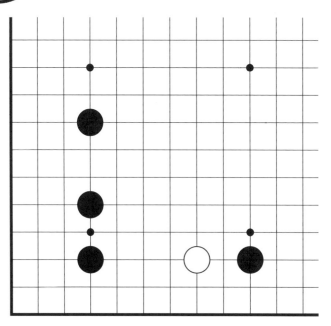

백 한 점에 대한 공격 방법을 묻는 문제이다. 흑은 이와 같은 경우 어떻게 행마하는 것이 최선일까?

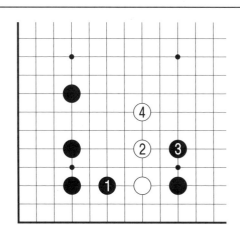

[참고도]

흑❶로 다가서는 것은 너무 간격이 좁다. 백②, ④면 흑의 추격권에서 벗어난 모습.

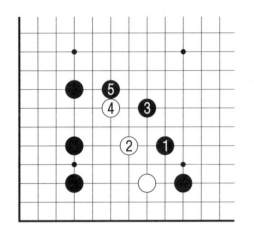

🔘 그림1(정답)

흑❶로 날일자해서 공격하는 것이 최선이다. 백②에는 재차 흑❸으로 공격하는 것이 요령으로 백④, 흑❺까지 백이 곤란한 모습이다.

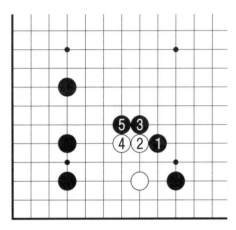

🔘 그림2(변화)

흑❶ 때 백②로 붙인다면 흑❸으로 젖힌 후 ❺에 막아서 백이 곤란하다.

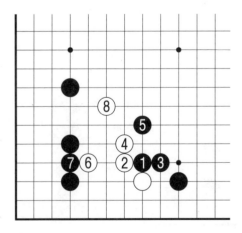

🔘 그림3(실패)

흑❶로 붙이는 것은 다소 미흡한 공격법이다. 백은 ②로 젖힌 후 이하 ⑧까지 수습이 가능한 모습이다.

연결 방법

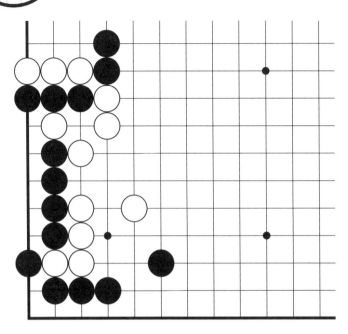

연결 방법을 묻는 문제이다. 자신의 약점을 고려한 다음 한 수는?

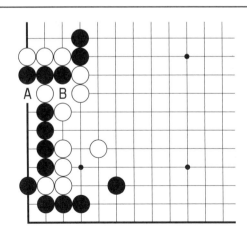

[참고도]

흑A로 단수쳤을 때 백이 B에 잇는다고 속단해서는 안 된다.

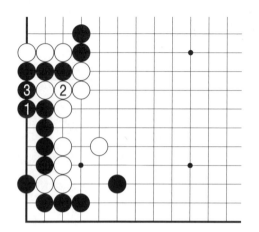

🔵 그림1(정답)

흑❶로 내려서는 것이 침착
한 수이다. 백②에는 흑❸
으로 넘어서 아무런 이상이
없다.

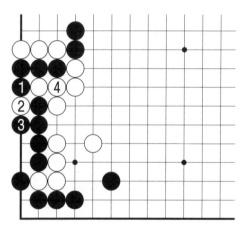

🔵 그림2(실패)

흑❶로 단수치는 것은 백②
로 먹여치는 것이 호착이 된
다. 흑❸ 때 백④로 단수치
면 흑은 연단수 형태가 된다.
계속해서…

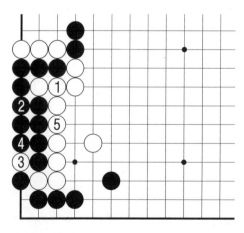

🔵 그림3(실패 계속)

앞그림에 계속해서 백①로
단수친 후 이하 ⑤까지 공
격하면 흑 전체가 잡힌 모습
이다.

연결의 맥점

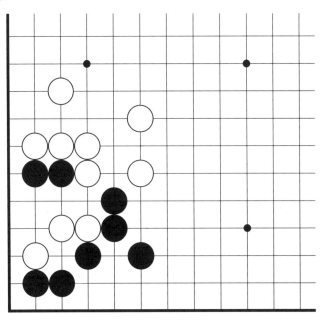

얼핏 흑 두 점은 도저히 살 수 없을 것처럼 보이지만 절묘한
연결의 맥점이 있다.

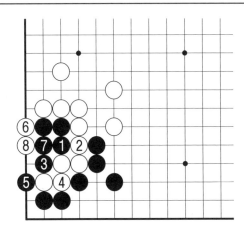

[참고도]

흑❶, 백②를 교환
한 후 ❸으로 호구치
는 것은 대악수. 백
④로 이은 후 이하
⑧까지 공략하면 흑
죽음이다.

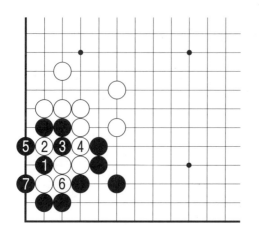

🔵 그림1(정답)

흑❶로 껴붙이는 것이 절묘
한 연결의 급소이다. 백②로
단수친다면 흑❸ 이하 ❼까
지 무사히 연결할 수 있다.

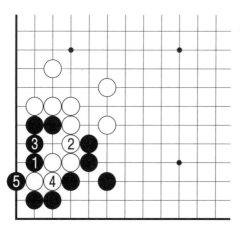

🔵 그림2(변화)

흑❶에는 백②로 잇는 정도
이다. 계속해서 흑❸으로
잇고 이하 흑❺까지 일단락
이다.

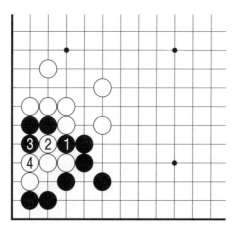

🔵 그림3(실패)

흑❶로 끊는 것은 백②로 끊
겨서 그만이다. 흑❸, 백④
까지 흑 죽음.

약점을 활용

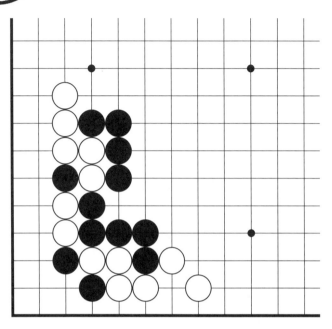

상대의 약점을 활용해서 귀에서 수단을 부리는 문제이다. 흑은
어떻게 처리하는 것이 최선일까?

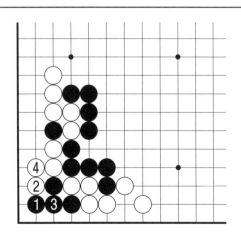

[참고도]

흑❶로 호구치는 것
은 백②로 단수친 후
④에 이어서 흑이 살
수 없는 형태이다.

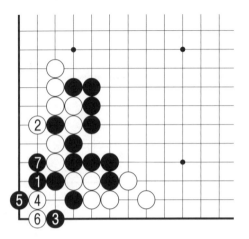

🔵 그림1(정답)

흑❶로 내려서는 것이 정답이다. 백②로 따낼 수밖에 없을 때, 이하 흑❼까지 처리하면 삶에 지장 없다.

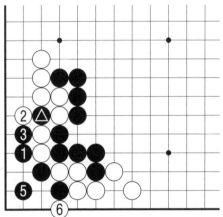

🔵 그림2(실패)

흑❶, ❸을 선수한 후 ❺에 호구치는 것은 백⑥으로 단수치는 반격이 기다리고 있다. 계속해서…

(백④…흑▲)

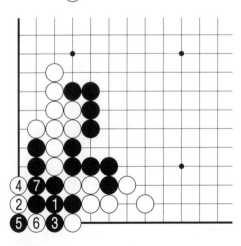

🔵 그림3(실패 계속)

앞그림에 계속해서 흑❶로 잇는다면 백②의 치중이 급소 일격. 이하 흑❼까지 패를 피할 수 없는 모습이다.

연결의 급소

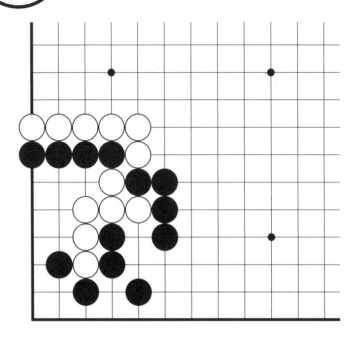

자충을 고려해서 흑 넉 점을 귀와 연결시키고 싶다. 연결의 급소는?

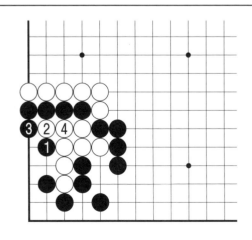

[참고도]

흑❶로 붙이는 것은 백②로 끼워서 알기 쉽게 흑 죽음이다.

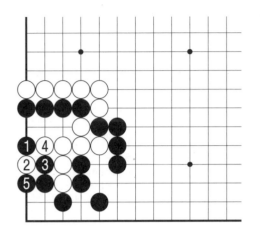

그림1(정답)

흑❶로 1선에 한 칸 뛰는 것
이 급소이다. 백②에는 흑❸
으로 단수쳐서 그만이다.

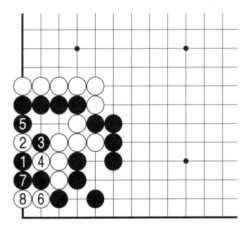

그림2(실패1)

흑❶로 연결을 도모하는 것
은 백②의 호착이 준비되어
있다. 이하 백⑧까지 연결이
불가능한 모습.

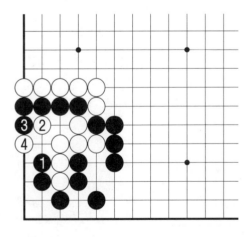

그림3(실패2)

흑❶로 두는 수 역시 백②,
④로 공격하면 흑이 잡히고
만다.

귀의 특수성

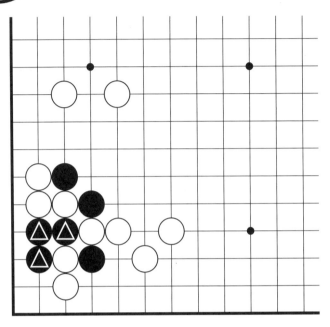

흑▲ 석 점은 죽은 돌이 아니다. 귀의 특수성을 활용하면 멋지게 생환하는 수가 있다.

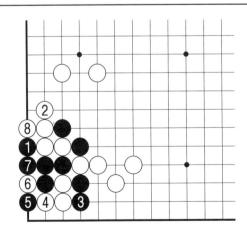

[참고도]

흑❶로 젖혀서 백②로 뻗게 하는 것은 대악수이다. 흑❸으로 내려서서 공격해도 이하 백⑧까지의 진행이면 흑 죽음이다.

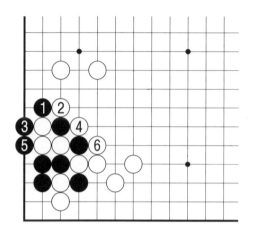

🔵 그림1(정답)

흑❶로 젖힌 후 이하 백⑥까지 교환해 두는 것이 긴요한 선수 활용이다. 계속해서…

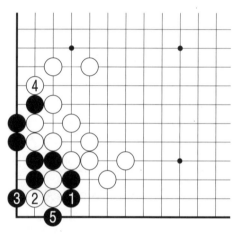

🔵 그림2(정답 계속)

앞그림에 계속해서 흑❶로 막은 후 이하 ❺까지 처리하면 삶에 지장 없는 모습이다.

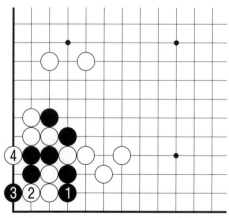

🔵 그림3(실패)

단순히 흑❶로 막는 것은 백②, ④에 의해 간단히 잡히고 만다.

효과적인 응수법

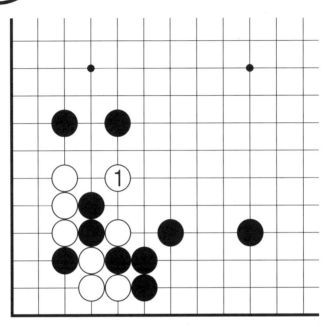

백①로 씌운 장면이다. 흑은 어떤 요령으로 응수하는 것이 최선일까?

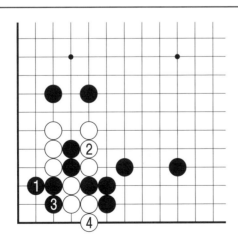

[참고도]

흑❶로 뻗는 것은 백②로 단수쳐서 알기 쉽게 흑 죽음이다. 흑❸ 때 백④의 내려섬이 호착이다.

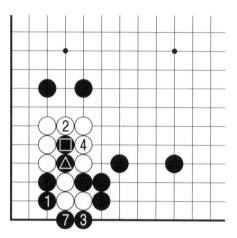

흑❶로 움직일 곳이다. 백②
에는 흑❸ 이하 ❼까지 처리
하는 것이 요령이다. 백 전체
가 두 집이 없는 만큼 흑이
절대 유리하다.

(흑❺…흑▲, 백⑥…흑■)

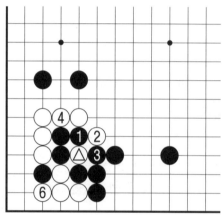

○ 그림2(실패1)

흑❶로 단수치는 것은 백
②, ④의 선수 활용이 쓰라
리다. 흑❺를 기다려 백⑥
으로 단수치면 흑이 심하게
당한 모습.

(흑❺…백△)

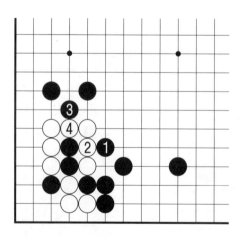

○ 그림3(실패2)

흑❶, ❸을 선수하는 것은
전형적인 속수의 표본이다.
정답과는 엄청난 차이이다.

능률적인 행마법

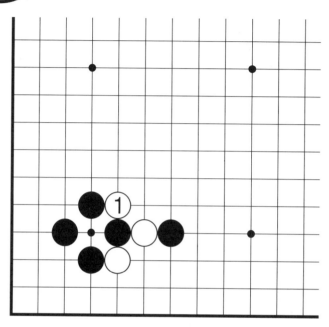

백①로 단수친 장면이다. 흑은 어떤 요령으로 처리하는 것이 최선일까?

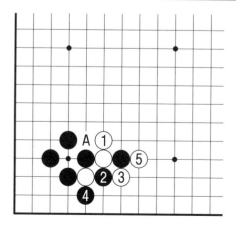

[참고도]

문제도에서 백A로 단수친 수로는 단순히 ①로 뻗는 것이 정수이다. 흑❷, ❹에는 이하 백⑤까지 흑 한 점을 축으로 잡을 수 있다.

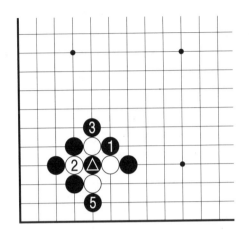

🟢 그림1(정답)

흑❶로 맞끊는 것이 좋은 행마법이다. 백②로 따낸다면 흑❸, ❺로 단수쳐서 축이 된다.

(백④…흑▲)

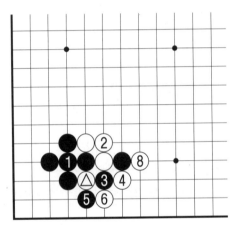

🟢 그림2(실패1)

흑❶로 잇는 것은 대악수. 백②로 이은 후 이하 ⑧까지 흑 한 점이 축으로 잡혀서는 손해가 크다.

(흑❼…백△)

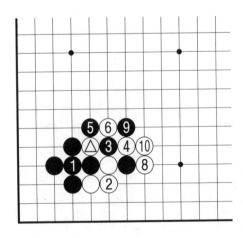

🟢 그림3(실패2)

흑❶로 이었을 때 백은 ②로 잇는 수도 가능하다. 이하 백⑩까지 예상되는 진행인데 백으로선 충분한 모습이다.

(흑❼…백△)

강력한 대응

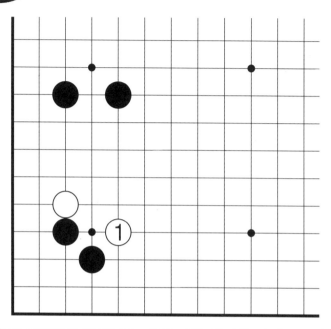

백①로 날일자한 장면이다. 흑은 가장 강력한 방법으로 맞서고 싶은데, 어떻게 두는 것이 최선일까?

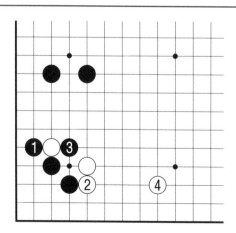

[참고도]

흑❶로 젖히는 것은 백②로 변화할 가능성이 높다. 흑❸이라면 백④로 벌려서 흑은 별로 얻은 것이 없다.

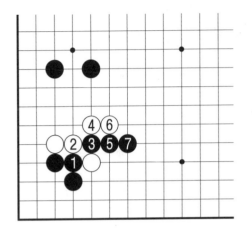

● 그림1(정답)

흑❶, ❸으로 나가서 끊는 것이 강수이다. 이하 흑❼까지 백이 괴로운 모습이다.

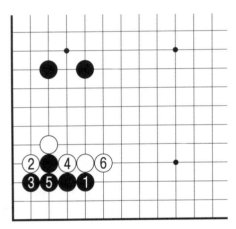

● 그림2(실패1)

흑❶로 받는 것은 백② 이하 ⑥까지 수습의 리듬을 허용하므로 흑이 좋지 않다.

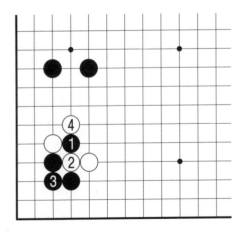

● 그림3(실패2)

흑❶로 건너 붙여 절단하는 것은 백②, ④까지 축으로 잡히고 만다.

현명한 처리

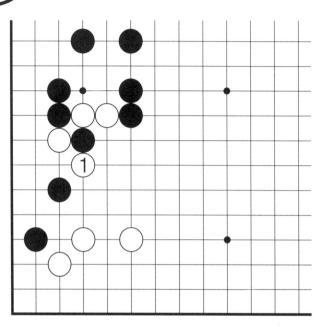

백①로 단수친 장면이다. 흑은 어떤 방법으로 처리하는 것이
가장 현명할까?

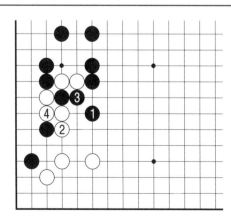

[참고도]

흑❶로 한 칸 뛰는 것
은 백②, ④에 의해
흑 두 점이 백의 수중
에 들어가고 만다.

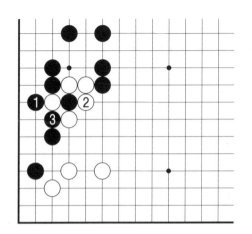

🔵 그림1(정답)

흑❶로 단수칠 곳이다. 백②
에는 흑❸으로 넘는 것이 긴
요하다.

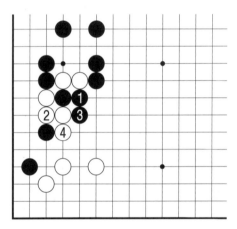

🔵 그림2(실패1)

흑❶로 움직이는 것은 백②,
④까지 실리의 손실이 크다.

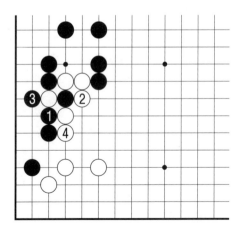

🔵 그림3(변화)

흑은 ❶로 끊는 수도 가능하
다. 백②에는 흑❸으로 넘어
서 **그림1**과 동일한 결과이다.

양쪽을 처리

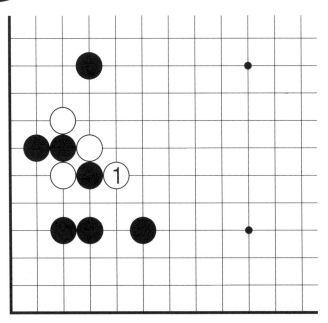

백①로 단수친 장면이다. 흑은 양쪽을 모두 처리하고 싶은데, 어떤 요령으로 처리하는 것이 최선일까?

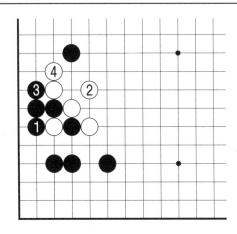

[참고도]

흑❶로 단수치는 것은 너무 넘는 것에 연연한 수. 백②, ④로 형태를 정비하고 나면 흑의 실패이다.

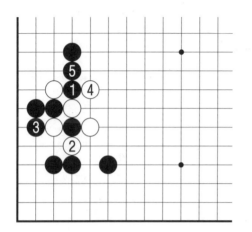

🔵 그림1(정답)

흑❶로 단수칠 곳이다. 백②
로 따낸다면 흑❸으로 넘어
서 양쪽을 모두 수습할 수
있다.

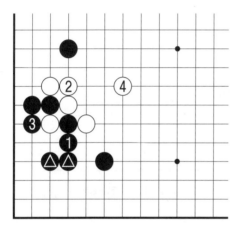

🔵 그림2(실패1)

흑❶로 뻗는 것은 좋지 않다.
이하 백④까지의 진행을 예
상할 때 흑▲ 두 점이 쓸모
없는 돌이 되고 말았다.

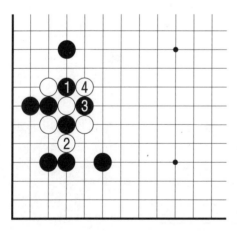

🔵 그림3(실패2)

흑❶, 백② 때 흑❸으로 단
수치는 것은 너무 기백이 지
나친 수. 백④로 맞끊으면 흑
의 부담스런 패가 된다.

상용의 맥점

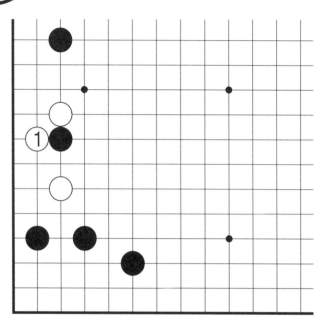

백①로 젖힌 장면이다. 흑은 이 경우 상용의 맥점이 있는데, 어떻게 두는 것이 최선일까?

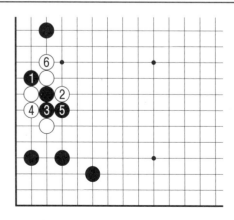

[참고도]

흑❶로 젖히는 것은 백②, ④로 단수치는 것이 좋은 수순이 된다. 흑❺ 때 백⑥으로 뻗으면 백의 대성공.

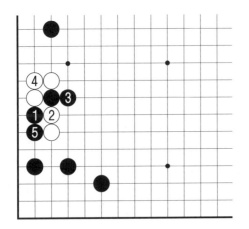

● 그림1(정답)

흑❶로 젖힐 곳이다. 백②로
단수친 후 ④에 잇는다면
흑❺로 넘어서 백을 곤경에
빠뜨릴 수 있다.

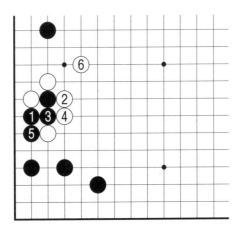

● 그림2(변화)

흑❶로 젖혔을 때 백②로 단
수친 후 ④에 둔다면 흑❺로
넘어서 선수로 이득을 취할
수 있다.

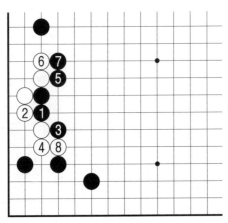

● 그림3(실패)

흑❶로 두는 것은 백②로 넘
게 해서 실패이다. 이하 백⑧
까지 흑의 실패.

공격에 대한 대응

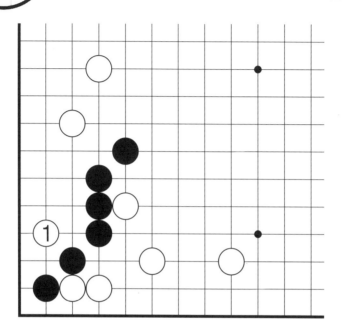

백①로 들여다본 장면이다. 백①은 흑의 근거를 박탈해서 전체를 공격하겠다는 속셈. 흑은 어떻게 두는 것이 최선일까?

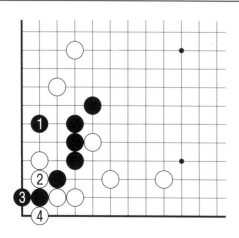

[참고도]

흑❶로 한 칸 뛰는 것은 백②로 끊겨서 흑의 파탄이다. 백④까지 흑 죽음.

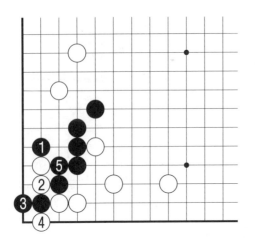

흑❶로 붙일 곳이다. 백②로 끊는다면 흑❸이 호착. 백④ 때 흑❺로 끊으면 백 두 점을 잡을 수 있다.

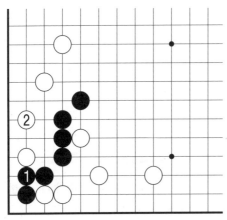

흑❶로 잇는 것은 백②로 넘 게 해서 흑 전체가 미생마가 된다.

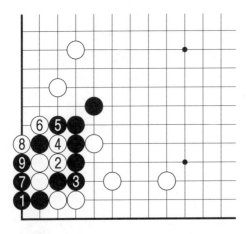

그림1의 수순 중 흑❶로 뻗 었을 때 백이 ②로 단수친 후 ④에 둔다면 이하 흑❾까지 연단수의 형태를 유도해서 그만이다.

싱거움을 피해서

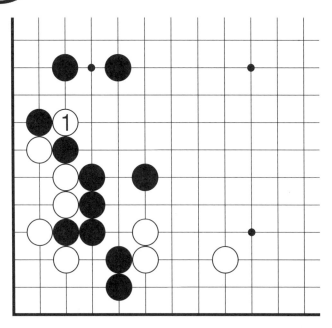

백①로 단수친 장면이다. 단순히 잇는 것은 너무 싱겁다. 가장 적절한 응수법은?

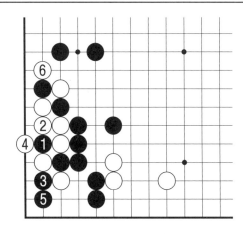

[참고도]

흑❶로 끊은 후 ❸으로 단수치면 귀의 백한 점을 잡을 수 있다. 그러나 이하 백⑥까지 손해가 크다.

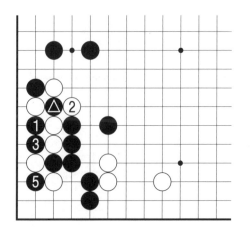

● 그림1(정답)

흑❶로 단수칠 곳이다. 백②로 따낼 수밖에 없을 때 이하 흑❺까지 공략하면 상당한 이득을 거둘 수 있다.
(백④…흑▲)

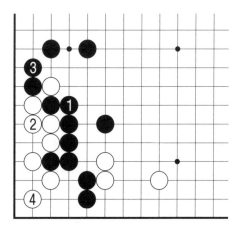

● 그림2(실패1)

흑❶로 잇는 것은 생각이 부족한 수이다. 백②, ④면 귀에서 크게 살게 된다.

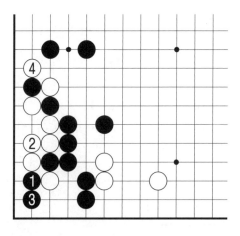

● 그림3(실패2)

흑❶로 끊는 수 역시 찬성할 수 없다. 백②, ④까지의 진행이면 **그림1**과는 달리 백의 완생이다.

튼튼한 모양 구축

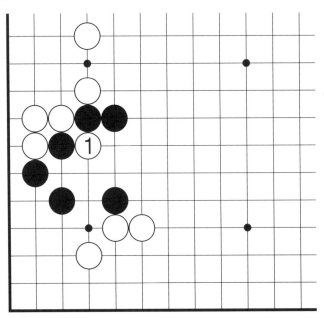

백①로 단수친 장면이다. 흑은 어떤 방법으로 형태를 정비하는 것이 최선일까?

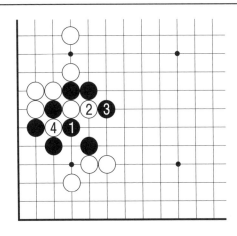

[참고도]

흑❶로 단수친 것은 백이 따내 주기를 기대한 것이지만 백은 ②로 한 번 나간 후 ④로 따낼 것이다. 이후 흑은 패에 질 경우 약점이 남는다.

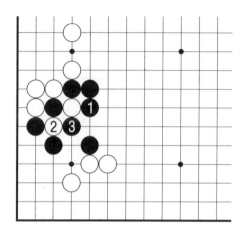

● 그림1(정답)

흑❶로 단수칠 곳이다. 백②로 따낸다면 흑❸으로 단수쳐서 튼튼한 모양을 구축할 수 있다.

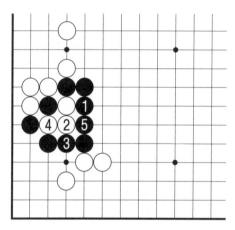

● 그림2(변화)

흑❶ 때 백②로 뻗는 것은 흑❸이 호착. 백④ 때 흑❺로 단수치면 튼튼한 외세를 구축할 수 있다.

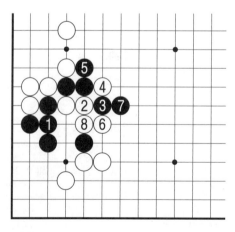

● 그림3(실패)

흑❶로 잇는 것은 전형적인 속수의 표본이다. 백② 이하 ⑧까지 움직이고 나면 흑이 매우 곤란한 모습이다.

잡는 방법

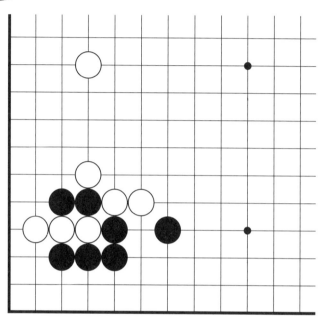

흑이 백 석 점을 잡는 것은 간단하다. 그러나 어떤 방법으로 잡느냐에 따라 결과가 판이하게 나타난다.

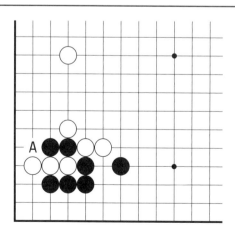

[참고도]

단순히 A에 두면 백 석 점을 잡을 수는 있다. 그러나 이것은 정답이 아니다.

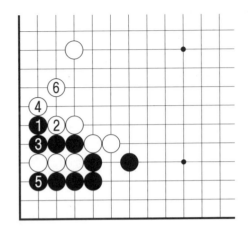

● 그림1(정답)

흑❶로 입구자해서 잡는 것
이 정수이다. 백②이하 ⑥
까지의 진행이면 흑이 선수
이다.

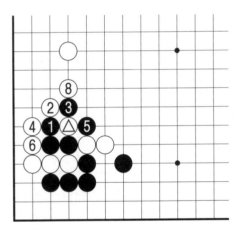

● 그림2(실패1)

흑❶로 두는 것은 백②로 젖
히는 것이 호착이라 흑이 좋
지 않다. 이하 백⑧까지 흑이
도리어 공격 받는 모습이다.
(흑❼…백△)

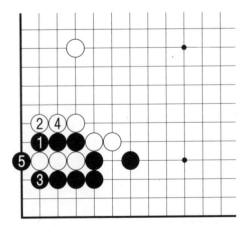

● 그림3(실패2)

흑❶로 두어도 백 석 점은 잡
을 수 있다. 그러나 흑❺까지
의 진행이면 정답과 달리 흑
의 후수이다.

사석으로 활용

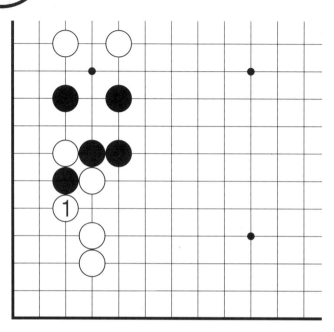

백①로 단수친 장면이다. 흑 한 점은 도저히 살릴 수 없는 모습.
그러나 한 점을 사석으로 활용하면 멋지게 형태를 정비할 수 있다.

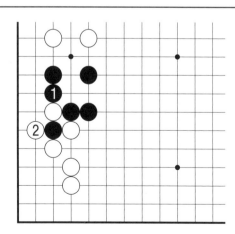

[참고도]

흑❶로 단수쳐서 백
②로 따내게 하는 것
은 묘미가 없다. 흑은
더욱 능률적인 수단
을 찾아야 한다.

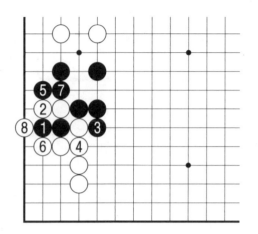

🔵 그림1(정답)

흑❶로 키워 죽이는 것이 올바른 행마법이다. 백② 때 흑❸이 기분 좋은 선수 활용으로 이하 백⑧까지 선수로 형태를 정비할 수 있다.

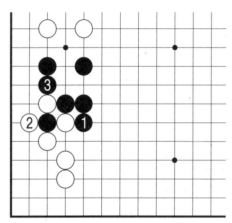

🔵 그림2(실패)

곧장 흑❶로 단수치는 것은 의문수. 백②, 흑❸까지 흑은 후수를 감수해야 한다.

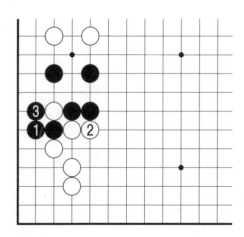

🔵 그림3(변화)

흑❶ 때 백②로 변화한다면 흑❸으로 단수쳐서 손쉽게 안정할 수 있다.

정비 방법

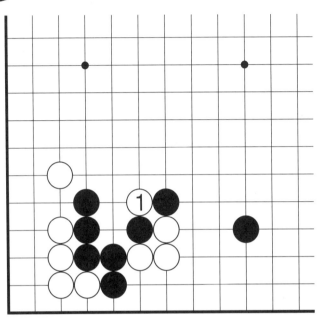

백①로 단수친 장면이다. 흑은 어떤 방법으로 형태를 정비하는
것이 최선일까?

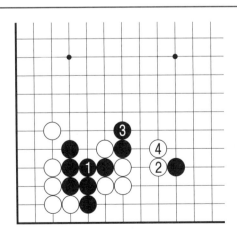

[참고도]

흑❶로 잇는 것은 빈
삼각의 우형. 백②로
붙인 후 흑❸ 때 백
④로 올라서면 백의
성공이다.

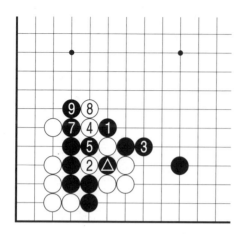

🔵 그림1(정답)

흑❶로 단수칠 곳이다. 백②
로 따낸다면 흑❸이 침착한
수로 백④ 때 흑❺ 이하 ❾까
지 처리해서 대만족이다.
(백⑥…흑△)

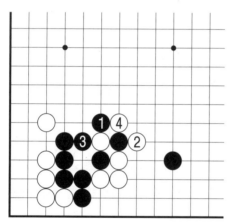

🔵 그림2(변화)

흑❶ 때 백②로 단수친다면
흑❸으로 따내서 충분하다.

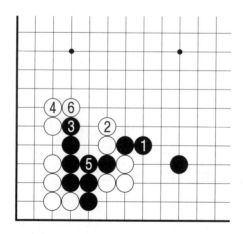

🔵 그림3(실패)

단순히 흑❶로 뻗는 것은 백
②로 두는 것이 호착이 된다.
흑❸ 이하 백⑥까지 흑이 불
만족스런 모습.

적절한 사석 활용

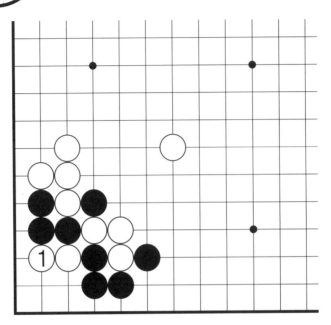

백①로 막은 장면이다. 백①로 인해 흑 석 점은 도저히 살릴 수 없는 모습. 그렇다면 흑은 적절하게 사석으로 활용하는 방법을 모색해야 한다.

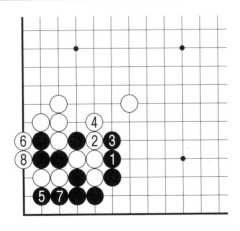

[참고도]

흑❶, ❸을 선수한 후 이하 백⑧까지 결정짓는 것은 가장 쉽게 떠올릴 수 있는 수단. 그러나 이 형태는 흑이 약간 불만이다.

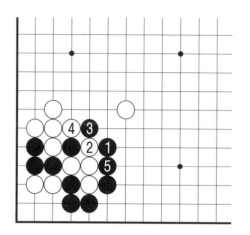

🔵 그림1(정답)

흑❶로 씌우는 것이 좋은 행마법이다. 백②로 단수친다면 흑❸, ❺가 기분 좋은 선수 활용이다. 계속해서…

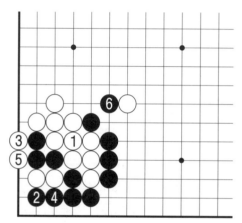

🔵 그림2(정답 계속)

앞그림에 계속해서 백①로 이을 수밖에 없을 때 이하 흑❻까지 처리하면 흑의 사석전법이 대성공을 거둔 모습이다.

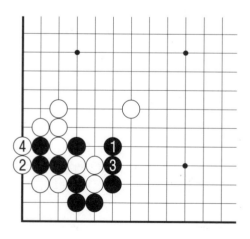

🔵 그림3(변화)

흑❶로 씌우면 백은 ②로 단수치는 정도이다. 흑은 ❸으로 단수쳐서 선수로 형태를 결정지을 수 있다.

형태를 결정

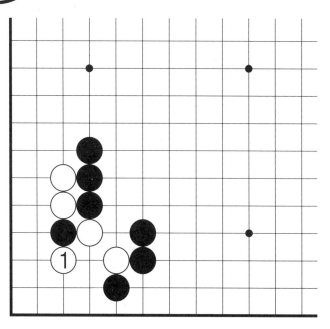

백①로 단수친 장면이다. 흑은 어떤 방법으로 형태를 결정짓는 것이 최선의 방법일까?

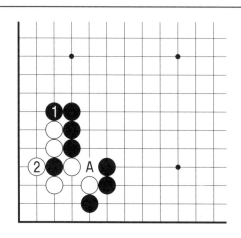

[참고도]

흑❶로 막는 것은 백 ②로 따내게 해서 실패이다. 이후 흑은 A 의 약점이 부담이다.

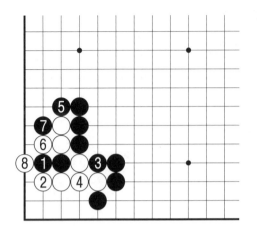

🔵 그림1(정답)

흑❶로 키워 죽이는 것이 좋은 행마법이다. 백②로 막을 수밖에 없을 때 흑❸이 기분 좋은 선수 활용. 백④ 때 흑❺ 이하 백⑧까지 선수하면 흑이 성공을 거둔 모습이다.

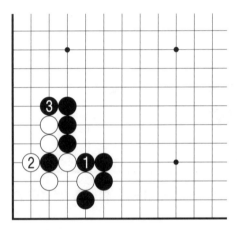

🔵 그림2(실패1)

단순히 흑❶로 단수치는 것은 백②로 따내는 것이 호착이 된다. 흑은 ❸으로 막는 형태가 후수이다.

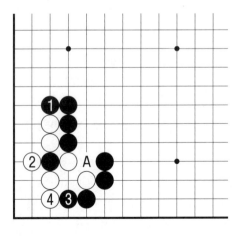

🔵 그림3(실패2)

흑❶로 막는 수 역시 미흡하다. 백②, 흑❸ 이후 흑A의 단수가 선수로 듣지 않는 것이 흑으로선 불만이다.

형태를 정비하는 요령

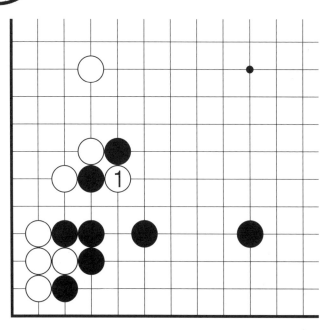

백①로 단수친 장면이다. 흑은 이 경우 어떤 요령으로 형태를 정비하는 것이 최선일까?

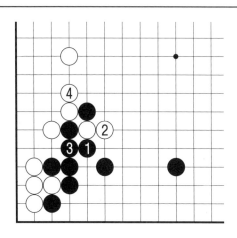

[참고도]

흑❶로 단수치는 것은 백②로 뻗게 해서 실패. 이후 흑은 ❸으로 이을 수밖에 없는데 빈삼각의 우형이다.

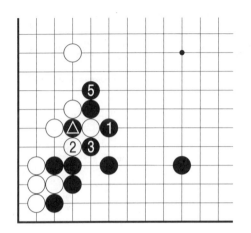

🔵 그림1(정답)

흑❶로 맞단수치는 것이 좋은 행마법이다. 백②로 따낼 수밖에 없을 때 흑❸을 선수한 후 ❺로 뻗으면 흑의 세력이 두텁다.

(백④…흑▲)

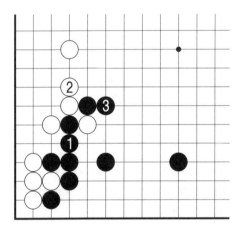

🔵 그림2(실패)

단순히 흑❶로 뻗는 것은 미흡하다. 백은 ②로 뻗는 것이 침착한 응수법으로 흑❸으로 보강하기까지 **앞그림**에 비해 흑이 약간 불리하다.

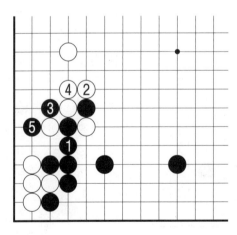

🔵 그림3(변화)

흑❶ 때 백②로 단수치는 것은 이 경우 좋지 않다. 흑❸, ❺면 백은 손해를 자초한 모습이다.

반격을 고려한 공격

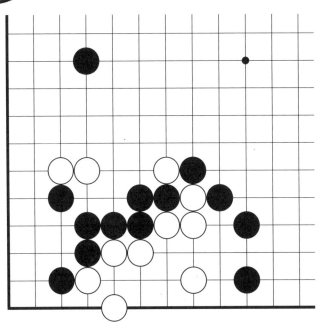

흑의 공격 방법을 묻는 문제이다. 백의 반발을 고려한 최선의 행
마법은?

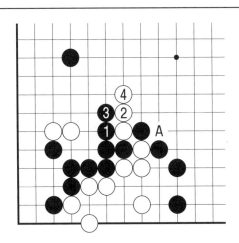

[참고도]

흑**①**, **③**으로 단수치
고 나가는 것은 의문
이다. 백**④**로 뻗는
순간 A의 약점이 부
각된다.

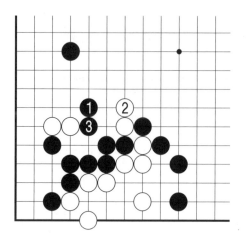

🔘 그림1(정답)

흑❶로 두는 것이 행마법이다. 백②로 보강한다면 흑❸으로 연결해서 아래쪽 백 두 점을 포획할 수 있다.

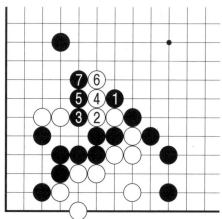

🔘 그림2(변화)

얼핏 흑❶로 단수치는 것이 정답처럼 보인다. 백②로 달아난다면 이하 흑❼까지 돌파해서 흑이 더욱 유리한 모습. 그러나…

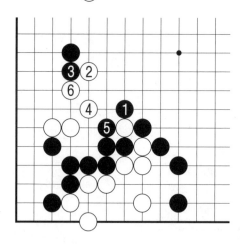

🔘 그림3(실패)

흑❶로 단수쳤을 때 백은 ②로 변화하는 수가 성립한다. 흑❸에는 백④가 호착. 흑❺ 때 백⑥으로 호구치면 흑의 공격이 실패로 돌아간 모습이다.

사석으로 처리

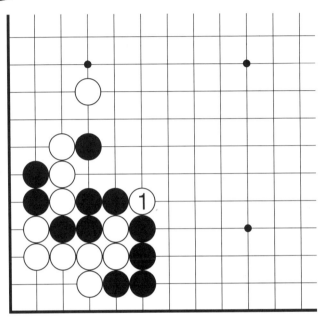

백①로 끊은 장면이다. 흑은 어떤 요령으로 형태를 정비하는 것이 최선일까?

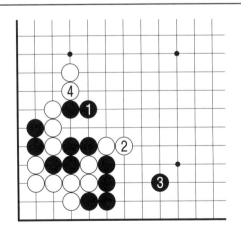

[참고도]

흑❶의 쌍립은 형태에 얽매인 수. 백②로 뻗은 후 ④에 보강하면 흑 불만.

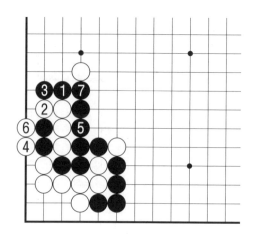

🔵 그림1(정답)

흑❶로 젖히는 것이 정답이다. 백②에는 흑❸ 이하 ❼까지 흑 두 점을 사석으로 처리해서 충분한 모습이다.

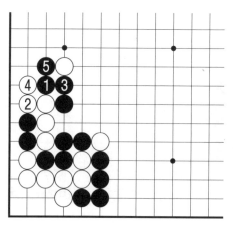

🔵 그림2(실패)

흑❶, 백② 때 흑❸으로 잇는 것은 의문이다. 백④ 때 흑❺로 충분한 것 같지만…

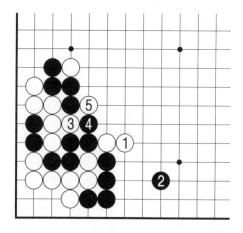

🔵 그림3(실패 계속)

앞그림에 계속해서 백①로 뻗은 후 흑❷ 때 백③, ⑤로 절단하면 흑이 곤란한 모습이다.

약점을 이용한 행마법

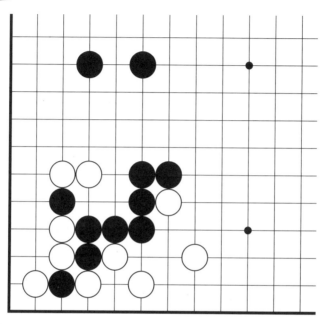

상대의 약점을 이용해서 이득을 취하는 문제이다. 어떻게 행마
하는 것이 최선일까?

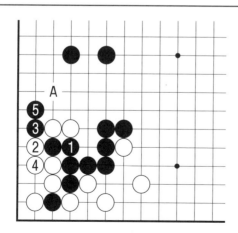

[참고도]

흑❶로 잇는 것은 백
②로 넘는다. 이후
흑❸으로 끊은 후 ❺
에 뻗는 것이 요령이
지만 장차 A의 뒷맛
이 남는다.

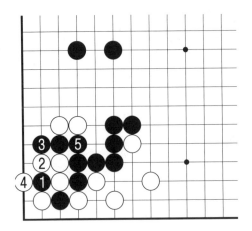

● 그림1(정답)

흑❶로 끊는 것이 정답이다.
백②에는 흑❸ 이하 ❺까지
처리해서 대만족이다.

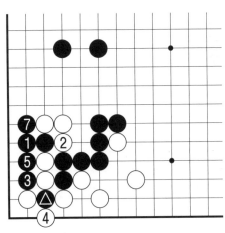

● 그림2(실패)

단순히 흑❶로 내려서는 것
은 백②로 끊는 수가 성립한
다. 흑❸, ❺를 선수한 후 ❼
로 두어 유리한 것 같지만…
(백⑥…흑▲)

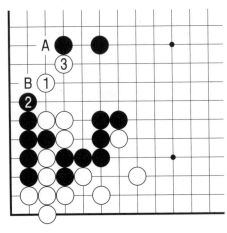

● 그림3(실패 계속)

앞그림에 계속해서 백은 ①
로 한 칸 뛰는 것이 호착이
다. 흑❷에는 백③이 연이은
호착으로 A와 B를 맞보기로
해서 백이 유리한 모습이다.

최선의 행마법

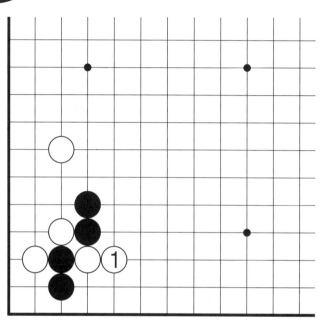

백①로 뻗은 장면이다. 흑은 어떤 요령으로 형태를 정비하는 것이 최선일까?

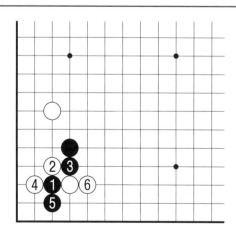

[참고도]

흑❶로 붙이고 백②, 흑❸까지는 정석에 있는 수순. 그런데 백④로 단수친 후 ⑥으로 뻗은 수가 함정수의 일종이다.

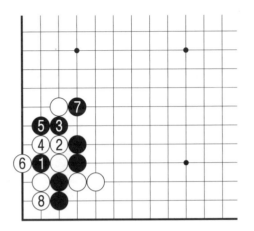

● 그림1(정답)

흑❶로 단수치는 것이 정답이다. 백②때 흑❸이하 ❼까지 돌파하면 이 결과는 흑이 우세하다. 만약 백⑧을 생략하면…

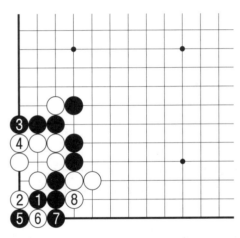

● 그림2(변화)

흑❶로 두는 수가 성립한다. 백②, ④에는 흑❺가 묘수로 이하 흑❾까지 큰 패가 된다. (흑❾…흑❺)

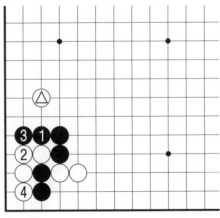

● 그림3(실패)

흑❶로 단수친 후 백②때 흑❸으로 두는 것은 약간 미흡하다. 무엇보다 백△한 점을 뚜렷하게 제압하지 못했다는 것이 불만이다.

형태를 정비하는 방법

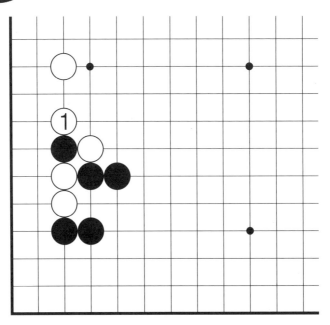

백①로 단수친 장면이다. 흑은 어떤 방법으로 형태를 정비하는 것이 최선일까?

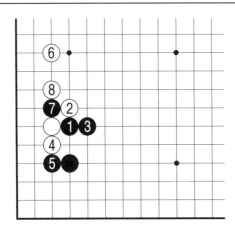

[참고도]

흑❶로 붙이고 백②이하 ⑥까지는 정석에 있는 수순. 계속해서 흑❼로 끊고 백⑧로 단수쳐서 **문제도**가 이루어졌다.

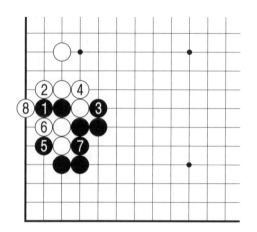

🔵 그림1(정답)

흑❶로 키워 죽이는 것이 좋은 행마법이다. 백②로 잡을 수밖에 없을 때 이하 백⑧까지 흑 두 점을 사석 처리하면 흑이 성공이다.

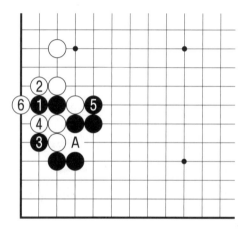

⚫ 그림2(실패1)

흑❶, 백② 때 흑❸을 서두르는 것은 수순 착오. 흑❺ 때 백⑥으로 따내고 나면 흑은 A의 약점이 부담으로 남는다.

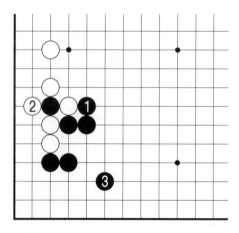

⚫ 그림3(실패2)

흑❶로 단수치는 수 역시 좋지 않다. 백②로 따내고 나면 큰 활용을 하지 못한 모습. 흑❸으로 지켜야 하는 만큼 흑의 후수이다.

세력 작전

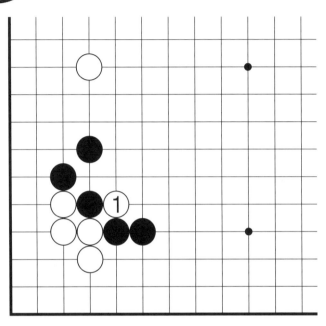

백①로 단수친 장면이다. 흑은 어떤 요령으로 형태를 정비하는
것이 최선일까?

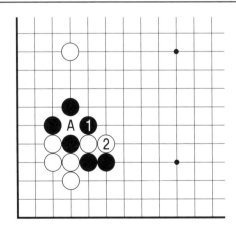

[참고도]

흑❶로 단수쳤을 때
백이 A에 따내면 흑
도 2의 곳에 단수쳐
서 충분하다. 그러나
백은 ②로 나갈 것
이다. 이후는 흑의
파탄.

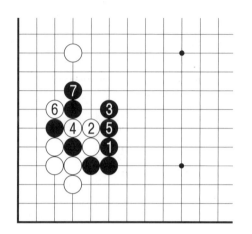

🔵 그림1(정답)

흑❶로 단수치는 것이 정답이다. 백②로 따낼 수밖에 없을 때 이하 흑❼까지 형태를 정비하면 흑의 세력이 두텁다.

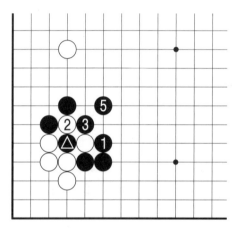

🔵 그림2(변화)

흑❶ 때 백②로 따낸다면 흑❸이 기분 좋은 선수 활용. 백④를 기다려 흑❺로 호구치면 흑이 두텁다.
(백④…흑▲)

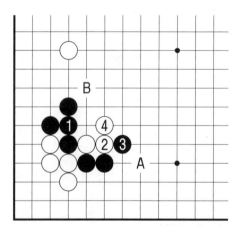

🔵 그림3(실패)

흑❶로 잇는 것은 빈삼각의 우형이라 흑이 좋지 않다. 백은 ②, ④로 둔 후 A와 B를 맞보기로 해서 충분하다.

정석 과정에서

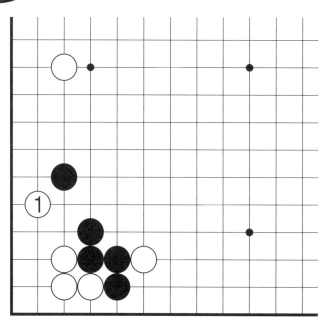

백①로 날일자한 장면이다. 정석 과정에서 흔히 나타나는 형태인데, 흑은 어떻게 두는 것이 최선일까?

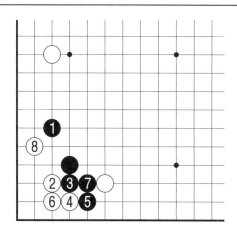

[참고도]

흑❶로 날일자했을 때 백②로 침입하고 이하 백⑧까지의 진행이 **문제도**가 이루어진 경과이다.

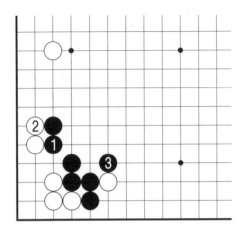

🔵 그림1(정답)

흑❶로 막는 것이 정답이다. 백②로 넘을 수밖에 없을 때 흑❸으로 호구치는 것이 올바른 수순이다.

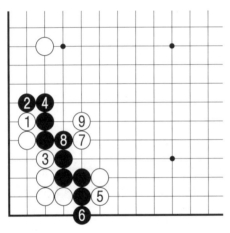

🔵 그림2(실패1)

백① 때 흑❷로 젖히는 것은 욕심이 지나친 수이다. 백은 ③으로 치받은 후 이하 ⑨까지 전체를 공격해서 충분하다.

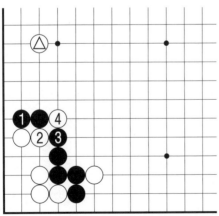

🔵 그림3(실패2)

곧장 흑❶로 막는 것은 최악의 선택. 백②, ④로 끊기고 나면 백△ 한 점이 대기하고 있는 만큼 흑이 불리한 싸움이다.

수습 방법

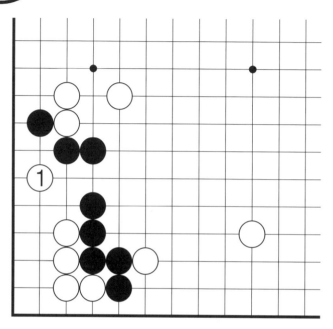

백①로 들여다본 장면이다. 이와 같은 형태에서 흑은 어떤 요령으로 형태를 정비하는 것이 최선일까?

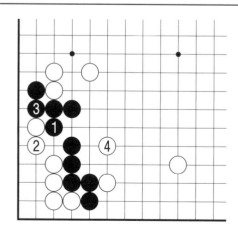

[참고도]

흑❶로 막는 것은 백② 때 흑❸으로 보강해야 하는 것이 쓰라리다. 백④로 한 칸 뛰면 전체 흑이 공격받는다.

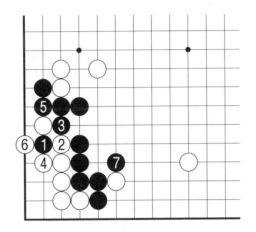

흑❶로 건너 붙이는 것이 좋은 수이다. 백②때 흑❸이 좋은 수로 흑❺를 선수로 둘 수 있다. 백⑥으로 기다려 흑❼로 호구치면 흑은 수습된 모습이다.

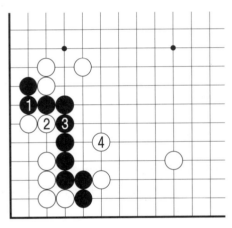

흑❶로 잇는 것은 전형적인 속수이다. 백②, 흑❸을 선수한 후 백④로 한 칸 뛰면 전체 흑이 공격 받게 된다.

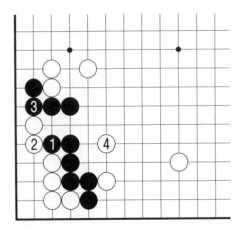

흑❶, 백②를 선수한 후 ❸으로 잇는 수 역시 악수. 백④로 한 칸 뛰고 나면 **앞그림**과 대동소이한 결말이다.

전체를 공격

문제 59

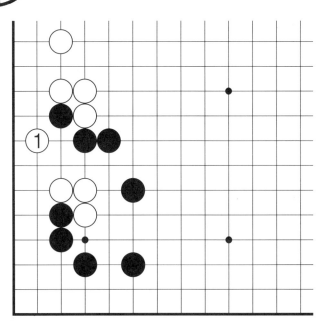

백①로 들여다본 장면이다. 백①은 상대의 약점을 이용해서 건너겠다는 뜻인데, 흑은 어떻게 두는 것이 최선일까?

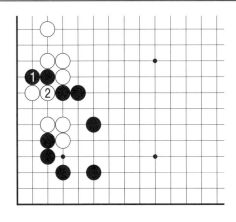

[참고도]

흑❶로 뻗는 것은 백②로 끊겨서 흑이 좋지 않다.

중급 행마 373

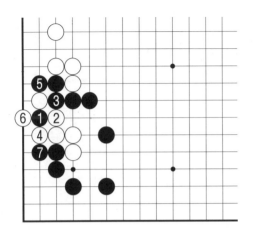

🔵 그림1(정답)

흑❶로 건너 붙이는 것이
좋은 행마법이다. 백② 때
흑❸으로 이은 후 이하 ❼
까지 처리하면 백 전체가 두
집이 없다.

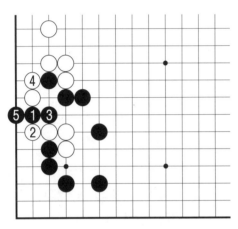

🔵 그림2(변화)

흑❶ 때 백②로 변화를 구한
다면 흑❸, ❶이 침착한 수
이다. 백④를 기다려 흑❺로
내려서면 백은 차단된 모습
이다.

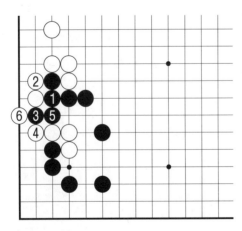

🔵 그림3(실패)

흑❶로 잇는 것은 생각이 부
족한 수이다. 백②로 연결하
면 이하 ⑥까지 쉽게 수습된
모습이다.

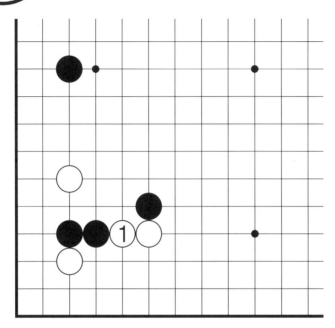

백①로 치받은 장면이다. 백의 양걸침에서 파생된 형태인데, 이 경우 흑은 어떻게 두는 것이 최선일까?

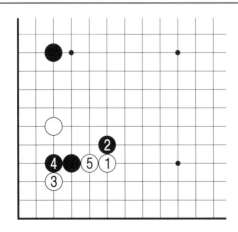

[참고도]

백①로 양걸침했을 때 흑❷로 붙이고 이하 백⑤까지의 진행이 **문제도**의 경과이다.

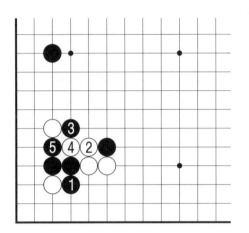

● 그림1(정답)

흑❶로 차단하는 것이 기세의 한 수이다. 백②라면 흑❸, ❺로 절단해서 백을 양곤마로 유도할 수 있다.

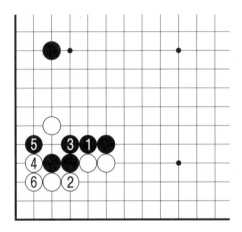

● 그림2(실패1)

흑❶로 두는 것은 기백이 부족한 수이다. 백② 이하 ⑥까지의 진행이면 흑이 많이 당한 모습이다.

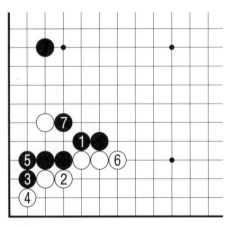

● 그림3(실패2)

흑❶, 백② 때 흑❸으로 젖힌 것은 실리를 중시한 수법. 그러나 이하 흑❼까지 이 역시 흑이 불만족스럽다.

약점을 활용

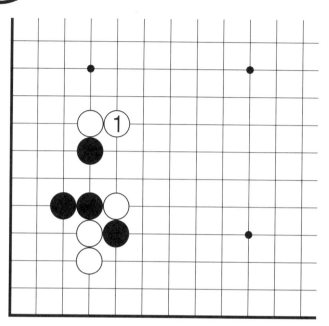

백①로 뻗은 장면이다. 흑은 상대의 약점을 활용해서 좋은 형태를 구축하고 싶은데, 어떻게 처리하는 것이 최선일까?

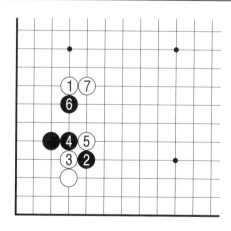

[참고도]

백①로 협공하고 흑
❷ 이하 백⑤까지
진행되었을 때 흑❻
의 붙임은 맥점. 계
속해서 백⑦로 뻗어
서 **문제도**가 이루어
졌다.

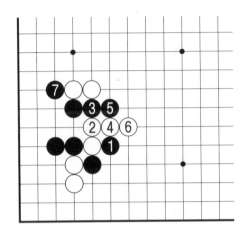

흑❶로 단수치는 것이 좋은 행마법이다. 백②를 기다려 흑❸ 이하 ❼까지 돌파하면 좋은 모양을 구축할 수 있다.

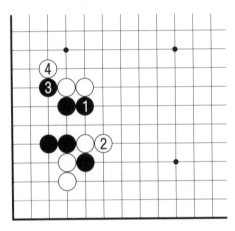

⚫ 그림2(실패1)

단순히 흑❶로 두는 것은 백②로 뻗게 해서 흑의 실패이다. 흑❸, 백④까지 흑이 불리한 결말.

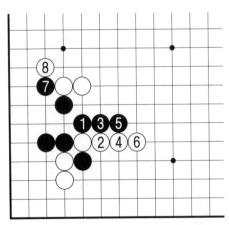

⚫ 그림3(실패2)

흑❶로 단수친 후 ❸, ❺로 돌파하는 것은 전형적인 속수의 표본이다. 흑❼, 백⑧까지 흑이 불리한 결말.

상용의 행마법

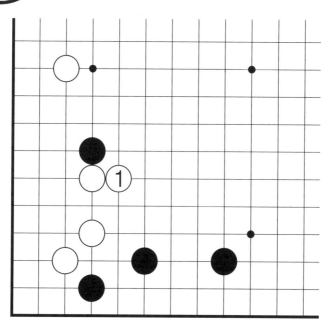

흑이 옆구리에 붙이자 백①로 뻗은 장면이다. 이와 같은 장면에서 사용하는 상용의 행마법이 있다.

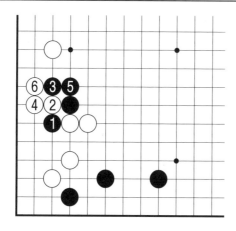

[참고도]

흑❶로 젖히는 것은 백②로 끊겨서 좋지 않다. 흑은 ❸으로 단수친 후 ❺에 잇는 정도인데, 백⑥으로 넘어서 백의 성공이다.

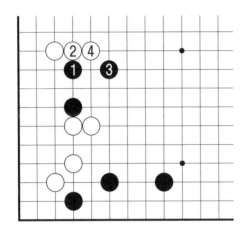

⬤ 그림1(정답)

흑❶로 한 칸 뛰어 어깨 짚는 것이 좋은 행마법이다. 이하 백④까지 손쉽게 형태를 갖출 수 있다.

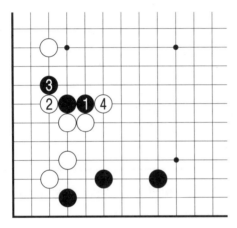

⬤ 그림2(실패1)

흑❶로 미는 것은 너무 무거운 수이다. 백②, 흑❸을 선수한 후 백④로 두점머리를 두드리면 흑이 불리하다.

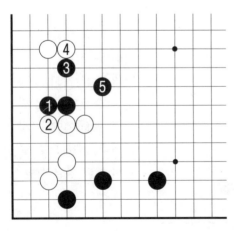

⬤ 그림3(실패2)

흑❶로 내려서는 수 역시 수습의 행마로는 부적절하다. 백④, 흑❺까지 정답에 비해 흑이 약간 불만족스럽다.

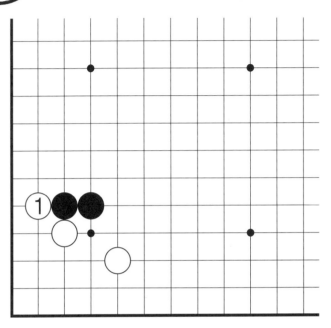

백①로 젖힌 장면이다. 백①은 실상은 악수인데, 흑은 어떻게
백의 실수를 추궁하는 것이 최선일까?

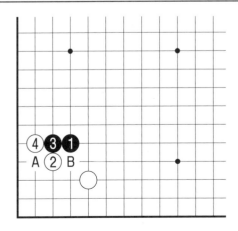

[참고도]

흑❶로 걸쳤을 때 백
②의 날일자는 귀의
실리를 중시한 선택.
계속해서 흑❸으로
막았을 때 백④가 의
문수이다. 이 수로는
A나 B가 정수이다.

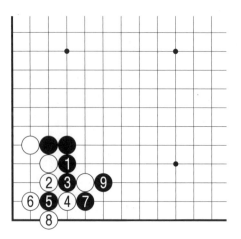

그림1(정답)

흑❶로 찌르는 것이 적절한 추궁법이다. 백②, ④로 물러선다면 이하 흑❾까지 처리해서 흑의 대성공이다.

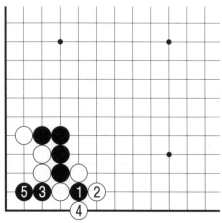

그림2(변화)

흑은 귀의 실리를 중시하고 싶다면 ❶로 끊는 수도 가능하다. 백②, ④ 때 흑❺로 뻗으면 귀를 제압할 수 있다.

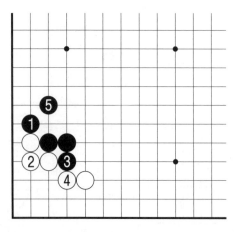

그림3(실패)

무심코 흑❶로 막는 것은 생각이 부족한 수이다. 이하 흑❺까지 흑으로선 미흡한 결말이다.

진출을 모색

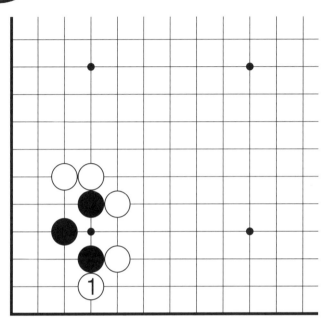

백①로 젖힌 장면이다. 흑은 상대의 약점을 활용해서 진출을
모색하고 싶은데, 어떻게 두는 것이 최선일까?

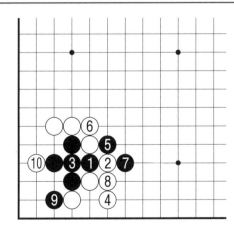

[참고도]

흑❶로 끼우는 것은
의문수. 백은 ②로
단수친 후 ④에 내려
서는 강수가 성립한
다. 이하 흑❾까지
진행되었을 때 백⑩
으로 붙이면 흑 죽음.

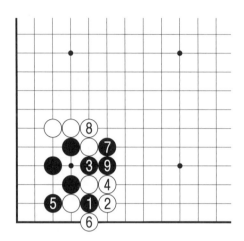

🔵 그림1(정답)

흑❶로 끊는 것이 적절한 행마법이다. 백②로 단수친다면 흑❸, ❺를 선수한 후 이하 ❾까지 손쉽게 돌파가 가능하다.

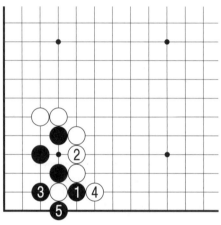

🔵 그림2(변화)

흑❶ 때 백②로 변화한다면 흑❸으로 단수쳐서 손쉽게 안정이 가능하다.

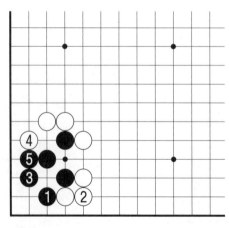

🔵 그림3(실패)

단순히 흑❶로 막는 것은 좋지 않다. 흑❸, ❺면 흑이 많이 당한 모습이다.

최선의 행마법

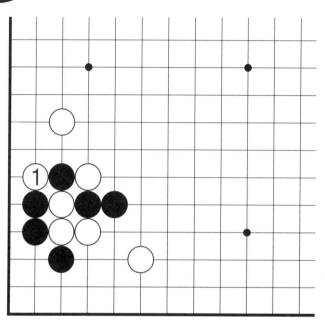

백①로 단수친 장면이다. 흑은 어떤 요령으로 형태를 정비하는 것이 최선일까?

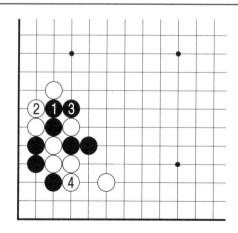

[참고도]

흑❶로 나가는 수는 대악수. 백②를 선수 한 후 ④에 막으면 흑의 실패이다.

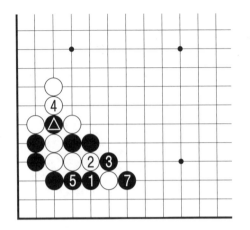

🔵 그림1(정답)

흑❶로 장문 씌우는 것이 좋은 행마법이다. 백②에는 흑❸, ❺를 선수한 후 ❼로 단수쳐서 충분한 모습이다.
(백⑥…흑▲)

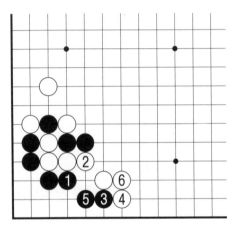

⚪ 그림2(실패1)

흑❶로 단수쳐서 백②로 뻗게 하는 것은 좋지 않다. 이하 백⑥까지 백의 세력이 두텁다.

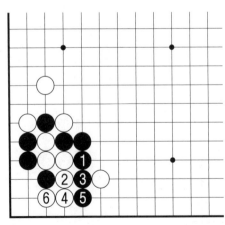

🔵 그림3(실패2)

흑❶로 단수치는 수 역시 좋지 않다. 이하 백⑥까지의 결말은 백의 실리가 크다.

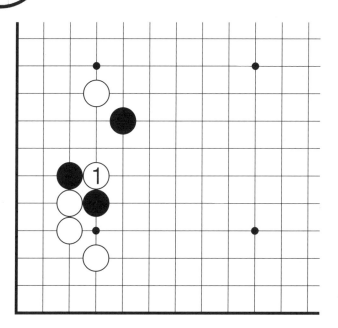

백①로 끊은 장면이다. 흑은 상대의 약점을 이용해서 형태를 정비하고 싶은데, 어떤 요령으로 처리하는 것이 최선일까?

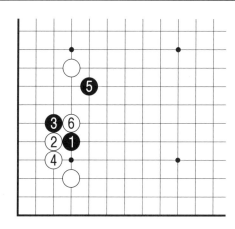

[참고도]

흑❶로 걸치고 이하 백② 이하 흑❺까지 진행되었을 때 백⑥으로 끊어서 **문제도**가 이루어졌다.

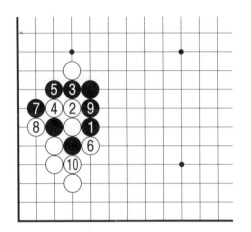

● 그림1(정답)

흑❶로 단수치는 것이 정답이다. 백②에는 흑❸이 연이은 호착으로 이하 백⑩까지 선수로 돌파해서 대만족이다.

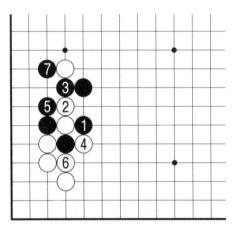

● 그림2(변화)

흑❶, ❸ 때 백④로 단수친다면 흑❺가 기분 좋은 선수 활용이 된다. 백⑥으로 기다려 흑❼로 호구치면 이 역시 흑이 성공이다.

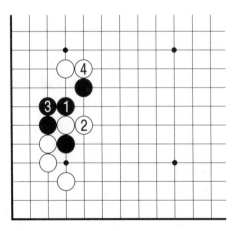

● 그림3(실패)

흑❶로 단수치는 것은 방향 착오이다. 백②, ④까지의 진행이면 흑은 매우 무거운 모습이다.

귀를 지키는 요령

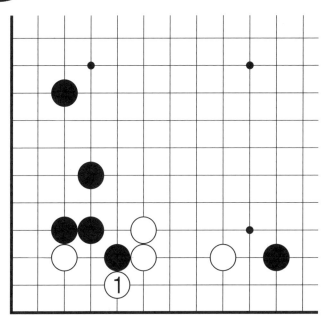

백①로 젖힌 장면이다. 흑은 귀를 지키고 싶은데, 어떤 방법으로 처리하는 것이 최선일까?

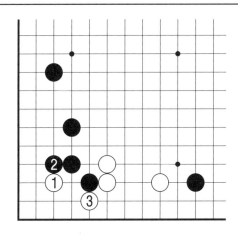

[참고도]

백①로 침입했을 때 흑❷로 막은 것은 소극적인 수. 계속해서 백③으로 젖혀서 **문제도**가 이루어졌다.

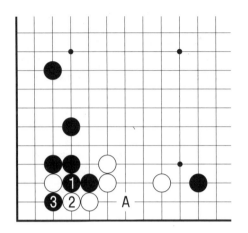

● 그림1(정답)

흑❶로 웅크리는 것이 정답
이다. 백②때 흑❸으로 단
수치면 귀를 지킬 수 있다.
이후 A의 침입도 흑의 노림
이다.

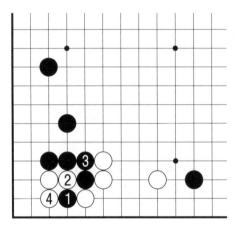

● 그림2(실패)

흑❶로 젖히는 것은 이 경우
좋지 않다. 백은 ②, ④로 단
수치는 것이 좋은 수로 흑이
잔뜩 손해본 꼴이다.

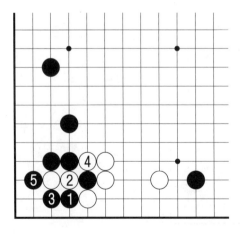

● 그림3(변화)

흑❶ 때 백②때 흑은 ❸으
로 두는 것이 그나마 피해를
줄이는 방법이다. 이하 흑❺
까지 일단락된 모습. 그러나
이 역시 정답에 비해 흑이
나쁘다.

현명한 선택

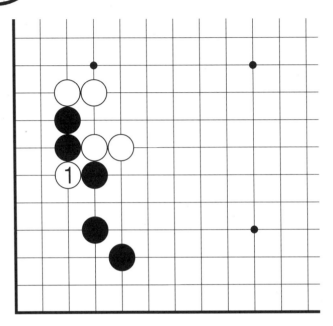

백①로 끊은 장면이다. 흑은 백 한 점을 잡는 것이 유리한지 아니면 사석으로 처리하는 것이 유리한지 잘 파악할 수 있어야 한다.

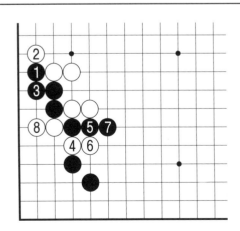

[참고도]

흑❶, ❸으로 젖혀 잇는 것은 이상 감각. 백④, ⑥을 선수한 후 ⑧로 내려서면 흑 죽음이다.

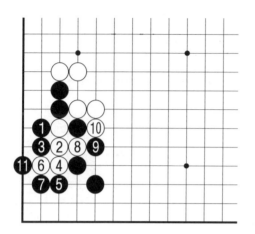

● 그림1(정답)

흑❶로 단수친 후 ❸으로 밀어서 사석 처리하는 것이 좋은 선택이다. 이하 흑⓫까지 일단락인데, 흑의 사석 전법이 성공을 거둔 모습이다.

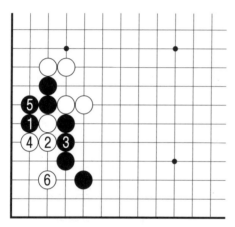

● 그림2(변화)

흑❶, 백②때 흑❸으로 막는 것은 이 경우 작전 실패이다. 이하 백⑥까지 진행되면 흑이 손해본 꼴이다.

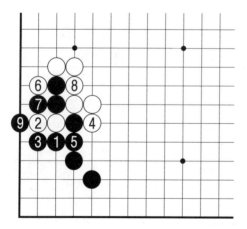

● 그림3(실패)

흑❶로 단수치면 백 한 점은 잡을 수 있다. 그러나 이하 흑❾까지 진행되고 나면 얻은 것보다 잃은 것이 많은 모습이다.

귀를 지키는 방법

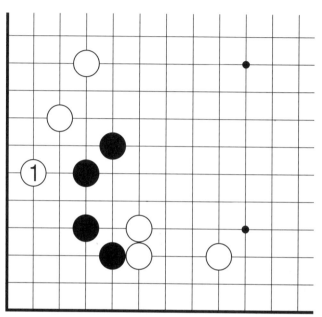

백①로 날일자한 장면이다. 흑은 귀를 어떤 요령으로 지키는 것이 최선일까?

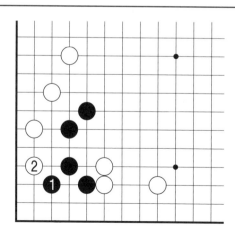

[참고도]

흑❶로 받는 것은 너무 소극적인 수단이다. 백②로 한 칸 뛰면 여전히 흑이 불안한 모습.

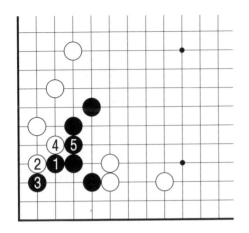

흑❶로 지키는 것이 정수이
다. 백②에는 흑❸으로 막아
서 아무런 이상이 없는 모습.

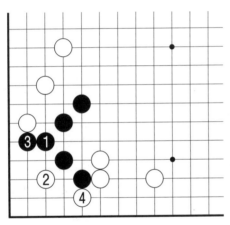

● 그림2(실패1)

흑❶로 호구치는 것은 백②
의 침입이 호착이 된다. 흑❸
때 백④로 넘고 나면 흑이 좋
지 않다.

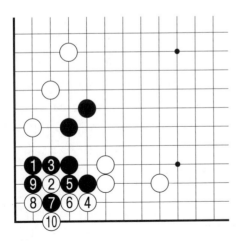

● 그림3(실패2)

흑❶로 지키는 수 역시 백②
의 침입을 유발해서는 흑이
좋지 않다. 이하 백⑩까지 흑
전체가 미생마로 몰릴 가능
성이 높다.

상용의 형태

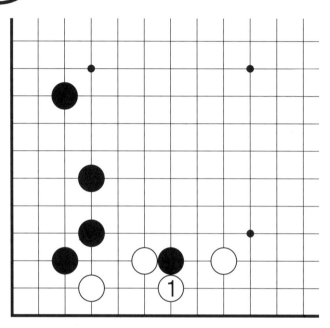

백①로 젖힌 장면이다. 실전에 흔히 등장하는 형태인데, 흑은 어떤 요령으로 형태를 정비하는 것이 최선일까?

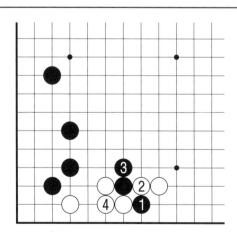

[참고도]

흑❶로 젖히는 것은 백②로 끊겨서 아무런 수도 없다. 흑❸에는 백④로 이어서 그만이다.

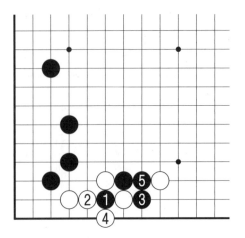

● 그림1(정답)

흑❶로 맞끊는 것이 좋은 행마법이다. 계속해서 백②로 단수친다면 흑❸, ❺로 돌파해서 흑으로선 충분한 모습이다.

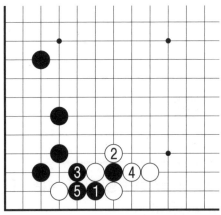

● 그림2(변화)

흑❶ 때 백②로 단수친다면 흑❸, ❺로 돌파해서 흑의 실리가 크다.

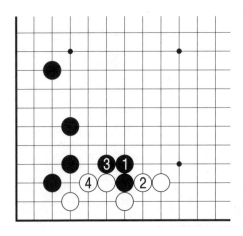

● 그림3(실패)

단순히 흑❶로 뻗는 것은 책략이 부족한 수이다. 백②, ④로 연결하고 나면 더 이상 큰 이득을 볼 수 없는 모습이다.

문제 **키워 죽이는 요령**

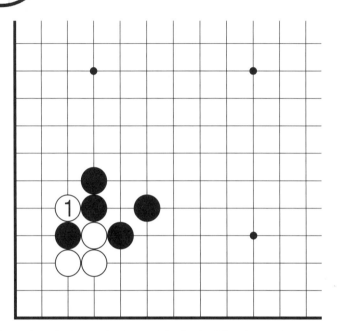

백①로 단수친 장면이다. 흑은 단수된 한 점을 활용해서 형태를 정비
하고 싶은데, 어떻게 두는 것이 최선일까?

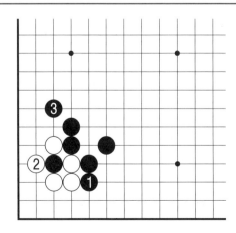

[참고도]

흑❶로 막는 것은
백②로 따내서 약간
불만이다. 흑❸으로
봉쇄해야 하는데 백
불만.

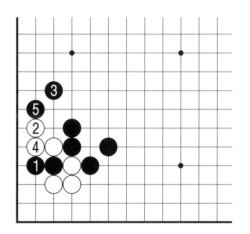

흑❶로 키워 죽이는 것이 정답이다. 백②는 이 경우 정수이며, 이하 흑❺까지 일단락이다.

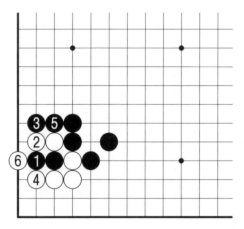

● 그림2(변화)

흑❶ 때 백②로 잡는 것은 의문. 흑❸으로 붙이면 이하 백⑥까지 백이 후수가 된다.

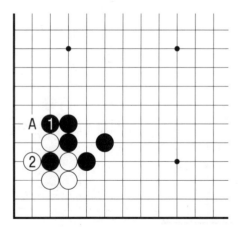

● 그림3(실패)

흑❶로 단수치는 것은 흑의 실수. 백②로 따낸 후 백A로 젖히는 수가 남는다.

중앙 진출을 둘러싸고

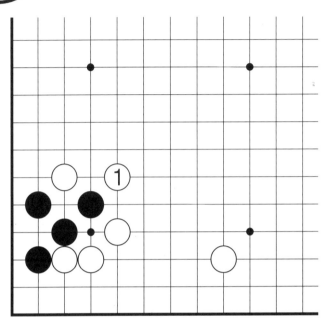

백①로 씌운 장면이다. 백①은 흑의 중앙 진출을 봉쇄하겠다는 뜻이지만 무리수이다. 흑의 최선의 대응책은?

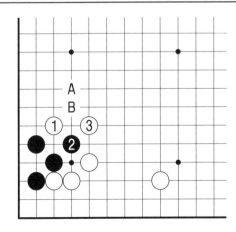

[참고도]

백①로 압박하고 흑 ❷ 때 백③으로 씌워서 **문제도**가 이루어졌다. 백③으로는 A나 B에 두는 것이 보통이다.

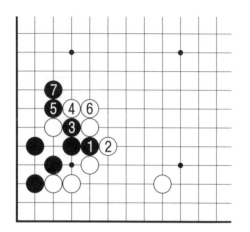

🔵 그림1(정답)

흑❶, ❸으로 찌른 후 ❺에 끊는 것이 좋은 응수법이다. 백⑥ 때 흑❼로 뻗으면 흑이 우세한 모습.

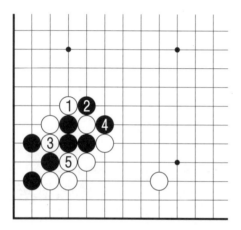

🔵 그림2(실패1)

백① 때 흑이 앞그림처럼 처리하지 않고 ❷로 단수치는 것은 대악수. 백③, ⑤면 흑은 양단수가 되어 망한 모습이다.

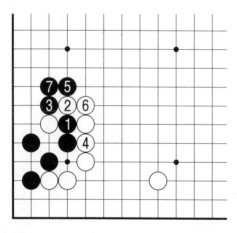

🔵 그림3(실패2)

흑❶, 백②를 선수한 후 곧장 ❸으로 끊는 수도 약간 의문이다. 이하 흑❼까지 일단락인데, 백 모양에 단점이 없는 만큼 흑이 불만이다.

멋진 정비

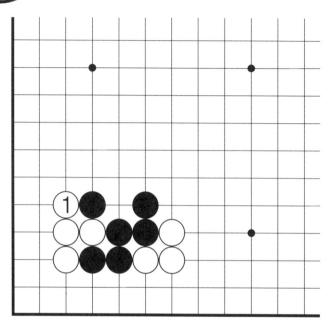

백①로 둔 장면이다. 계속해서 흑은 어떤 방법으로 형태를 정비하는 것이 최선일까?

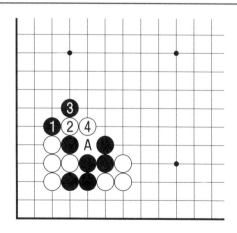

[참고도]

흑❶로 젖힌 것은 백② 때 흑❸으로 단수치겠다는 뜻이다. 계속해서 백이 A에 따내면 백④로 단수쳐서 흑의 의도대로이다.

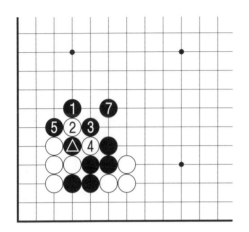

🔵 그림1(정답)

흑❶로 한 칸 뛰는 것이 좋은 행마법이다. 백②로 단수친다면 흑❸이 호착. 이하 흑❼까지 멋지게 정비한 모습이다.

(백⑥…흑⊿)

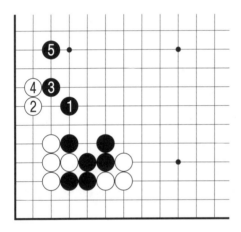

🔵 그림2(변화)

흑❶ 때 백②로 변화한다면 흑❸이 호착. 백④ 때 흑❺로 한 칸 뛰면 흑이 두터운 모습이다.

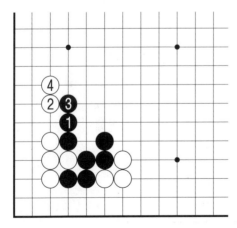

🔵 그림3(실패)

흑❶은 생각이 부족한 수. 백②로 한 칸 뛰면 손쉽게 진출을 허용하게 된다.

약점을 활용한 행마

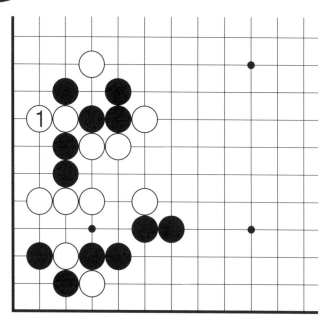

백①로 내려선 장면이다. 흑은 백의 약점을 이용해서 형태를 정비하고 싶은데, 이 경우 어떻게 두는 것이 최선일까?

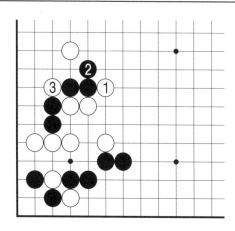

[참고도]

백①은 두점머리 급소. 계속해서 흑❷ 때 백③으로 끊어서 **문제도**가 이루어졌는데 백③이 이상 감각이다. 흑은 이후의 응수가 중요하다.

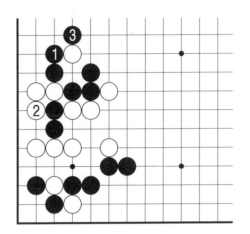

🔘 그림1(정답)

흑❶이 정답이다. 백②로 잡을 수밖에 없을 때 흑❸으로 젖히면 손쉽게 형태를 정비할 수 있다.

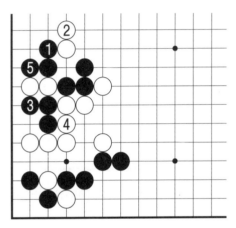

🔘 그림2(변화)

흑❶ 때 백②로 반발한다면 흑❸으로 막아서 그만이다. 백④, 흑❺까지 백 두 점을 취해 흑 만족.

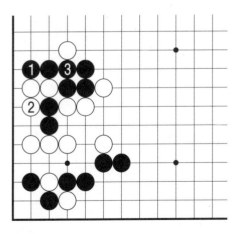

🔘 그림3(실패)

흑❶은 백② 때 흑❸으로 이을 수밖에 없는 만큼 **그림1**에 비해 흑이 좋지 않다.

가벼운 정비

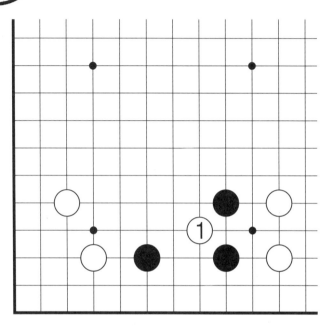

백①로 들여다본 장면이다. 백①은 흑을 무겁게 만들어서 공격하겠다는 뜻이다. 그렇다면 흑은 어떻게 받는 것이 최선일까?

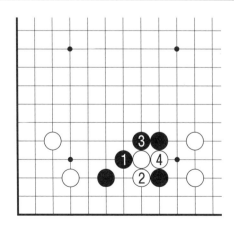

[참고도]

흑❶은 백②를 유발해서 좋지 않다. 흑❸이 기세이지만 백④로 뚫려서는 실리의 손실이 크다.

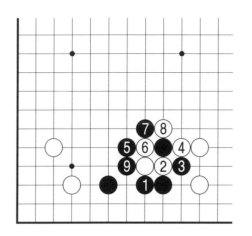

🔵 그림1(정답)

흑❶로 받는 것이 좋은 응수법이다. 백②, ④로 절단한다면 흑❺가 연이은 호착으로 이하 흑❾까지 쉽게 형태를 정비할 수 있다.

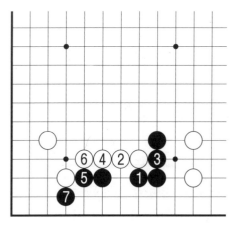

🔵 그림2(변화)

흑❶ 때 백②로 늦춘다면 흑❸으로 이어서 만족이다. 이하 흑❼까지 흑은 수습된 모습이다.

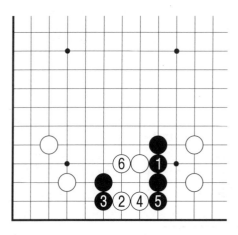

🔵 그림3(실패)

흑❶로 잇는 것은 너무 무겁다. 백②가 공격의 급소. 흑❸에는 이하 백⑥까지 흑은 양쪽으로 갈리고 만다.

상용의 맥점

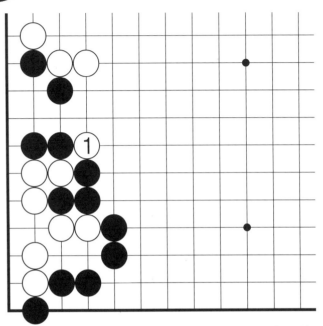

백①로 절단한 장면이다. 이와 같은 경우 형태를 정비하는 상용의 맥점이 있다. 흑의 최선의 수순은?

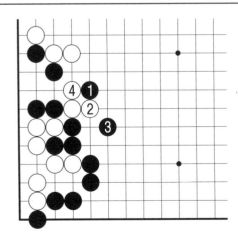

[참고도]

흑❶은 너무 멋을 부린 수. 백②를 선수한 후 ④에 뚫고 나가서는 흑의 다음 응수가 없다.

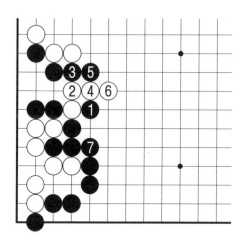

🔘 그림1(정답)

흑❶로 단수친 후 ❸으로 밀고 나오는 것이 좋은 수순이다. 흑❺, 백⑥ 때 흑❼로 이으면 흑이 수습된 모습이다.

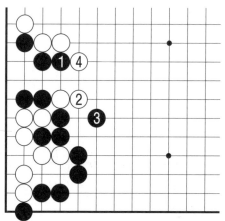

🔘 그림2(실패1)

흑❶로 두는 것은 백②가 급소가 된다. 흑❸ 때 백④로 젖히면 흑은 수습 불능이다.

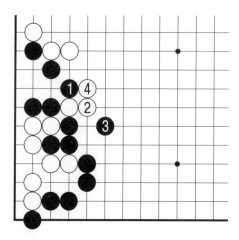

🔘 그림3(실패2)

흑❶로 단수치는 것은 전형적인 속수의 표본이다. 흑❸ 때 백④로 막히고 나면 최악의 결과이다.

진출로를 모색

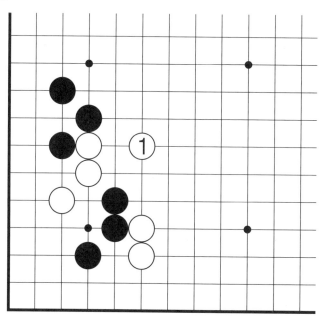

백①로 한 칸 뛴 장면이다. 흑은 아래쪽 석 점의 진출로를 모색하고
싶은데, 어떤 요령으로 두는 것이 최선일까?

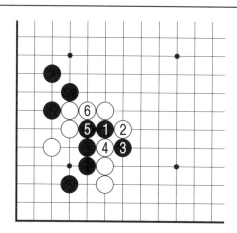

[참고도]

흑❶, ❸은 너무 노
골적인 행마법. 백은
②, ④, ⑥으로 강력
하게 절단한다. 이후
는 흑의 고전이다.

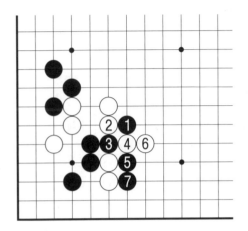

🔵 그림1(정답)

흑**1**로 날일자하는 것이 좋은 행마법이다. 백②, ④로 절단한다면 이하 흑**7**까지 백 두 점을 잡고 안정할 수 있다.

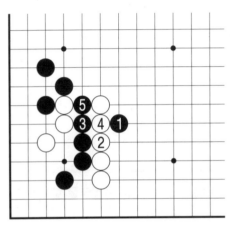

🔵 그림2(변화)

흑**1** 때 백②로 절단을 시도해 온다면 흑**3**이 호착이 된다. 백④ 때 흑**5**로 절단하면 흑이 우세한 결말이다.

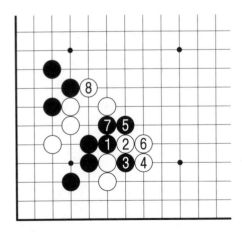

🔵 그림3(실패)

흑**1**로 두는 것은 백②로 막혀서 좋지 않다. 흑**3**으로 절단한 후 백④ 때 흑**5**로 단수치면 탈출이 가능하지만 흑**7**, 백⑧까지 여전히 공격받는 모습이다.

두점머리 급소 이후

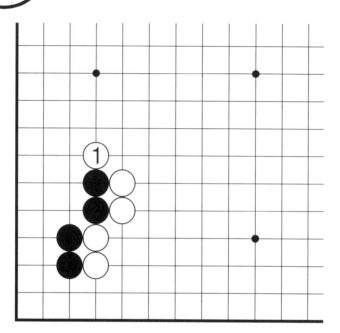

백①로 두점머리를 두드린 장면이다. 이와 같은 경우 흑은 어떤 요령으로 형태를 정비하는 것이 최선일까?

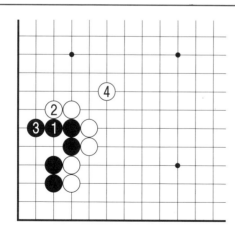

[참고도]

흑❶은 빈삼각의 우형이라 좋지 않다. 백②때 흑❸으로 보강해야 하는데, 백④로 보강해서는 약간 미흡하다.

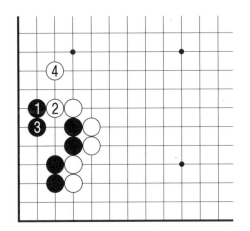

🔵 그림1(정답)

흑❶로 날일자하는 것이 정답이다. 백②에는 흑❸으로 물러서는 것이 요령. 백④로 받는다면 흑의 선수이다.

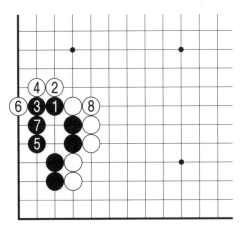

🔵 그림2(실패1)

흑❶로 젖히는 것은 백②의 이단젖힘이 통렬하다. 흑❸ 이하 백⑧까지의 결말은 백이 우세하다.

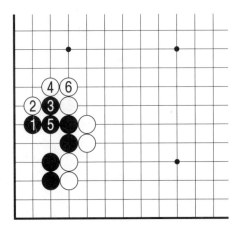

🔵 그림3(실패2)

흑❶은 형태상의 급소. 그러나 이 경우 백②로 막은 후 이하 ⑥까지 처리하면 **그림1**에 비해 흑이 불리하다.

진출을 저지

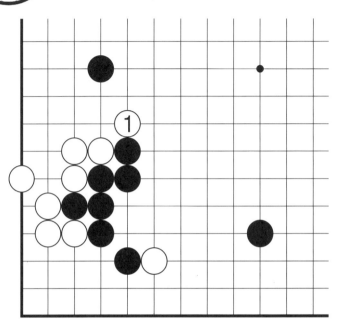

백①로 젖힌 장면이다. 흑은 백의 중앙 진출을 저지하고 싶은데, 어떤 방법으로 봉쇄해야 할까?

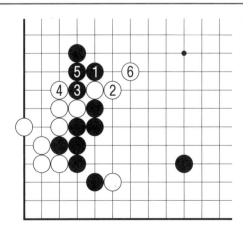

[참고도]

흑❶로 껴붙이면 백② 때 흑❸으로 절단이 가능하다. 그러나 백④의 단수가 너무 쓰라리다. 흑❺ 때 백⑥으로 입구자해서는 흑 실패.

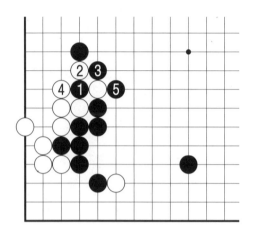

🔵 그림1(정답)

흑❶로 끊는 것이 정답이다. 백②로 단수친다면 흑❸으로 맞끊는 것이 맥점. 백④ 때 흑❺로 단수치면 백을 봉쇄할 수 있다.

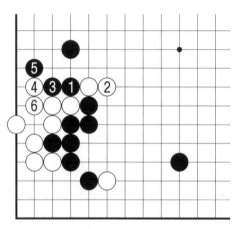

🔵 그림2(변화)

흑❶ 때 백②로 뻗는다면 흑❸으로 막는 수가 성립한다. 이하 백⑥까지 흑이 우세한 싸움이다.

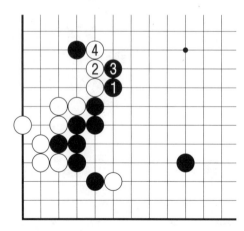

🔵 그림3(실패)

흑❶로 젖히는 것은 속수이다. 백④까지 흑의 손실이 크다.

형태 정비 요령

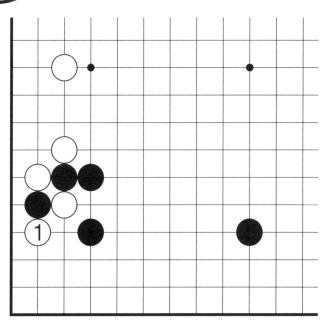

백①로 단수친 장면이다. 흑은 어떤 요령으로 형태를 정비하는 것이 최선일까?

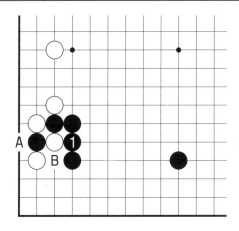

[참고도]

흑❶로 단수치는 가장 쉽게 떠올릴 수 있는 수단. 그러나 이 수는 백에게 A와 B에 둘 수 있는 선택의 기회를 부여한다.

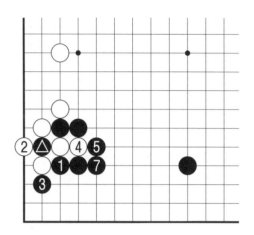

🔘 그림1(정답)

흑❶로 단수친 후 ❸으로 막
는 것이 좋은 수이다. 백④에
는 흑❺로 단수친 후 ❼로 이
어서 형태를 정비할 수 있다.
(백⑥…흑▲)

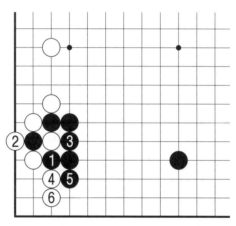

🔘 그림2(실패1)

흑❶, 백② 때 흑❸으로 단
수치는 것은 의문수이다. 이
하 백⑥까지 백의 실리가
크다.

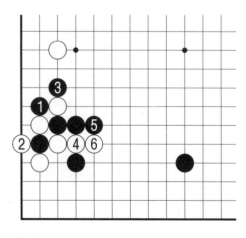

🔘 그림3(실패2)

흑❶로 단수친 후 ❸으로
단수치면 백 한 점을 축으로
잡을 수 있다. 그러나 이하
백⑥까지 귀를 크게 허용하
는 만큼 흑의 불만이다.

재빠른 안정

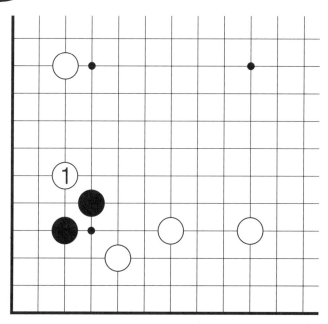

백①로 다가선 장면이다. 흑은 어떤 요령으로 형태를 정비하는 것이 최선일까?

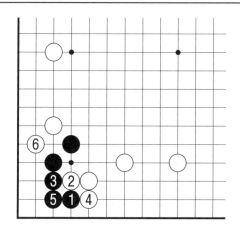

[참고도]

흑❶로 날일자하는 것은 의문수. 백②로 찌른 후 이하 ⑥까지 근거를 빼앗으면 전체가 미생마가 된다.

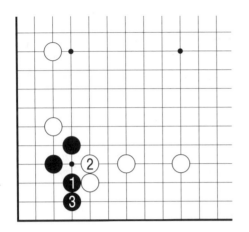

○ 그림1(정답)

흑❶로 마늘모 붙인 후 백②
때 흑❸으로 내려서는 것이
좋은 수이다. 흑은 이처럼 재
빨리 안정해야 한다.

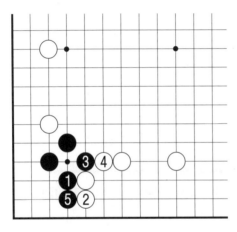

○ 그림2(변화)

흑❶ 때 백②로 내려선다면
흑❸이 형태상의 급소가 된
다. 백④ 때 흑❺로 막으면
흑의 성공.

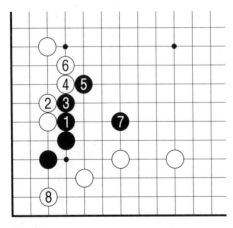

○ 그림3(실패)

흑❶, ❸ 이하 ❼까지 중앙
진출을 도모하는 것은 의문
이다. 이하 백⑧까지 흑은 여
전히 공격 대상이다.

두터운 정비

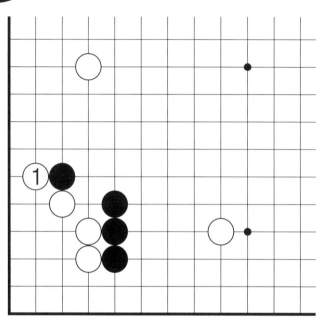

백①로 단수친 장면이다. 흑은 어떤 요령으로 형태를 정비하는
것이 최선일까?

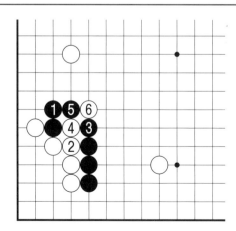

[참고도]

흑❶로 뻗는 것은 중
요한 수순을 빠뜨렸
다. 백은 곧장 ②,
④, ⑥으로 나가서
끊을 것이다. 흑이 곤
란한 싸움.

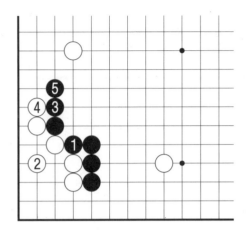

● 그림1(정답)

흑**1**로 치받는 것이 정답이다. 백②로 보강할 수밖에 없을 때 흑**3**으로 뻗는 것이 수순. 백④, 흑**5**까지 흑이 두텁다.

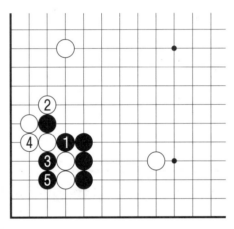

● 그림2(변화)

흑**1**, 백②로 단수친다면 흑**3**, **5**로 단수쳐서 귀를 제압할 수 있다.

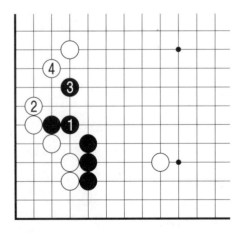

● 그림3(실패)

흑**1**로 뻗는 것은 무거워서 좋지 않다. 백② 이하 ④까지 흑이 불만족스런 모습.

약점을 활용한 정비

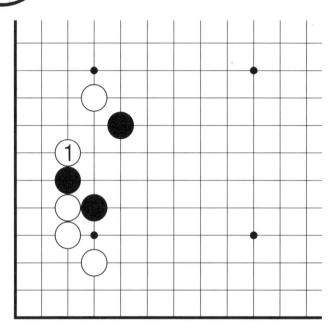

백①로 붙인 장면이다. 흑은 백의 약점을 찔러 형태를 정비하고 싶은데, 어떻게 두는 것이 최선일까?

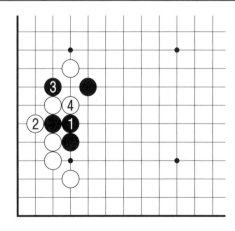

[참고도]

흑❶로 잇는 것은 백 ②로 넘어서 흑의 불만이다. 흑❸이 일종 의 맥점이지만 백④ 로 뚫고 나가는 순간 다음 응수가 없다.

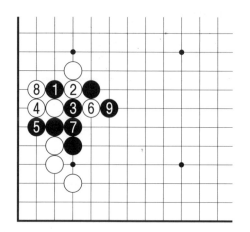

● 그림1(정답)

흑❶로 건너 붙이는 것이 정답이다. 백②에는 흑❸으로 단수친 후 ❺로 뚫는 것이 수순. 이하 흑❾까지 흑은 훌륭하게 형태를 정비할 수 있다.

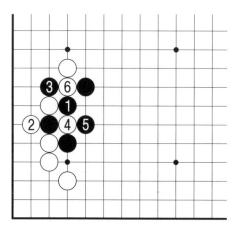

● 그림2(실패1)

흑❶로 젖히는 것은 백②로 단수쳐서 흑의 실패이다. 백④, 흑❺ 때 백⑥으로 끊으면 흑의 손해가 크다.

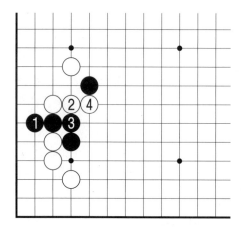

● 그림3(실패2)

흑❶로 내려서는 수 역시 백②, ④가 급소가 되어 흑이 좋지 않다. 흑은 전체가 무겁게 공격 받는 모습이다.

강력한 응수

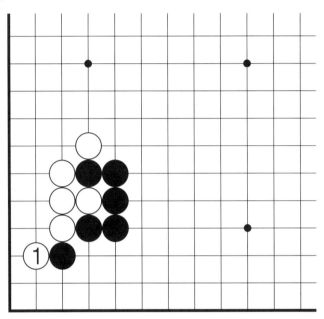

백①로 단수친 장면이다. 흑은 상대의 약점을 활용해서 형태를 정비하고 싶은데, 어떻게 두는 것이 최선일까?

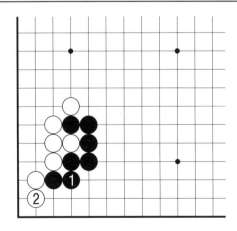

[참고도]

흑❶로 잇는 것은 너무 소극적인 응수법. 백②로 뻗어서는 실리 면에서 상당한 차이이다.

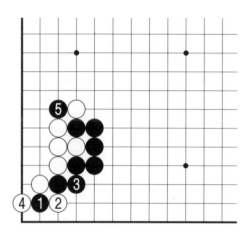

🔘 그림1(정답)

흑❶로 이단젖히는 것이 정답이다. 계속해서 백②, ④로 단수친다면 흑❺로 끊는 수가 성립한다. 백은 자신의 약점 때문에 응수가 어려운 모습이다.

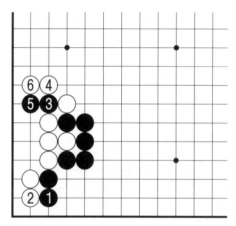

🔘 그림2(실패)

흑❶로 물러서는 것은 기백이 부족하다. 백② 때 흑❸으로 끊어도 백④로 단수치면 속절없이 잡히고 만다.

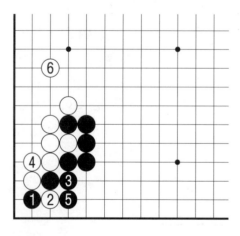

🔘 그림3(변화)

흑❶로 이단젖히면 백은 ②로 단수친 후 ④에 잇는 정도이다. 흑은 ❺로 단수쳐서 충분한 모습이다.

재빠른 안정

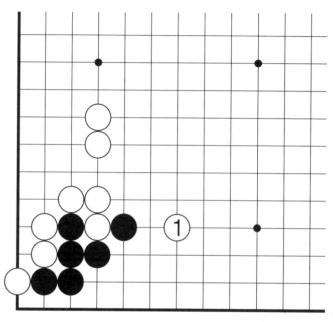

백①로 공격해 온 장면이다. 흑은 재빨리 안정하고 싶은데, 이 경우 어떻게 행마하는 것이 최선일까?

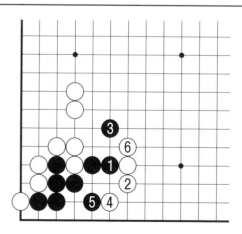

[참고도]

흑❶로 치받는 것은 백②로 내려서는 강수를 유발한다. 계속해서 흑❸이라면 백④를 선수한 후 ⑥으로 뻗어서 흑 전체가 미생이다.

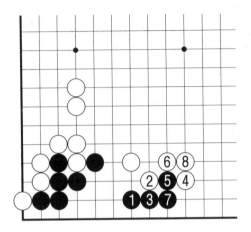

● 그림1(정답)

흑❶로 두는 것이 정답이다.
백②에는 흑❸으로 밀어서
재빨리 안정하는 것이 요령
이다. 이하 백⑧까지 흑은 선
수로 안정할 수 있다.

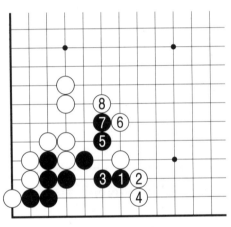

● 그림2(실패1)

흑❶로 붙이는 것은 백②로
젖힌 후 ④로 내려서는 것이
강수라 흑이 좋지 않다. 이하
백⑧까지 흑은 봉쇄된 모습
이다.

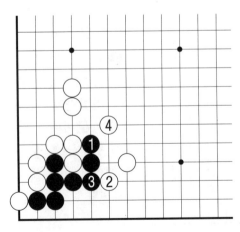

● 그림3(실패2)

흑❶로 두는 수 역시 백②, ④
로 공격 받게 되므로 흑이 좋
지 않다.

가벼운 행마법

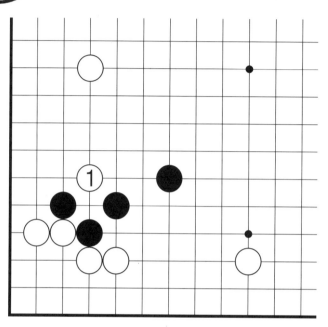

백①로 들여다본 장면이다. 흑은 가볍게 형태를 정비하고 싶은데, 어떻게 행마하는 것이 최선일까?

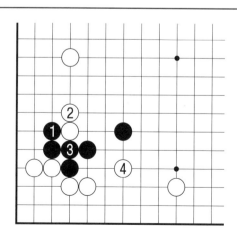

[참고도]

흑❶로 뻗는 것은 무거운 행마법. 백②때 흑❸으로 보강해야 하는 만큼 백④까지 일방적으로 공격받는다.

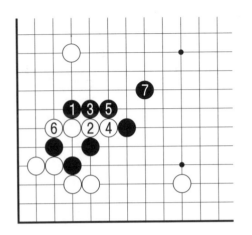

🔵 그림1(정답)

흑**①**로 붙이는 것이 좋은 수이다. 백②에는 흑**③**으로 막은 후 이하 **⑦**까지 가볍게 형태를 정비한다.

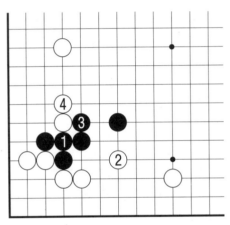

🔵 그림2(실패1)

흑**①**로 잇는 것은 무거운 수이다. 백②가 공격의 급소. 흑**③**, 백④까지의 진행이면 흑 전체가 공격 받는 모습이다.

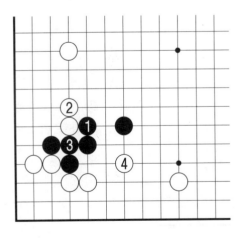

🔵 그림3(실패2)

흑**①**, 백②를 선수한 후 **③**으로 잇는 수 역시 실패이다. 백④로 공격 받아서는 앞그림과 동일한 결과이다.

정확한 수순

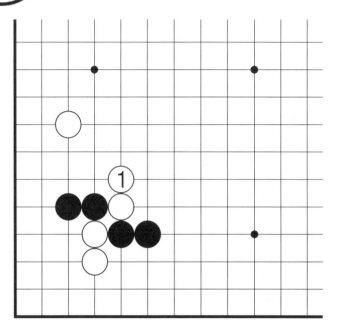

백①로 뻗은 장면이다. 흑은 밭전자 약점을 찌르기 전에 교환해 두어야 할 수순이 있다. 정확한 수습의 수순은?

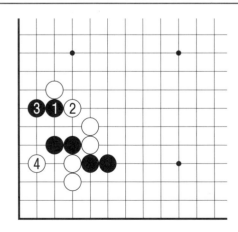

[참고도]

흑❶로 붙이는 것은 백②의 젖힘이 호착. 흑❸ 때 백④로 한 칸 뛰면 흑의 수습이 쉽지 않다.

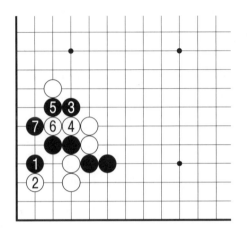

그림1(정답)

흑❶, 백②를 선수한 후 ❸
으로 두는 것이 수순이다. 백
④, ⑥으로 찔러도 흑❼로
막는 형태가 호구가 되어 수
습에 지장 없는 모습이다.

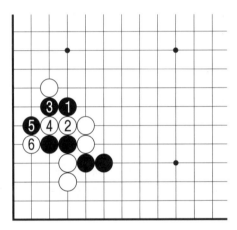

그림2(실패)

곧장 흑❶로 두는 것은 백②
이하 흑❺까지 진행되었을
때 백⑥으로 단수치는 수가
성립한다.

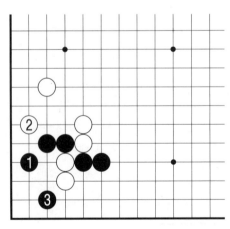

그림3(변화)

흑❶ 때 백②로 변화한다면
흑❸으로 날일자해서 귀의
백 두 점을 잡을 수 있다.

일방적인 공격

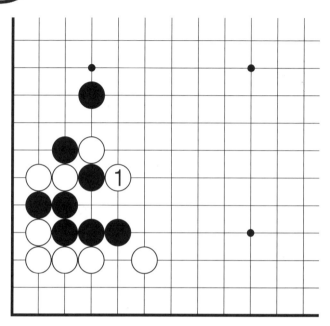

백①로 단수친 장면이다. 흑은 어떤 요령으로 형태를 정비하는 것이 최선일까?

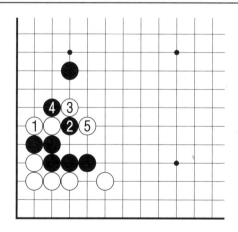

[참고도]

백①로 막고 흑❷이하 백⑤까지의 진행이 **문제도**가 이루어진 경과이다.

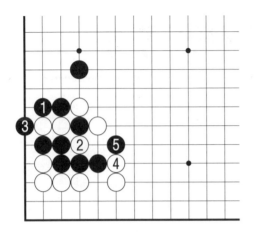

그림1(정답)

흑❶로 단수치는 것이 정답이다. 백②로 따낸다면 흑❸으로 단수쳐서 그만이다. 백④, 흑❺까지 백돌만 일방적으로 공격 받는 모습이다.

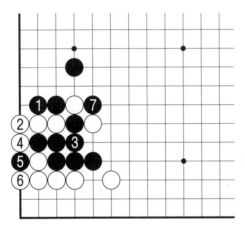

그림2(변화)

흑❶ 때 백②로 내려선다면 흑❸으로 잇는 것이 수순이다. 계속해서 백④로 넘는다면 흑❺ 이하 ❼까지 처리해서 흑이 우세하다.

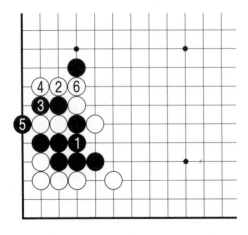

그림3(실패)

흑❶로 잇는 것은 무거워서 좋지 않다. 백② 이하 ⑥까지 흑의 불만.

변의 돌을 활용

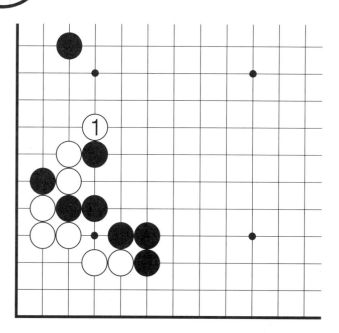

백①로 젖힌 장면이다. 흑은 어떤 요령으로 형태를 정비하는 것이 최선일까? 흑은 위쪽 변의 흑 한 점을 활용해야 한다.

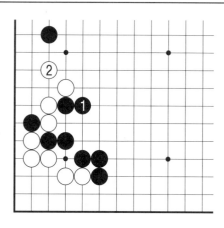

[참고도]

흑❶로 뻗는 것은 너무 소극적인 응수법이다. 백②로 호구쳐서는 너무 싱겁다.

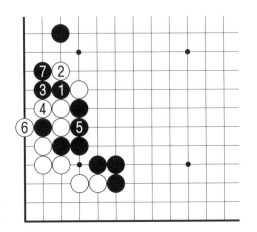

● 그림1(정답)

흑❶로 끊는 것이 정답이다. 백②로 단수치면 흑❸으로 뻗는 것이 강수. 백④로 단수 친다면 흑❺ 이하 ❼까지 처리해서 흑이 우세하다.

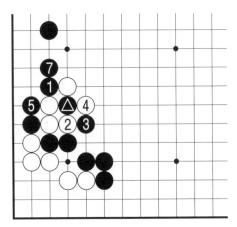

● 그림2(변화)

흑❶ 때 백②로 단수친다면 흑❸, ❺로 회돌이치는 것이 요령이다. 백⑥, 흑❼까지의 진행은 백이 불리한 싸움이다.

(백⑥…흑▲)

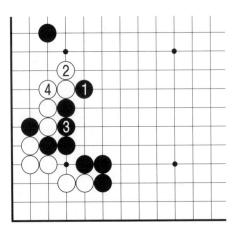

● 그림3(실패)

흑❶로 젖히는 것은 백②로 뻗게 해서 흑의 실패이다. 흑❸, 백④까지 흑이 불리한 결말.

양곤마로 공격

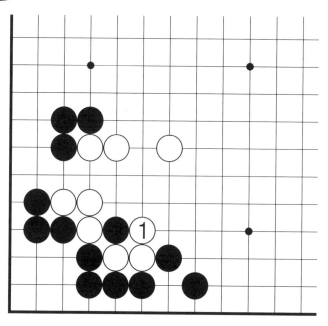

백①로 단수친 장면이다. 흑은 백을 쉽게 안정시켜 주고 싶지
않는데 어떻게 두는 것이 최선일까?

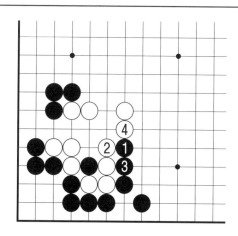

[참고도]

흑❶로 한 칸 뛰는
것은 백②로 보강해
서 별 무신통이다.
흑❸, 백④까지 백
만족.

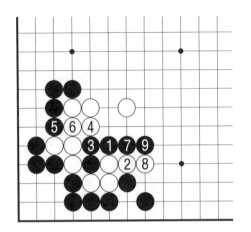

🔵 그림1(정답)

흑❶로 단수치는 수가 급소이다. 백②로 나간다면 흑❸, ❺를 선수한 후 이하 흑❾까지 처리해서 백을 양곤마로 만들 수 있다.

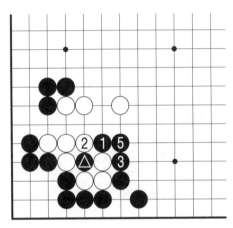

🔵 그림2(변화)

흑❶로 단수치면 백은 ②로 따내는 정도이다. 계속해서 흑❸으로 단수치고 백④, 흑❺까지의 진행이면 백 전체가 공격 받는 모습이다.
(백④…흑▲)

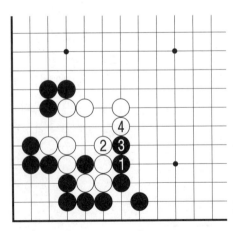

🔵 그림3(실패)

흑❶로 단수치는 것은 백②로 뻗게 해서 좋지 않다. 흑❸, 백④까지의 진행이면 더 이상 공격이 불가능한 모습.

무겁게 만들어서 공격

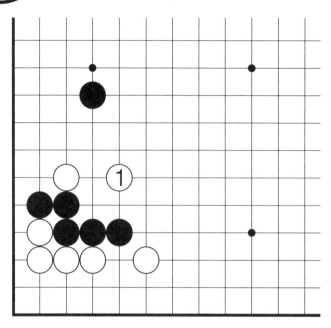

백①로 한 칸 뛴 장면이다. 흑은 백 전체를 무겁게 만들어서 공격
하고 싶은데, 어떻게 두는 것이 최선일까?

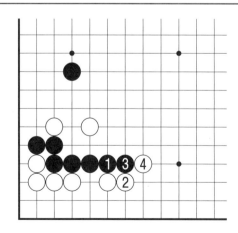

흑❶, ❸은 위쪽의 백
두 점을 크게 공격하
겠다는 뜻이지만 백
④까지 백집을 굳혀
주는 것이 쓰라리다.

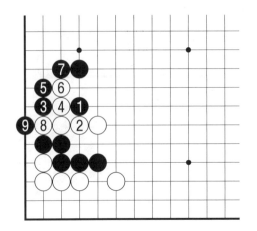

그림1(정답)

흑❶로 들여다보는 것이 좋은 수이다. 백②로 이을 수밖에 없을 때 흑❸으로 한 칸 뛰어 연결하면 백돌만 공격받게 된다. 이하 흑❾까지 흑의 성공.

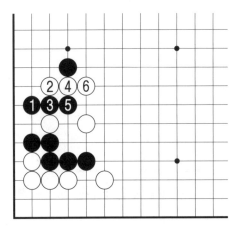

그림2(실패1)

흑❶을 서두르는 것은 백②가 급소가 된다. 이하 백⑥까지의 흑의 실패.

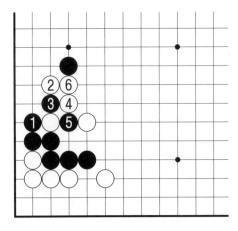

그림3(실패2)

흑❶로 두는 수 역시 백②가 급소가 된다. 흑❸으로 단수쳐도 백④, ⑥이 좋은 수순이 되어 흑이 좋지 않다.

양분시켜서 공격

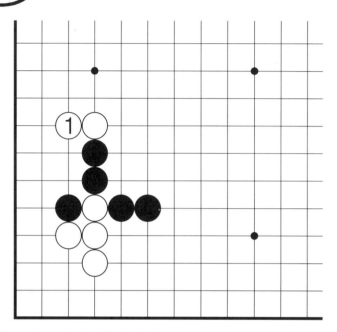

백①로 내려선 장면이다. 흑은 백을 양분시켜 공격하고 싶은데
어떻게 두는 것이 최선일까?

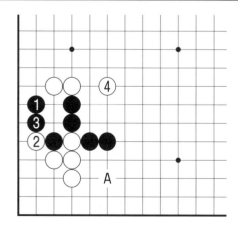

[참고도]

흑❶은 형태에 얽매인 수. 백은 ②를 선수한 후 ④에 한 칸 뛰어서 충분하다. 백 ④로는 A에 받는 수도 가능하다.

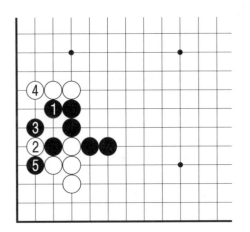

🔵 그림1(정답)

흑❶로 막는 것이 가장 강력한 수이다. 백②에는 흑❸으로 패로 버티는 것이 요령이다. 백④ 때 흑❺로 단수쳐서 본격적인 패가 된다.

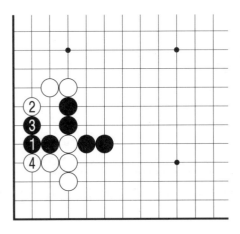

🔵 그림2(실패1)

흑❶로 내려서는 것은 백②가 통렬한 급소가 된다. 흑❸, 백④까지 흑이 실패.

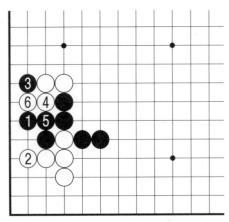

🔵 그림3(실패2)

흑❶이 형태상의 급소처럼 보이지만 이하 백⑥까지의 진행을 예상할 때 좋은 결과를 기대하기 힘들다.

진출 요령

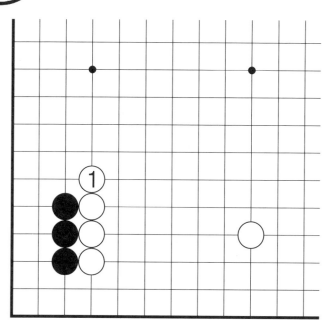

백①로 뻗은 장면이다. 이와 같은 경우 흑은 어떤 요령으로 진출하는 것이 최선일까?

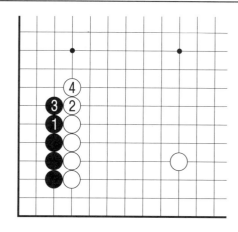

[참고도]

흑❶, ❸은 전형적인 속수에 해당한다. 백④까지 백의 두터움이 한층 증대된다.

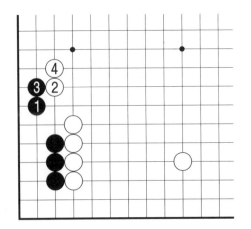

● 그림1(정답)

흑❶로 날일자하는 것이 이 경우 적절한 진출법이다. 계속해서 백②로 날일자하고 흑❸, 백④까지 일단락이다.

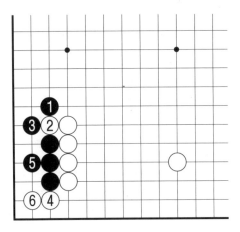

● 그림2(실패)

흑❶로 한 칸 뛰는 것은 백②로 찌른 후 ④로 젖혔을 때 흑의 응수가 궁하다. 흑❺로 물러선다면 백⑥으로 내려서서 귀의 실리를 빼앗긴다.

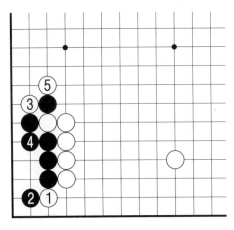

● 그림3(변화)

백①로 젖혔을 때 흑❷로 막는 것은 악수. 백③으로 끊는 것이 호착으로 흑❹ 때 백⑤로 단수쳐서 백 만족이다.

반격을 고려한 행마

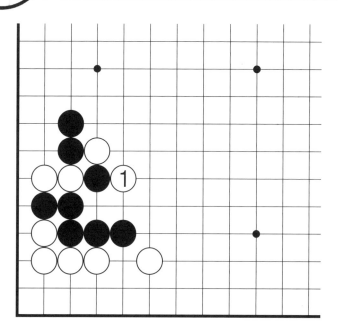

백①로 단수친 장면이다. 흑은 백에게 반격의 여유를 주지 않고 형태를 정비하고 싶다. 어떻게 두는 것이 최선일까?

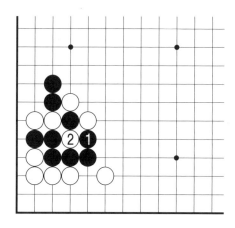

[참고도]

흑❶로 패를 하는 것은 의문이다. 백은 ②로 패를 따낸 후 만패불청할 가능성이 높다.

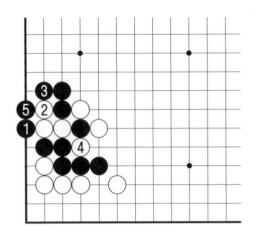

● 그림1(정답)

흑❶로 단수치는 것이 반격의 여유를 주지 않는 요령이다. 백②라면 흑❸, ❺까지 손쉽게 연결할 수 있다.

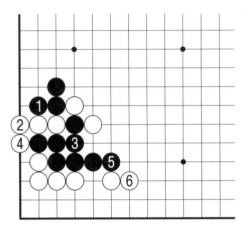

● 그림2(실패1)

흑❶로 단수치는 것은 백②로 뻗는 반발수가 성립한다. 흑❸으로 이을 수밖에 없을 때 백④로 연결하고 나면 흑은 양곤마 형태가 되고 만다.

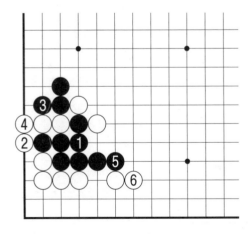

● 그림3(실패2)

흑❶로 잇는 수 역시 생각이 부족하다. 이하 백⑥까지의 진행이면 **앞그림**과 동일한 결과이다.

사석을 활용한 정비

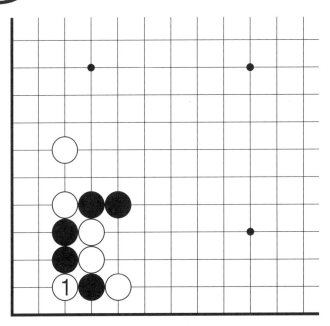

백①로 단수친 장면이다. 흑은 잡혀 있는 돌들을 활용해서 형태를 정비하고 싶은데, 어떻게 두는 것이 최선일까?

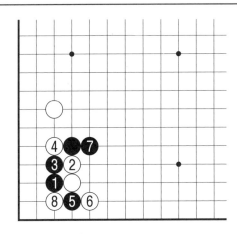

[참고도]

흑❶로 붙였을 때 백 ②, ④는 정석에 있는 수. 그러나 흑❺ 때 백⑥이 의문수이다. 계속해서 흑❼로 뻗 고 백⑧로 단수쳐서 **문제도**가 이루어졌다.

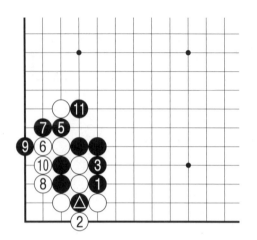

🟢 그림1(정답)

흑❶로 단수치는 것이 수순
이다. 흑❸, 백④를 선수한
후 흑❺ 이하 ⓫까지 처리하
면 흑의 세력이 두텁다.
(백④…흑▲)

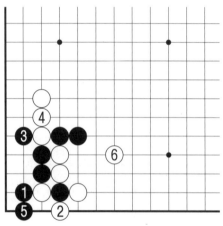

🟢 그림2(실패1)

흑❶로 단수치는 것은 귀의
실리에 연연한 속수. 이하 백
⑥까지의 결말은 흑이 불리
하다.

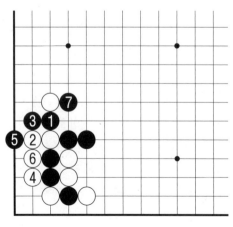

🟢 그림3(실패2)

흑❶로 단수치는 것은 수순
착오. 이하 흑❼까지 일단락
인데 **그림1**에 비해 흑이 불
리하다.

상대의 약점을 추궁

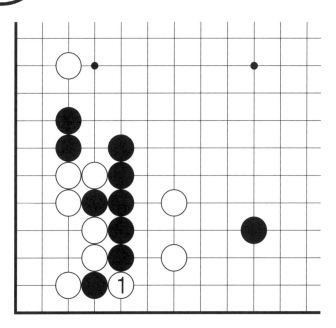

백①로 단수친 장면이다. 흑은 백의 약점을 최대한으로 이용해서 형태를 정비하고 싶은데, 어떻게 두는 것이 최선일까?

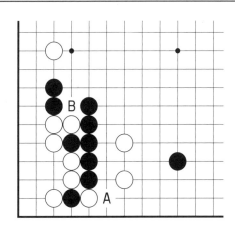

[참고도]

흑이 A에 단수치면 오른쪽 백 두 점을 차단할 수는 있다. 그러나 B의 약점을 동시에 보강해야 하는 것이 흑의 고민이다.

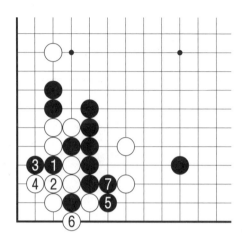

흑❶로 끊는 것이 정답이다.
백은 ②로 단수칠 수밖에 없
는데, 흑❸ 이하 ❼까지 최
대한으로 활용한 모습이다.

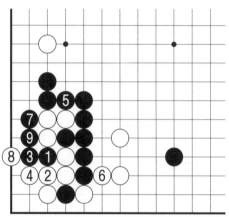

흑❶로 끊고 이하 백④까지
진행되었을 때 흑❺를 서두
르는 것은 의문이다. 백은 손
을 빼서 ⑥으로 변신할 가능
성이 높다. 이하 흑❾까지 흑
으로선 미흡한 결말이다.

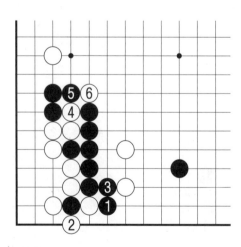

흑❶, 백②를 서두르는 것은
수순 착오이다. 흑❸ 때 백
④, ⑥으로 절단하는 수가
성립한다는 것이 **그림1**과 커
다란 차이점이다.

448

죽이고서 두는 방법

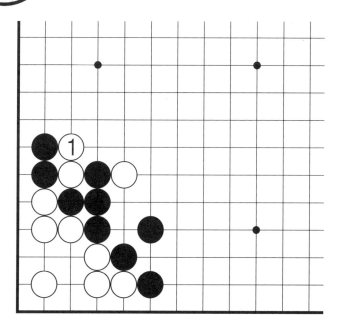

백①로 달아난 장면이다. 흑이 백 두 점을 잡을 수 있는 방법은 없다. 그렇다면 두 점을 죽이고서 두는 방법을 모색해야 한다.

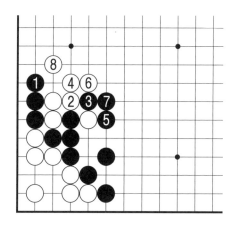

[참고도]

흑❶로 뻗는 것은 너무 소극적인 응수법. 백②로 연결한 후 이하 ⑧까지 공격하면 흑 석 점은 움직이기 힘들다.

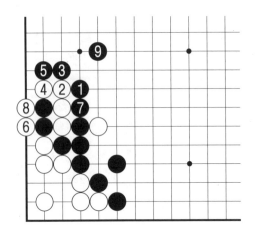

● 그림1(정답)

흑❶로 씌우는 것이 정답이
다. 백②ㅤ때 흑❸ 이하 ❾까
지 흑 두 점을 사석으로 처리
하면 흑이 절대적으로 우세
한 국면이다.

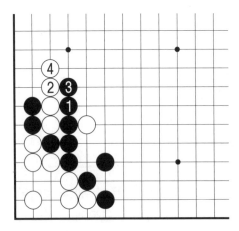

● 그림2(실패1)

흑❶로 단수쳐서 백②로 뻗
게 하는 것은 대악수이다. 흑
❸, 백④까지 백의 실리가
크다.

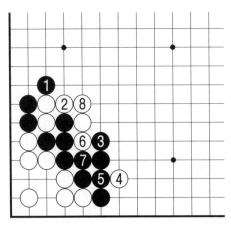

● 그림3(실패2)

흑❶로 단수쳐서 백②로 잇
게 하는 수 역시 좋지 않다.
이하 백⑧까지 흑은 양곤마
로 몰릴 가능성이 높다.

중앙 진출을 저지

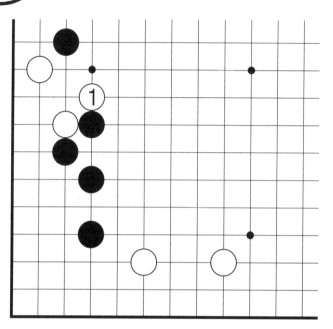

백①로 젖힌 장면이다. 흑은 백의 중앙 진출을 저지하고 싶은데, 어떻게 두는 것이 최선일까?

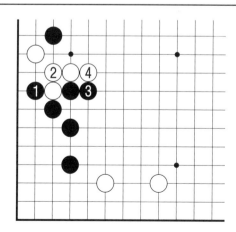

[참고도]

흑❶로 단수치는 것은 백②로 잇게 해서 스스로 약점을 없애는 수이다. 흑❸, 백④까지 흑 불만.

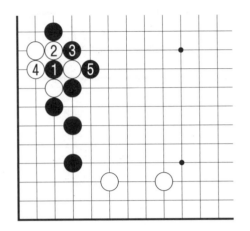

그림1(정답)

흑❶로 단수친 후 백② 때 흑❸이 호착이다. 백④로 따낼 때 흑❺로 단수치면 백을 봉쇄할 수 있다.

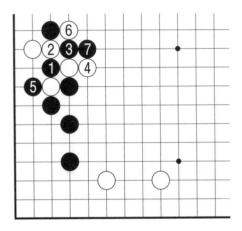

그림2(변화)

흑❶, ❸ 때 백④로 변화한다면 흑❺로 따내서 충분하다. 백⑥ 때 흑❼로 뻗으면 백은 수습 불능이다.

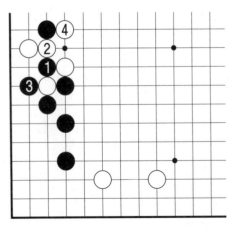

그림3(실패)

흑❶, 백② 때 흑❸으로 따내는 것은 생각이 부족한 수이다. 백④로 호구치면 흑의 실패이다.

강력한 버팀수

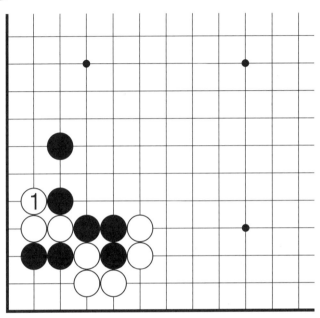

백①로 민 장면이다. 이와 같은 경우 흑은 어떤 요령으로 형태를 정비하는 것이 최선일까?

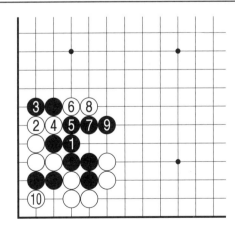

[참고도]

흑❶은 너무 소극적이다. 백②의 뻗음이 행마의 급소. 계속해서 흑❸에는 백④, ⑥으로 끊는 수가 성립한다. 흑❾ 때 백⑩으로 흑 두 점을 잡으면 흑이 불리한 싸움.

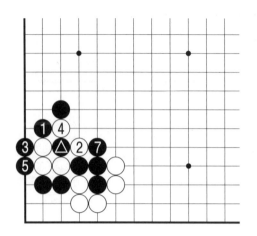

🔵 그림1(정답)

흑❶로 막고 버티는 것이 좋은 수이다. 계속해서 백②로 단수친다면 흑❸, ❺로 회돌이쳐서 백을 축으로 잡을 수 있다.

(백⑥…흑▲)

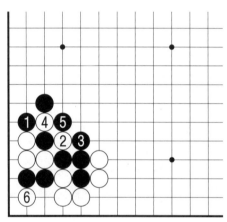

🔵 그림2(변화)

흑❶, 백② 때 흑은 축이 불리하다면 흑❸으로 단수쳐서 그만이다. 이하 백⑥까지 일단락인데, 흑은 선수로 막강한 세력을 구축할 수 있다.

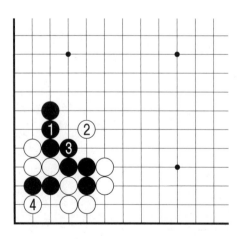

🔵 그림3(실패)

흑❶로 물러서는 것은 백②의 급소 일격이 쓰라리다. 흑❸ 때 백④로 잡고 나면 흑 전체가 공격 받는 모습이다.

신중한 응수

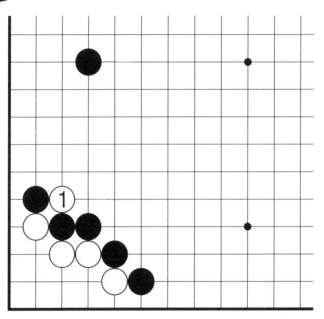

백①로 끊은 장면이다. 흑은 양단수되는 약점 때문에 응수에 신중을 기해야 하는데, 이 경우 어떻게 두는 것이 최선일까?

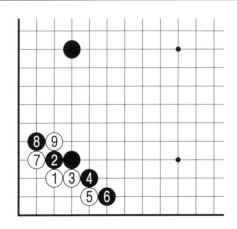

[참고도]

백①로 3·三 침입하고 흑❷ 이하 백⑨까지의 진행이 **문제도**가 이루어진 경과이다.

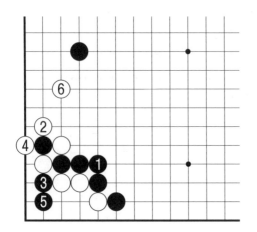

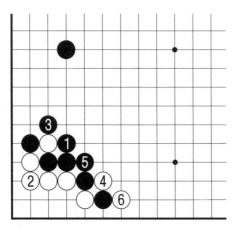

● 그림2(실패1)

흑❶로 단수치는 것은 백②
로 잇는 것이 침착한 호수가
된다. 흑❸으로 잡을 수밖에
없을 때 백④, ⑥으로 단수
치면 실리의 손실이 크다.

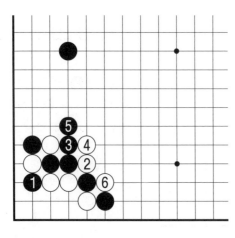

● 그림3(실패2)

흑❶로 단수치는 것은 최악
의 선택이다. 백②의 양단수
가 통렬한 수로 이하 백⑥까
지 백이 유리한 결말이다.

꺼붙인 의도

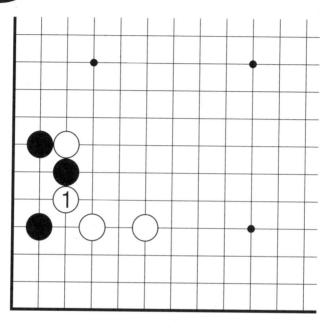

백①로 꺼붙인 장면이다. 흑은 꺼붙인 상대의 의도를 간파해서 응수를 해야 한다. 이 경우 어떻게 응수하는 것이 최선일까?

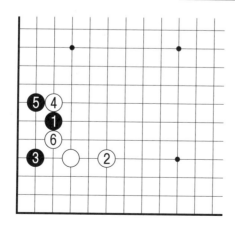

[참고도]

흑❶로 걸치고 백②, 흑❸ 때 백④로 붙인 수가 최근에 유행하는 수단이다. 계속해서 흑❺로 젖히고 백⑥으로 꺼붙여서 **문제도**가 이루어졌다.

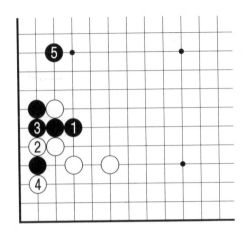

🔵 그림1(정답)

흑❶로 뻗는 것이 좋은 응수법이다. 백②에는 흑❸으로 이은 후 백④ 때 흑❺로 전개해서 충분한 모습이다.

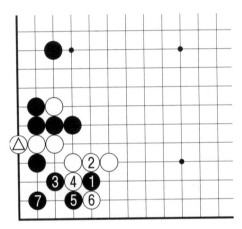

🔵 그림2(노림수)

백이 앞그림처럼 귀를 보강하지 않고 백△로 내려서는 것은 의문이다. 흑은 기회를 봐서 흑❶로 들여다본 후 이하 ❼까지 수습하는 수가 성립한다.

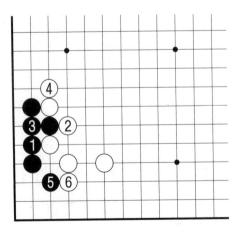

🔵 그림3(실패)

흑❶로 받는 것은 백②의 단수가 너무 쓰라리다. 이하 백⑥까지 흑의 불만이다.

안전한 연결 방법

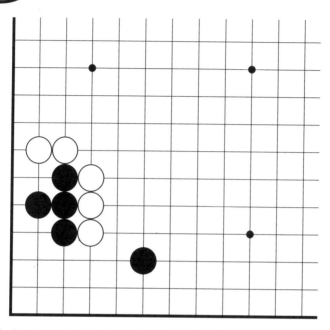

귀의 흑과 변의 흑 한 점을 연결시키는 문제이다. 어떻게 두는 것이 가장 안전한 연결 방법일까?

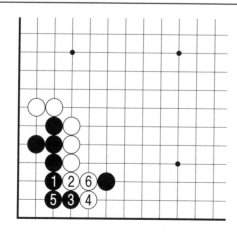

[참고도]

흑❶로 뻗는 것은 너무 소극적인 수이다. 흑❸, ❺로 젖혀 이으면 선수를 취할 수는 있지만 흑 한 점이 차단된 것이 쓰라리다.

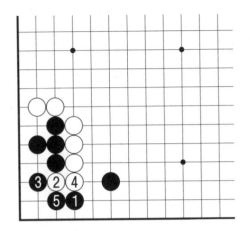

● 그림1(정답)

흑❶로 날일자하는 것이 정답이다. 백②에는 흑❸으로 늦춰서 받는 것이 요령으로 이하 흑❺까지 연결에 지장 없다.

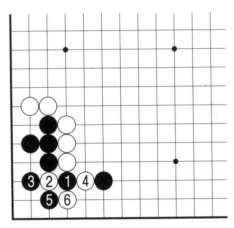

● 그림2(실패1)

흑❶로 젖히는 것은 백②로 끊은 후 ④로 단수치는 수가 성립한다. 흑❺ 때 백⑥으로 단수치면 패의 형태가 되어 연결이 어렵게 된다.

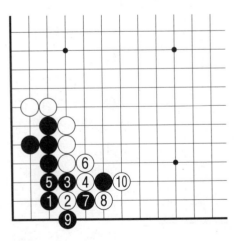

● 그림3(실패2)

흑❶로 한 칸 뛰는 수는 백②가 호착이 된다. 계속해서 흑❸, ❺로 끼워 잇는 것은 이하 백⑩까지 처리해서 흑의 손실이 크다.

적절한 선수 활용

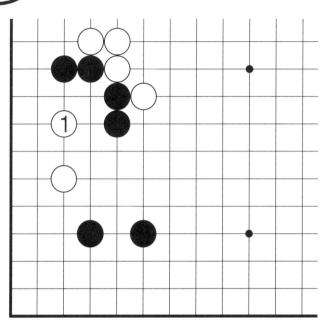

백①로 흑의 급소에 두어 온 장면이다. 이 경우 흑은 어떤 요령
으로 응수하는 것이 최선일까?

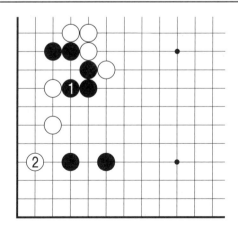

[참고도]

흑❶은 나름대로 생
각한 보강 방법. 그러
나 백②로 날일자해
서 근거를 확보해서
는 흑이 좋지 않다.

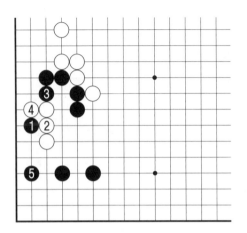

🔵 그림1(정답)

흑❶로 들여다보는 것이 좋은 수이다. 백②로 잇는다면 흑❸이 기분 좋은 선수 활용이 된다. 백④ 때 흑❺로 한 칸 뛰면 백 전체가 미생마가 된다.

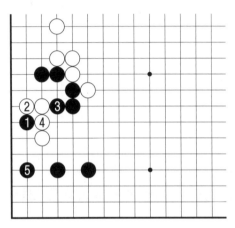

🔵 그림2(변화)

흑❶ 때 백②로 받는다면 흑❸이 선수 활용이 된다. 백④ 때 흑❺로 한 칸 뛰면 **그림1**과 대동소이한 결말이다.

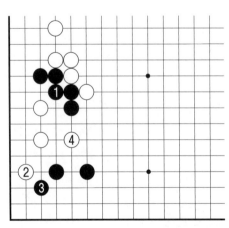

🔵 그림3(실패)

흑❶로 잇는 것은 생각이 부족한 수이다. 백②, ④면 더 이상 공격이 불가능한 모습이다.

연결이 유일한 방법

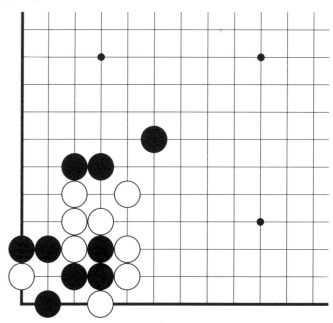

귀의 흑은 자체로 두 집이 없는 모습이다. 그렇다면 변으로의 연결을
모색하는 방법밖에 없다. 최선의 행마법은?

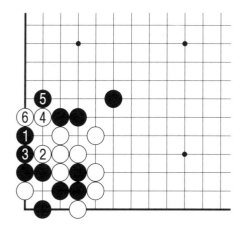

흑❶로 날일자하는
것은 의문수. 백은
②를 선수한 후 ④에
젖히는 것이 좋은 수
순이다. 이하 백⑥까
지 흑 죽음.

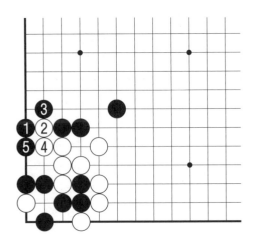

🔵 그림1(정답)

흑❶로 한 칸 뛰는 것이 요령
이다. 백②, ④로 끼워 이어
도 흑❺까지의 진행이면 연
결에 지장 없는 모습이다.

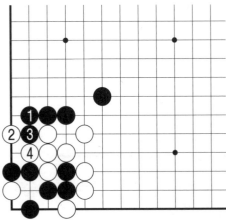

🔵 그림2(실패1)

흑❶로 뻗는 것은 백②가 호
착이라 연결이 불가능하다.
흑❸에는 백④로 막아서 그
만이다.

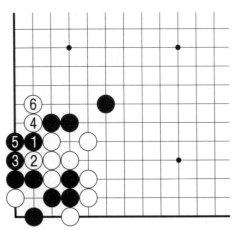

🔵 그림3(실패2)

흑❶로 젖히는 수 역시 백②
이하 ⑥까지 진행되어 흑이
불리한 결말이다.

약점을 추궁

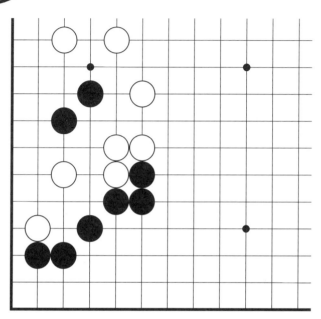

갇혀 있는 흑 두 점은 도저히 살 가능성이 없는 것처럼 보인다. 그러나 상대의 약점을 정확히 추궁하면 삶이 가능하다.

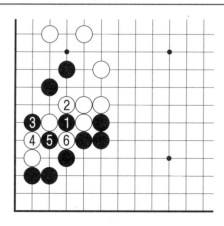

[참고도]

흑❶로 끼운 후 ❸으로 붙이는 것은 이하 백⑥까지 패가 된다. 그런데 이 패는 흑의 부담이 크다.

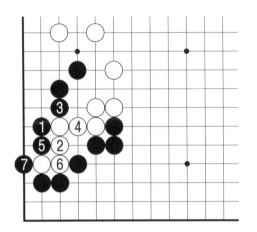

🔵 그림1(정답)

흑❶로 붙이는 것이 정답이다. 백은 ②로 늦출 수밖에 없는데, 이하 흑❼까지 무사히 연결할 수 있다.

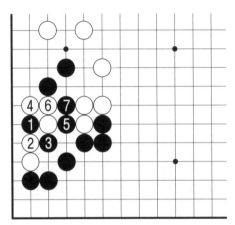

🔵 그림2(변화1)

흑❶로 붙였을 때 백②로 젖힌다면 흑❸으로 끊는 수가 성립한다. 백④ 때 흑❺, ❼로 돌파하면 손쉽게 수습한 모습이다.

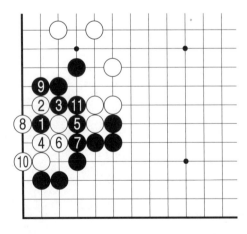

🔵 그림3(변화2)

흑❶ 때 백②로 젖힌다면 흑❸이 급소가 된다. 이하 흑⑪까지의 진행이면 이 역시 흑이 수습된 모습이다.

반격을 고려한 응수

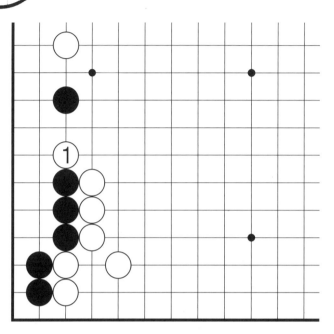

백①로 젖힌 장면이다. 흑은 무심코 응수하다가는 백으로부터 의외의 반격을 허용하게 된다. 최선의 응수법은?

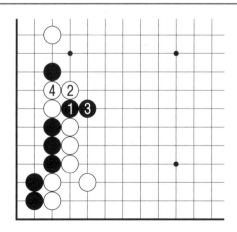

[참고도]

흑❶로 끊는 것은 의문수. 백은 ②로 단수친 후 ④에 이어서 대만족이다. 이후 흑은 귀를 후수로 보강해야 할 처지이다.

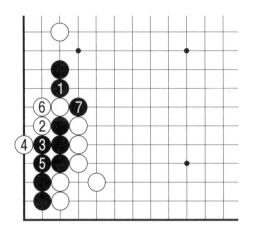

🔵 그림1(정답)

흑❶로 치받는 것이 최선의 응수법이다. 백②로 젖힌다면 흑❸이 호착으로 이하 흑❼까지 처리해서 아무런 이상이 없다.

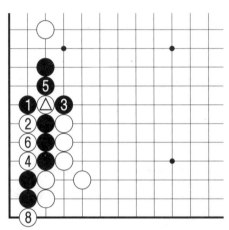

🔵 그림2(실패1)

흑❶로 젖히는 것은 백②의 반격이 기다리고 있다. 흑❸이라면 백④ 이하 ⑧까지 진행되어 실리의 손실이 크다. (흑❼…백△)

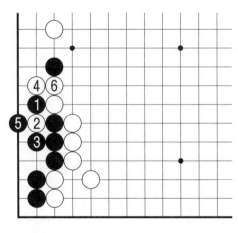

🔵 그림3(실패2)

흑❶, 백② 때 흑❸으로 단수친다면 백④, ⑥이 준비되어 있다. 이 역시 흑의 실패이다.

능률적인 행마

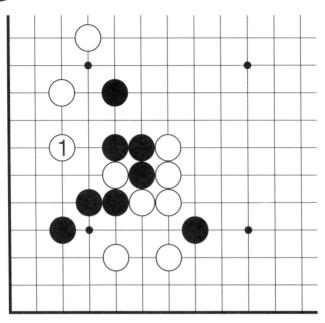

백①로 들여다본 장면이다. 이와 같은 경우 흑은 어떻게 응수하는 것이 가장 능률적인 행마법일까?

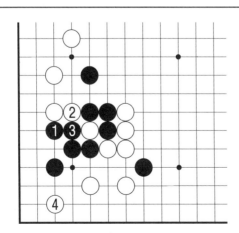

[참고도]

흑❶로 두는 것은 의문수. 백은 ②를 선수한 후 ④에 날일자해서 흑 전체를 공격하게 된다.

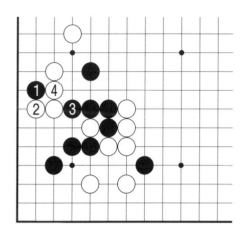

흑❶로 들여다보는 것이 정
답이다. 백②에는 흑❸이 기
분 좋은 선수 활용이 된다.

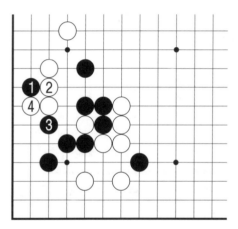

● 그림2(변화)

흑❶ 때 백②로 잇는다면
흑❸이 선수가 된다. 이 역
시 **그림1**과 대동소이한 결말
이다.

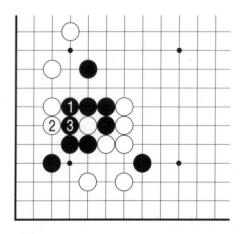

● 그림3(실패)

흑❶로 두는 것은 백②가 기
분 좋은 선수 활용이 된다.
이 형태는 백이 선수일 뿐 아
니라 전체 흑이 공격 받을 가
능성이 있다.

안전한 연결

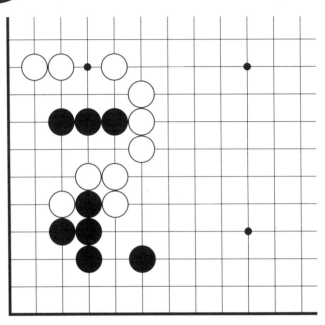

변의 흑 석 점을 귀의 흑돌과 연결시키는 문제이다. 가장 안전한 연결 방법은 무엇일까?

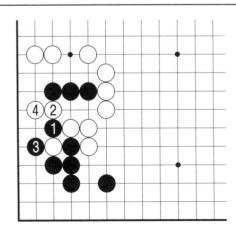

[참고도]

흑❶로 단수치는 것은 끝내기에 불과하다. 백②를 선수한 후 ④에 내려서면 흑 석 점이 고립된 모습.

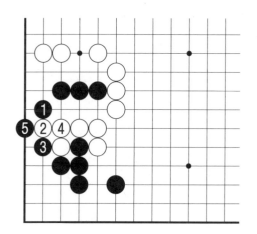

🔘 그림1(정답)

흑❶로 입구자하는 것이 이 경우 적절한 연결 수단이다. 백②에는 흑❸으로 단수친 후 ❺에 두어 연결이 가능하다.

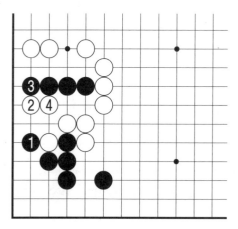

🔘 그림2(실패1)

흑❶로 단수치는 것은 백②의 반격이 기다리고 있다. 흑❸에는 백④로 막아서 흑이 잡힌 모습.

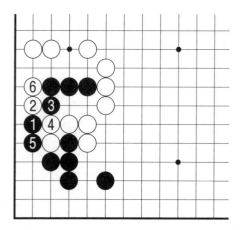

🔘 그림3(실패2)

흑❶로 날일자하는 수 역시 백②, ④로 반격하는 수단이 성립하는 만큼 흑이 좋지 않다. 이하 백⑥까지 흑이 잡힌 모습.

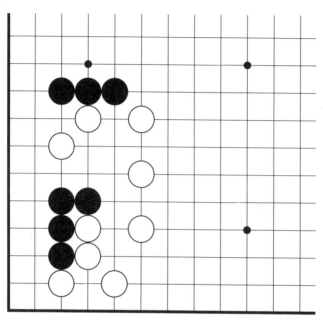

귀의 흑 넉 점이 위기에 봉착한 모습이다. 그러나 상용의 맥점
을 활용하면 변의 흑돌과 연결시킬 수 있다.

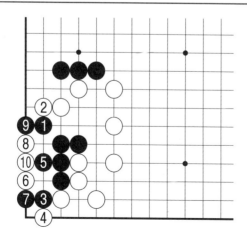

[참고도]

흑❶, ❸은 자체에서
삶을 도모한 것이지
만 이하 백⑩까지의
진행에서 보듯 살 수
없는 궁도이다.

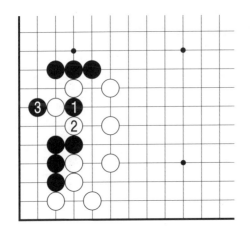

● 그림1(정답)

흑①로 껴붙이는 것이 정답이다. 백②로 단수칠 때 흑③으로 붙이면 손쉽게 연결이 가능한 모습.

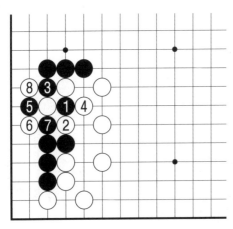

● 그림2(실패1)

흑①, 백② 때 흑③으로 단수치는 것은 의문이다. 백④이하 ⑧까지 패가 되어서는 흑의 실패이다.

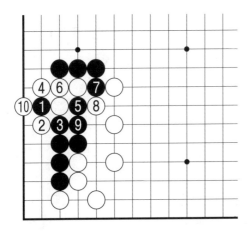

● 그림3(실패2)

곧장 흑①로 붙이는 수 역시 수순 착오이다. 백② 때 흑③, ⑤로 절단을 감행해 보지만 이하 백⑩까지의 진행에서 보듯 흑이 모두 잡힌 모습이다.

주변 돌을 활용

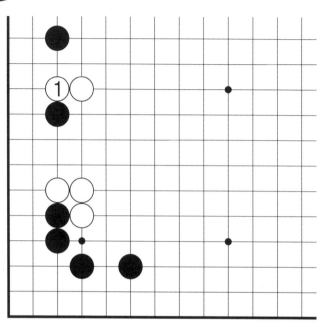

백①로 차단한 장면이다. 흑은 위쪽의 한 점을 활용해서 수단을 부리고 싶은데, 어떤 수단이 준비되어 있을까?

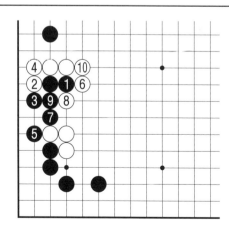

[참고도]

흑❶로 나가는 수는 백②, ④로 젖혀 잇는 것이 급소가 된다. 이하 백⑩까지 흑 불만.

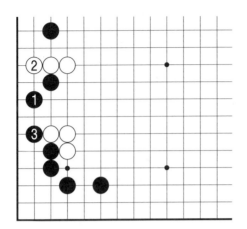

🔵 그림1(정답)

흑❶로 입구자하는 것이 좋은 수이다. 백②로 차단한다면 흑❸으로 연결이 가능한 모습이다.

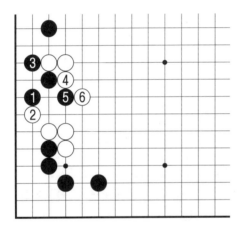

🔵 그림2(변화)

흑❶ 때 백②로 차단한다면 흑❸으로 호구쳐서 손쉽게 연결이 가능하다.

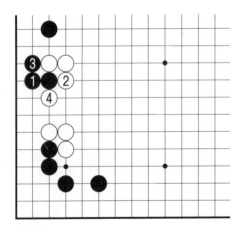

🔵 그림3(실패)

흑❶로 내려서도 연결은 가능하다. 그러나 이하 백④까지의 진행을 예상할 때 백의 단점이 없다는 것이 정답과 커다란 차이점이다.

귀의 흑돌과 연결

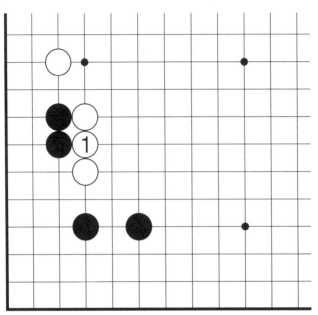

백①로 막은 장면이다. 흑은 두 점을 귀의 흑돌과 연결시키고 싶은데, 어떻게 두는 것이 가장 안전한 방법일까?

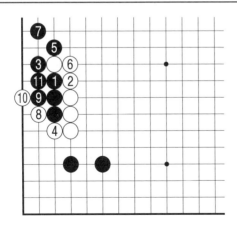

[참고도]

흑❶로 치받은 후 ❸으로 젖히면 삶이 가능하다. 그러나 이하 흑⓫까지 흑은 옹색한 모습이다.

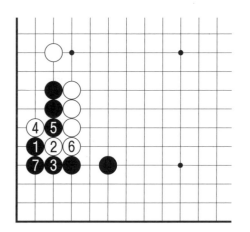

🔵 그림1(정답)

흑❶로 날일자하는 것이 적절한 연결 방법이다. 백②, ④에는 이하 흑❼까지 처리해서 연결에 지장 없는 모습이다.

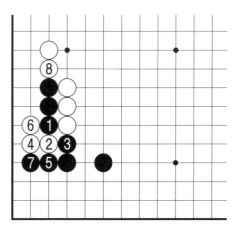

🔵 그림2(실패1)

흑❶로 둔 후 백② 때 흑❸으로 끊는 것은 이하 백⑧까지의 진행에서 보듯 흑이 먼저 잡히고 만다.

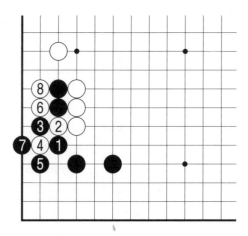

🔵 그림3(실패2)

흑❶로 곧장 두는 수 역시 백② 이하 ⑧까지 진행되면 실리의 손실이 크다.

신중한 응수법

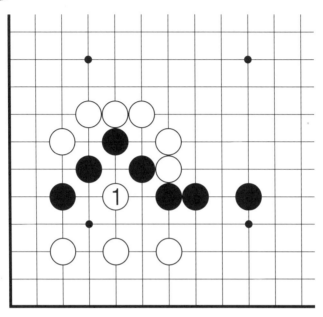

백①로 들여다본 장면이다. 흑은 아무런 생각 없이 응수하다가 는 꼼짝없이 끊기고 만다. 그렇다면 어떻게 두어야 할까?

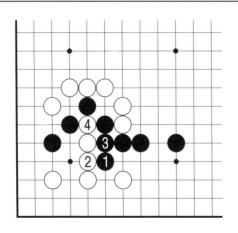

[참고도]

흑❶로 들여다보는 것은 백②로 잇게 해 서 좋지 않다. 흑❸ 으로 이을 때 백④로 끊으면 흑 불만.

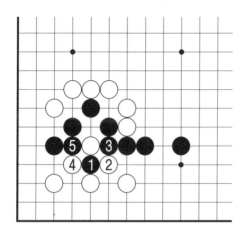

🔵 그림1(정답)

흑❶로 끼우는 것이 정답이
다. 백②에는 흑❸으로 단수
친 후 ❺에 두어 무사히 연결
할 수 있다.

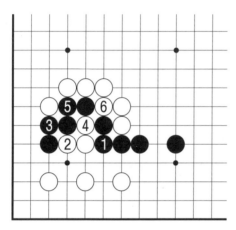

🔵 그림2(실패1)

흑❶로 잇는 것은 백② 이하
⑥까지 끊기는 만큼 상당한
출혈이 예상된다.

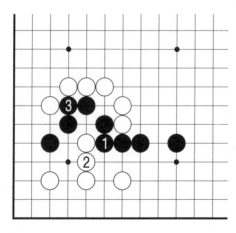

🔵 그림3(변화)

흑❶ 때 백이 앞그림처럼 두
지 않고 ②로 뻗는 것은 좋지
않다. 흑❸으로 두면 백의 실
패로 돌아간다.

끊김을 방지

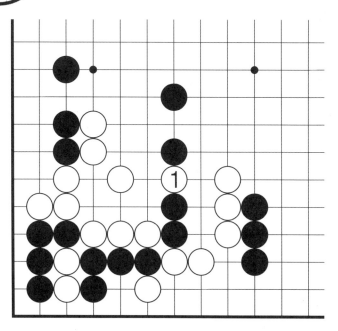

백①로 끼운 장면이다. 흑은 끊길 위기에 직면한 모습인데, 어떻게 위기를 모면해야 할까?

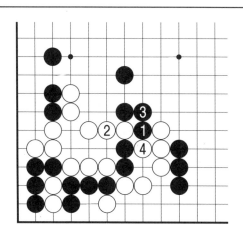

[참고도]

흑❶로 단수친 후 ❸으로 뻗는 것은 백④로 끊겨서 흑 두 점이 잡히고 만다.

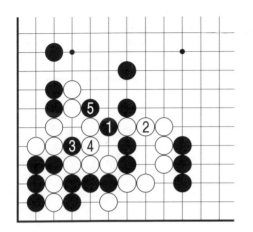

● 그림1(정답)

흑❶로 단수친 후 ❸으로 치중하는 것이 좋은 수순이다. 백④가 불가피할 때 흑❺로 호구치면 끊기는 것을 방지할 수 있다.

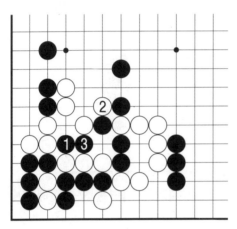

● 그림2(변화)

흑❶ 때 백②로 두는 것은 대악수. 흑❸으로 단수치면 백은 환격의 형태로 잡히고 만다.

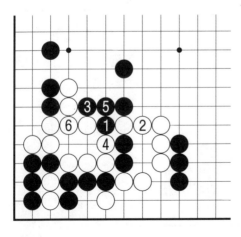

● 그림3(실패)

흑❶, 백② 때 흑❸으로 두는 것은 의문이다. 백④로 끊기고 나면 요석인 흑 두 점이 잡히고 만다.

무사히 연결

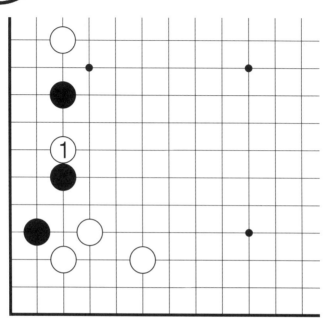

백①로 붙인 장면이다. 백①은 상하를 분단시켜 공격하겠다는
뜻이다. 흑은 어떻게 두어야 무사히 연결할 수 있을까?

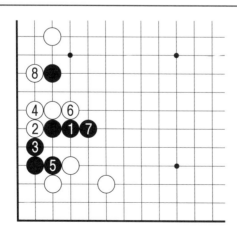

[참고도]

흑❶로 뻗는 것은 백
②, ④로 젖혀 잇는
것이 행마의 급소가
된다. 이하 백⑧까지
전체가 미생마이다.

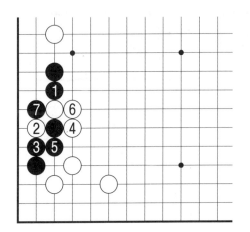

● 그림1(정답)

흑❶로 치받는 것이 좋은 행마법이다. 백②에는 흑❸이 연이은 호착으로 이하 흑❼까지 연결에 지장 없는 모습이다.

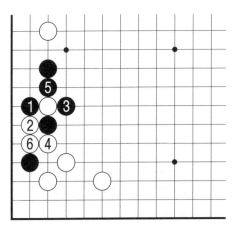

● 그림2(실패1)

흑❶로 젖히는 것은 백②로 끊는 맥점이 기다리고 있다. 이하 백⑥까지 귀의 손실이 크다.

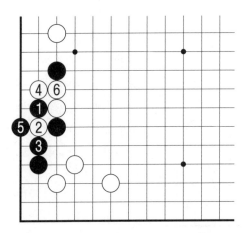

● 그림3(실패2)

흑❶, 백② 때 흑❸으로 단수친다면 백④, ⑥으로 처리해서 위쪽 흑 한 점을 무력화시킬 수 있다.

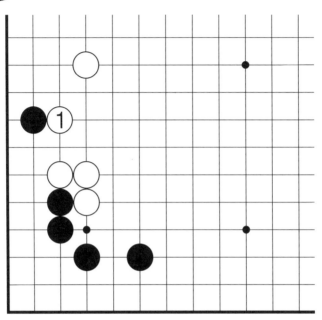

백①로 붙인 장면이다. 흑은 어떤 수순으로 처리하는 것이 최선일까?

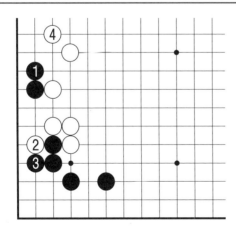

[참고도]

흑❶로 뻗는 것은 의문수. 백은 ②를 선수한 후 ④에 입구자해서 흑 두 점을 잡을 수 있다.

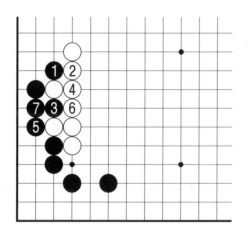

🔵 그림1(정답)

흑❶로 젖힌 후 백② 때 흑❸
이하 ❼까지 처리하는 것이
최선의 수순이다.

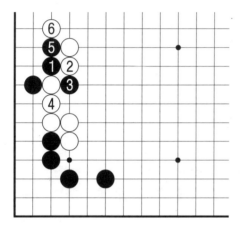

🔵 그림2(실패1)

흑❶, 백② 때 흑❸으로 단
수치는 것은 무리수이다.
흑❺ 때 백⑥으로 젖혀서는
흑이 불리하다.

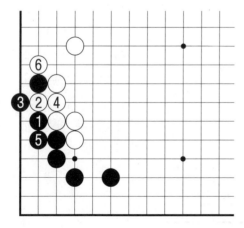

🔵 그림3(실패2)

단순히 흑❶로 두어 연결을
도모하는 수 역시 좋지 않다.
이하 백⑥까지 흑은 한 것이
없는 모습이다.

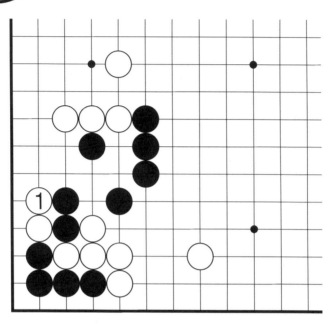

백①로 민 장면이다. 얼핏 귀의 흑은 꼼짝없이 잡힌 것처럼 보
인다. 그러나 흑에겐 기사회생의 묘수가 준비되어 있다.

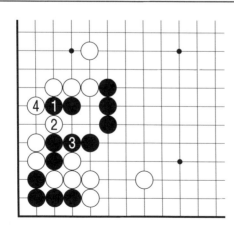

[참고도]

흑❶로 두어 차단을
시도하는 것은 성립
하지 않는다. 백②로
단수친 후 ④에 넘으
면 귀의 흑은 자동으
로 죽게 된다.

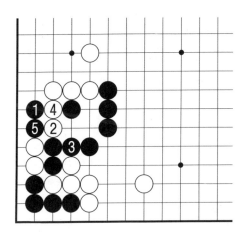

● 그림1(정답)

흑❶로 두는 것이 묘착이다.
백②, ④로 반발해도 이하
흑❺까지의 진행이면 백 두
점을 잡고 살 수 있다.

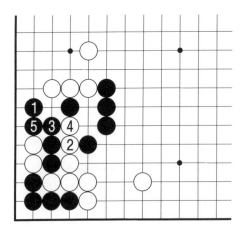

● 그림2(변화)

흑❶ 때 백②, ④로 변화한
다면 이하 흑❺까지 처리해
서 이 역시 수습된 모습이다.

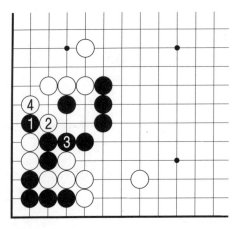

● 그림3(실패)

흑❶로 젖히는 것은 백②,
④로 단수치는 순간 흑 한 점
이 잡히는 만큼 아무런 수도
성립하지 않는다.

통렬한 석점머리

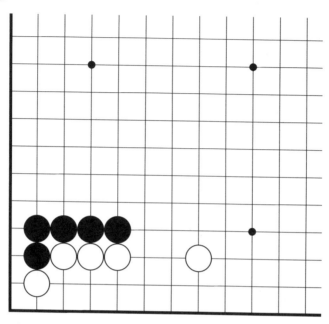

백 모양의 약점을 찔러서 이득을 취하는 문제이다. 수순이 특히 중요한 문제이다.

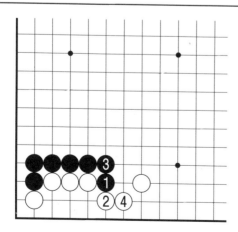

[참고도]

흑❶로 젖힌 후 백 ②때 흑❸으로 잇는 것은 생각이 짧은 수. 백④로 뻗어서는 크게 한 것이 없다.

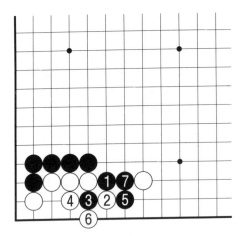

🔘 그림1(정답)

흑❶로 젖힌 후 백② 때 흑 ❸으로 끊는 것이 좋은 수순 이다. 백④로 잡는다면 흑❺ 로 단수친 후 ❼로 이어서 오 른쪽 백 한 점을 제압할 수 있다.

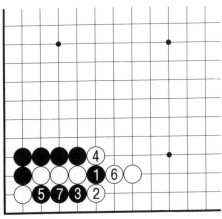

🔘 그림2(변화)

흑❶로 젖히고 백②, 흑❸까 지 진행되었을 때 백④로 단 수친다면 흑❺로 두는 수가 성립한다. 흑❼까지 흑의 실 리가 상당하다.

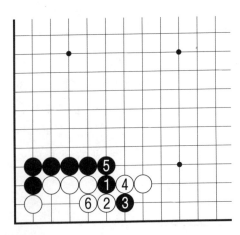

🔘 그림3(실패)

흑❶, 백② 때 흑❸으로 이단 젖히는 수는 기분에 치우친 속맥이다. 백⑥ 이후 아무런 수도 없다.

절묘한 맥점

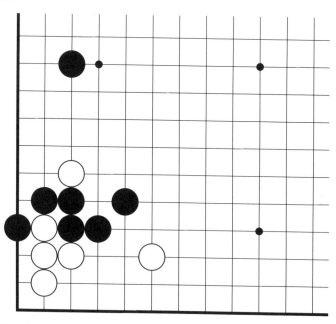

엷은 백 모양의 약점을 찔러서 이득을 취하는 문제이다. 첫 수가 성패를 좌우한다.

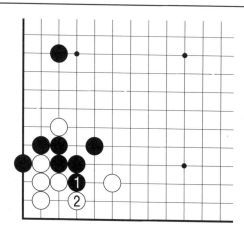

[참고도]

흑❶로 찔러서 백②로 받게 하는 것은 대악수. 이후는 아무런 뒷맛도 없다.

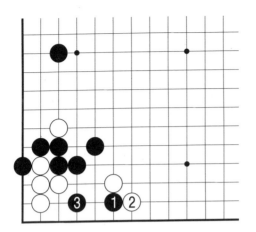

● 그림1(정답)

흑❶로 붙이는 것이 정답이다. 백②로 젖혀서 욕심을 부린다면 흑❸으로 한 칸 뛰는 수가 성립한다. 귀의 백이 잡혀서는 손해가 크다.

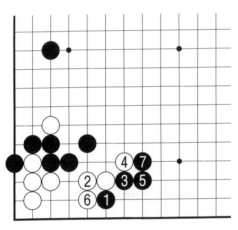

● 그림2(변화1)

흑❶로 붙이면 백은 ②로 뻗는 정도이다. 흑은 ❸으로 젖힌 후 이하 ❼까지 상당한 이득을 취할 수 있다.

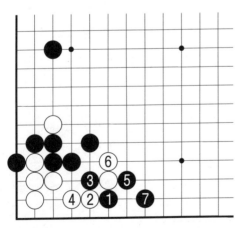

● 그림3(변화2)

흑❶ 때 백②로 젖힌다면 흑❸으로 끊는 것이 맥점이다. 계속해서 백④로 뻗는다면 흑❺로 단수친 후 ❼로 호구쳐서 충분하다.

강력한 차단

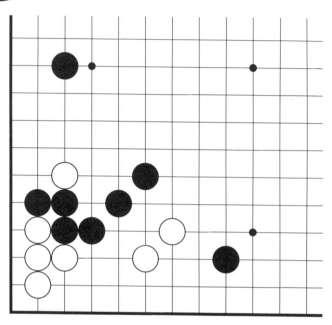

흑은 가장 강력한 방법으로 백의 엷음을 추궁하고 싶다. 패를 만들 수 있으면 성공이다.

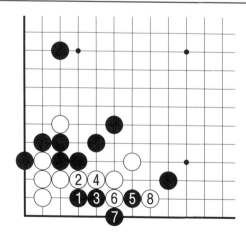

[참고도]

흑❶로 치중하는 것은 속맥이다. 백②로 막았을 때 흑❸, ❺로 연결을 시도해도 백⑧까지 흑 죽음이다.

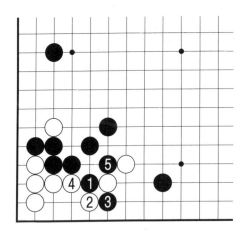

🔵 그림1(정답)

흑❶로 붙이는 것이 정답이다. 백②로 젖힌다면 흑❸으로 끊는 것이 강수. 계속해서 백④에는 흑❺로 단수쳐서 패로 버틴다.

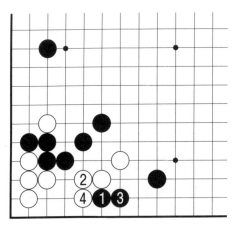

🔵 그림2(실패1)

흑❶로 붙이는 수도 급소의 일종이긴 하다. 그러나 이하 백④까지 손쉽게 안정시켜 주어서는 큰 성과를 거두었다고 보기 힘들다.

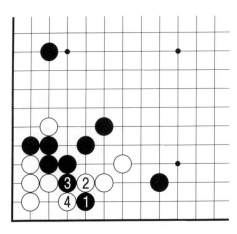

🔵 그림3(실패2)

흑❶로 치중하는 것은 최악의 선택이다. 백②, ④로 절단하고 나면 흑돌만 잡힌 꼴이다.

약점을 추궁하는 요령

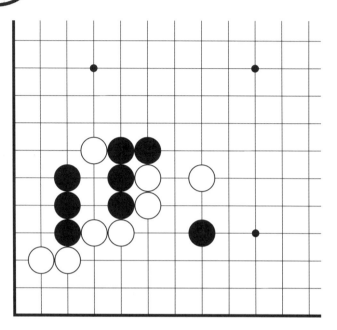

백이 약점을 어떤 방법으로 추궁할 것인지를 묻는 문제이다. 일
단은 끊고 봐야 하는데, 이후의 수순이 관건이다.

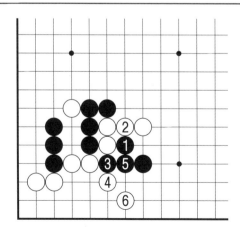

흑❶로 둔 후 ❸으
로 끊는 것은 백④의
단수가 쓰라리다.
흑❺ 때 백⑥으로
입구자하면 누가 누
구를 공격하는지 알
수 없다.

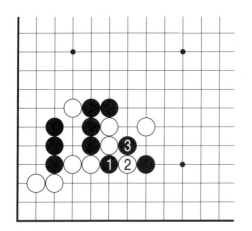

🔵 그림1(정답)

흑❶로 끊은 후 백② 때 흑❸으로 맞단수치는 것이 정답이다. 이후 백이 한 점을 따내면 중앙 돌파가 가능하다.

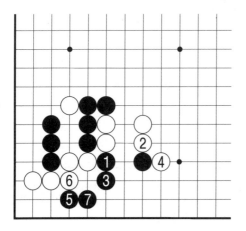

🔵 그림2(변화1)

흑❶ 때 백②로 보강한다면 흑❸으로 뻗는 수가 강수이다. 이후 백④로 젖힌다면 흑❺로 들여다본 후 ❼로 뻗어서 귀를 제압할 수 있다.

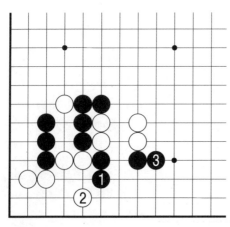

🔵 그림3(변화2)

흑❶ 때 백②로 한 칸 뛴다면 흑❸으로 뻗어서 충분한 모습이다.

중앙을 차단

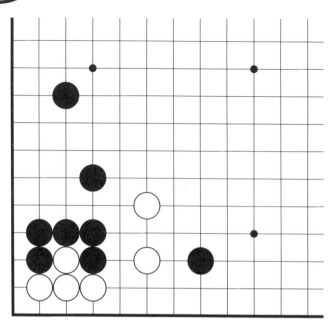

중앙으로 한 칸 뛰어 있는 백의 엷음을 추궁하는 문제이다. 가장 효과적으로 절단하는 방법을 모색해야 한다.

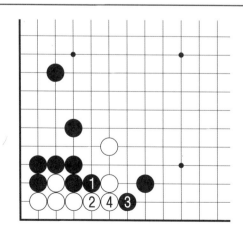

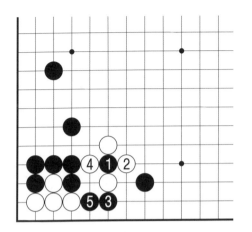

🔘 그림1(정답)

흑❶로 끼우는 것이 정답이다. 계속해서 백②로 단수친다면 흑❸으로 붙이는 것이 호착. 백④, 흑❺까지 귀를 포획할 수 있다.

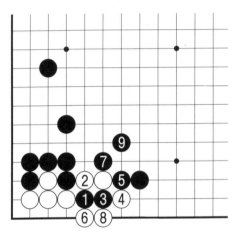

🔘 그림2(실패)

흑❶로 젖히는 수도 일종의 맥점에 해당한다. 계속해서 백②로 끊는다면 흑❸, ❺로 절단한 후 이하 ❾까지 중앙에 세력을 구축하는 것이 수순이다. 그러나 두 점을 잡힌 손해가 크다.

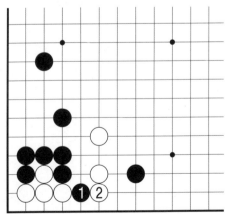

🔘 그림3(변화)

흑❶ 때 백은 앞그림의 변화를 피해 ②로 변화하는 수도 가능하다. 흑은 큰 이득을 기대하기 힘든 모습.

침착한 추궁

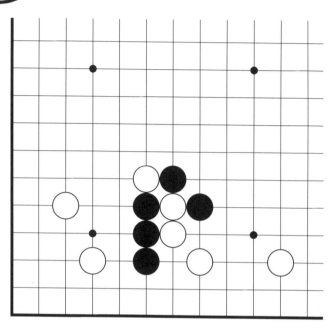

얼핏 양쪽으로 끊긴 흑이 위험해 보인다. 그러나 흑에겐 멋지게
형태를 정비하는 수단이 준비되어 있다.

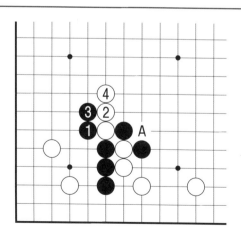

[참고도]

흑❶로 단수친 후 ❸
으로 밀고 나가는 것
은 좋지 않다. 백④
이후 흑은 A의 약점
이 부담이다.

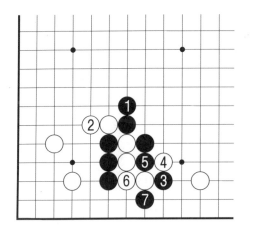

🔵 그림1(정답)

흑❶로 뻗은 후 백② 때 흑 ❸으로 붙이는 것이 멋진 맥점이다. 백④로 젖혀도 흑❺, ❼이면 축이 된다.

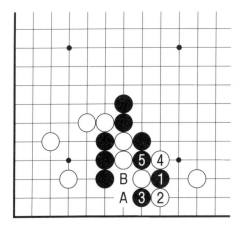

🔵 그림2(변화)

흑❶ 때 백②로 젖힌다면 흑 ❸으로 끊는 맥점을 준비해 두고 있다. 흑❺까지 흑의 성공이다. 수순 중 백④로 A에 둔다면 흑B로 끊어서 그만이다.

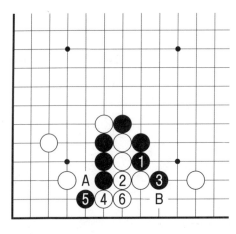

🔵 그림3(실패)

흑❶, 백②를 결정짓는 것은 의문수이다. 흑❸, ❺로 공격해도 백④, ⑥이면 A와 B가 맞보기라 흑이 곤란하다.

약점을 활용한 봉쇄

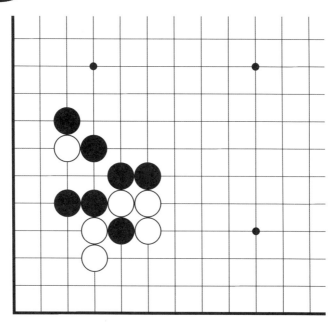

백 모양의 약점을 추궁해서 형태를 정비하는 문제이다. 흑은 어떤 방법으로 행마하는 것이 최선일까?

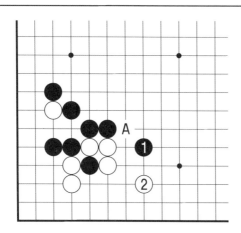

[참고도]

흑❶로 날일자하는 것은 백②로 받게 해서 좋지 않다. 이후 흑은 A의 약점이 부담이다.

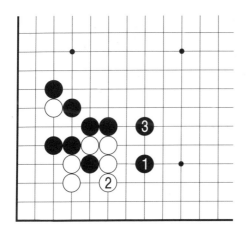

● 그림1(정답)

흑❶로 다가서는 것이 정답이다. 계속해서 백②로 보강한다면 흑❸으로 한 칸 뛰어 형태를 정비할 수 있다.

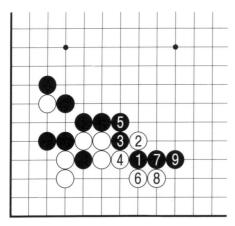

● 그림2(변화)

흑❶ 때 백②로 붙여서 진출을 도모한다면 강력하게 흑❸으로 끊는 것이 좋다. 이하 흑❾까지 흑의 세력이 두텁다.

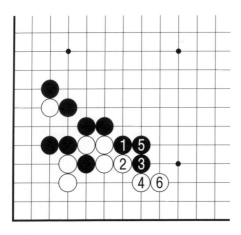

● 그림3(실패)

흑❶로 젖히는 것은 의문수이다. 백② 때 강력하게 흑❸으로 젖혀 보지만 백④, ⑥이면 흑의 실패이다.

근거를 빼앗는 방법

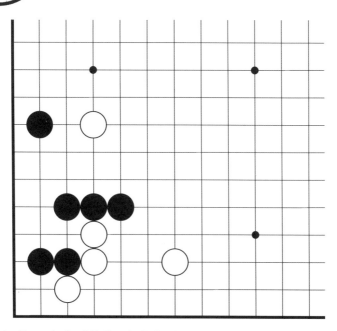

하변 백 모양의 엷음을 찔러서 전체를 공격하는 문제이다. 근거를 박탈하는 급소는 어디일까?

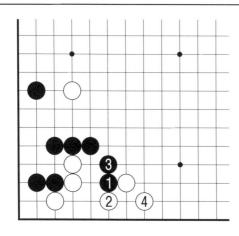

[참고도]

흑❶로 날일자 붙이는 수는 백②로 받아서 아무런 수도 없다. 흑❸ 때 백④로 호구치면 백 모양만 튼튼해졌다.

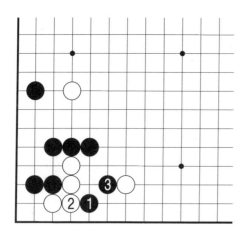

● 그림1(정답)

흑❶로 치중하는 것이 급소이다. 백②로 잇는다면 흑❸으로 마늘모 붙여서 응수한다. 계속해서…

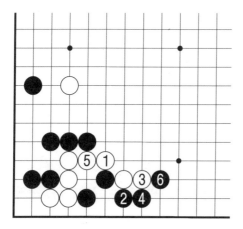

● 그림2(정답 계속)

앞그림에 계속해서 백①로 막는다면 흑❷로 호구친 후 이하 흑❻까지 처리하는 것이 수순이다. 흑은 백 전체를 미생마로 만들었다.

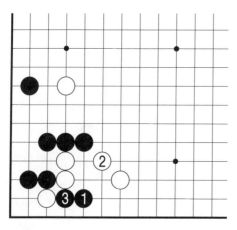

● 그림3(변화)

흑❶로 치중하면 백은 ②로 보강하는 정도이다. 흑❸으로 끊으면 상당한 실리를 확보한 모습.

상용의 맥점

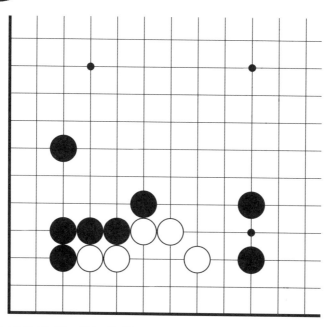

하변 백돌의 근거를 빼앗는 문제이다. 과연 흑은 어느 곳으로
치중하는 것이 최선일까?

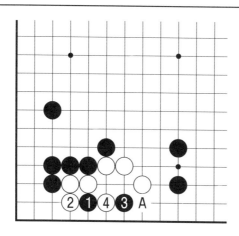

[참고도]

흑❶로 껴붙이는 것
도 일종의 맥점. 그
러나 백④까 흑 한
점이 잡혀서는 실패
이다. 이후 흑은 A로
넘어야 할 처지이다.

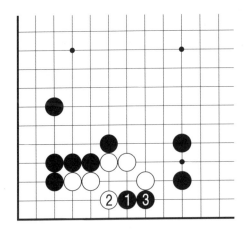

🔵 그림1(정답)

흑❶로 치중하는 것이 정답
이다. 백②로 보강한다면 흑
❸으로 넘어서 백 전체가 공
격 대상이다.

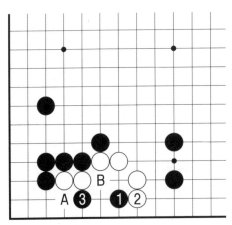

🔵 그림2(변화)

흑❶ 때 백②로 막는다면 흑
❸으로 붙이는 것이 맥점이
다. 계속해서 흑은 A와 B를
맞보기로 해서 넘을 수 있는
모습.

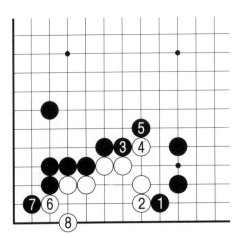

🔵 그림3(실패)

흑❶로 입구자하는 것은 의
문수이다. 백은 ②로 막으면
자체 수습이 가능한 모습. 이
하 백⑧까지 백은 완생의 형
태이다.

자충을 활용한 차단

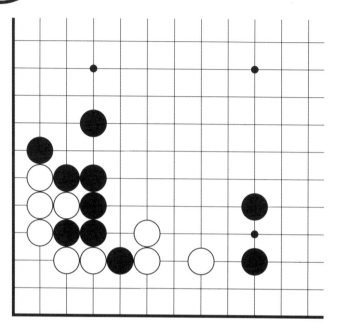

좌우 백을 차단하는 문제이다. 절묘한 희생타를 던져서 좌우 백을 분단시킨다. 첫 수가 급소이다.

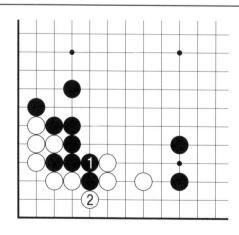

[참고도]

흑❶로 잇는 것은 백②로 넘게 해서 묘미가 없다. 이후는 아무런 뒷맛도 없다.

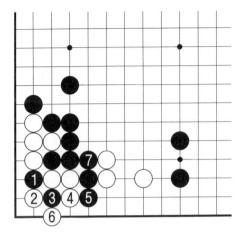

🔵 그림1(정답)

흑❶로 끊는 것이 정답이다. 계속해서 백②로 단수친다면 흑❸이 연이은 급소로 이하 흑❼까지 백을 차단할 수 있다.

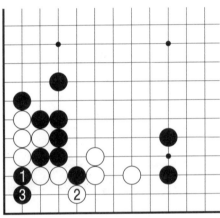

🔵 그림2(변화)

흑❶ 때 백②로 보강한다면 흑❸으로 뻗어서 귀를 크게 차지할 수 있다.

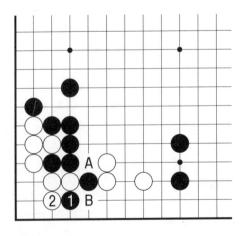

🔵 그림3(실패)

흑❶로 젖히는 것은 백②로 받아서 실패이다. 이후 백은 A와 B가 맞보기이다.

수순이 중요

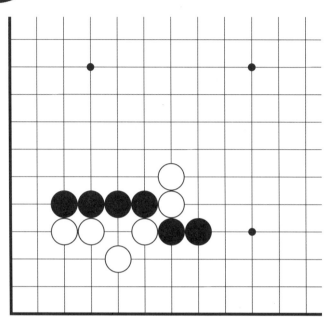

귀의 약점을 교묘한 방법으로 추궁한다. 상대의 자충을 어떤 수순으로 활용하느냐가 관건이다.

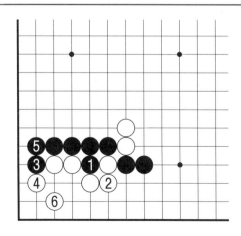

[참고도]

흑❶로 단수쳐서 백 ②로 잇게 하는 것은 대악수. 이후 흑은 ❸, ❺로 젖혀 잇는 것을 선수하는 정도이다.

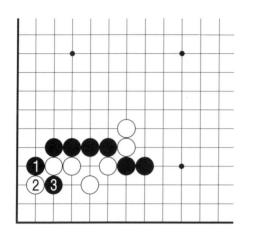

🔵 그림1(정답)

흑❶로 젖히는 것이 좋은 수
이다. 백②로 막는다면 흑❸
으로 끊는 것이 예정된 행마
법이다. 계속해서…

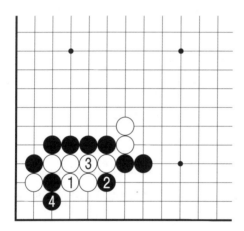

🔵 그림2(정답 계속)

앞그림에 계속해서 백이 양단
수를 피해 ①로 단수친다면
흑❷로 단수친 후 ❹에 뻗는
수가 성립한다.

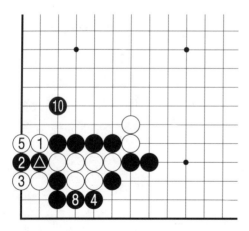

🔵 그림3(백, 전멸)

앞그림 이후 백①로 단수친
다면 흑❷로 뻗는 것이 상용
의 맥점. 이후 백③으로 단
수치고 이하 흑❿까지의 진
행이면 백 전체를 잡을 수
있다.
(흑❻, 백⑨…흑▲,
백⑦…흑❷)

약점을 추궁하는 요령

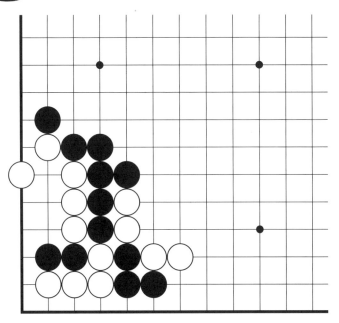

축이 불리할 경우 흑이 어떤 방법으로 형태를 정비할 것인가를 묻는 문제이다. 출발은 일단 끊는 것에서부터.

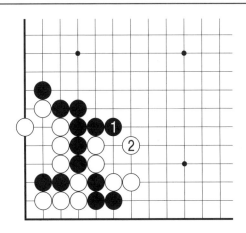

[참고도]

흑❶로 뻗어서 백②로 보강하게 하는 것은 좋지 않다. 흑에겐 더 이상 활용할 수 있는 여지가 없다.

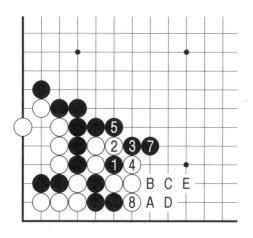

🔵 그림1(정답)

흑❶로 끊는 것이 정답이다. 백②로 단수칠 때 흑❸이 준비된 급소. 계속해서 백④, ⑥에는 흑❺, ❼이 좋은 수순이다. 이후 흑은 A에 붙인 후 이하 E까지의 수단을 엿보고 있다.
(백⑥…흑❶)

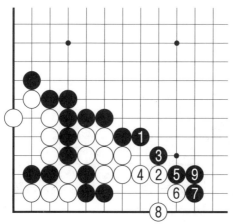

🔵 그림2(정답 계속)

앞그림에 계속해서 백②로 한 칸 뛰어 진출을 모색한다면 흑❸이 급소가 된다. 이하 흑❾까지 흑의 세력이 두텁다.

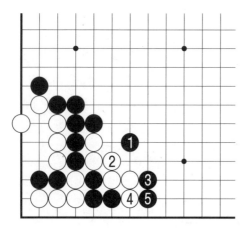

🔵 그림3(준 정답)

흑❶로 들여다본 후 ❸으로 붙이는 수도 가능하다. 흑❺까지 봉쇄하는 것이 요령. 그러나 정답에 비해 약간 느슨하다는 것이 흠이다.